劳动争议仲裁诉讼实战宝典

LAODONG ZHENGYI ZHONGCAI SUSONG SHIZHAN BAODIAN

陈　元　王红梅　何　力／主编

法律出版社　LAW PRESS

北京

图书在版编目(CIP)数据

劳动争议仲裁诉讼实战宝典 / 陈元，王红梅，何力主编. -- 北京：法律出版社，2023(2024.2 重印)

ISBN 978 - 7 - 5197 - 7390 - 8

Ⅰ. ①劳… Ⅱ. ①陈… ②王… ③何… Ⅲ. ①劳动争议 - 仲裁 - 中国②劳动争议 - 诉讼 - 中国 Ⅳ. ①D922.591

中国版本图书馆 CIP 数据核字(2022)第 238113 号

劳动争议仲裁诉讼实战宝典
LAODONG ZHENGYI ZHONGCAI SUSONG SHIZHAN BAODIAN

陈 元 三红梅 何 力 主编

策划编辑 朱海波
责任编辑 朱海波 李 军
装帧设计 鲍龙卉

出版发行 法律出版社
编辑统筹 法律应用出版分社
责任校对 邢艳萍
责任印制 刘晓伟
经　　销 新华书店

开本 710 毫米 × 1000 毫米 1/16
印张 24.5 **字数** 370 千
版本 2023 年 1 月第 1 版
印次 2024 年 2 月第 3 次印刷
印刷 北京盛通印刷股份有限公司

地址：北京市丰台区莲花池西里 7 号(100073)
网址：www.lawpress.com.cn
投稿邮箱：info@lawpress.com.cn
举报盗版邮箱：jbwq@lawpress.com.cn

销售电话：010 - 83938349
客服电话：010 - 83938350
咨询电话：010 - 63939796

书号：ISBN 978 - 7 - 5197 - 7390 - 8　　**定价**：88.00 元

凡购买本社图书，如有印装错误，我社负责退换。电话：010 - 83938349

陈　元

北京盈科（上海）律师事务所股权高级合伙人、管委会委员、人力资源与股权法律事务部主任，盈科全国劳动与社会保障法律事务专业委员会主任，复旦大学法律硕士研究生导师，上海市静安区人民法院律师调解工作室调解员。陈元律师拥有十五年劳动与民商事法律服务工作经验，擅长劳动与雇佣、公司与股权、诉讼与仲裁领域的法律服务，著有畅销书《民法典背景下劳动人事法律操作指引》。陈律师带领团队处理近千起劳动争议案件，在公司劳动用工全流程合规管控方面经验丰富，多次为中国的大型国有企业及在华投资的世界 500 强跨国公司“关停并转迁”过程中的人员安置问题提供咨询意见及安置方案。陈律师领衔的人力资源与股权法律事务部在公司股权方面经验亦为丰富，为超过 500 余家成长型民营企业提供过股权设计、股权激励、股权融资方面的咨询服务。

王红梅

北京盈科（呼和浩特）律师事务所股权高级合伙人、监事会副主任、企业法律风险管理部主任、盈科全国劳动与社会保障法律专业委员会秘书长、呼和浩特市新城区劳动仲裁院兼职劳动仲裁员。律师执业十三年，专注于用工风险管理、合同风险管理，对该领域有深入的研究和丰富的实践经验，为多家大型企业及政府机关提供法律顾问及风险管控法律服务，客户包括大唐旗下多个企业、本地人力资源和社会保障局等。

何　力

法天使（北京）科技有限公司（法天使—中国合同库）CEO、创始人、《合同起草审查指南》团体标准主要起草人。原钱伯斯 /ALB/Legal500 上榜律师，十五年律师经验，曾担任北京盈科律师事务所高级合伙人，曾担任清华大学、北京师范大学法硕联合导师、北京律师协会青年阳光导师、中国法律教育培训中心特聘讲师、中国行为法学会培训中心客座教授、清华大学五道口金融学院紫荆教育特聘讲师等社会职务。著作：《合同起草审查指南》三卷本、《中国合同大全：中国合同分类法》、《新法下的人力资源管理全程指引》、《民法典背景下劳动人事法律操作指引》等。

马洪生

逾十年劳动法律服务从业经历，目前担任盈科全国劳动与保障法律专业委员会副主任，北京盈科（沈阳）律师事务所股权高级合伙人、劳动法律事务部主任，沈阳市律师协会劳动与社会保障法律专业委员会副主任。2016 年被辽宁省人力资源和社会保障厅聘任为“辽宁省劳动法律专家”，2019 年被辽宁省司法厅评为“ 辽宁省优秀律师”。现任辽宁省劳动法学研究会理事，为沈阳市人力资源和社会保障局、沈阳市营商建设局、沈阳市工商联、沈阳市企业联合会等政府部门提供法律顾问服务，同时带领团队为东软医疗、爱马仕、乐扣、苏宁、中铁物业等知名企业提供过法律服务。

唐晓杰

中级经济师，人力资源管理师，人资、文创等企业服务领域多家公司创始人、投资人。曾在大型实业、投资公司服务逾十五年，担任人力资源总监、董事会秘书等职，精通人力资源领域的组织建设、人员发展、制度流程设计、涉及全国区域的人力资源规划整合与薪酬绩效体系设计等，有兼并、整合，组织架构再造的实战经验。

韩　毅

工商管理硕士，二十年人力资源管理与服务经验，先后在大型国有化工企业、外资和民营房地产集团任职组织发展总监、总裁办主任等职，现任 GHR 环球人力资源智库研究院领导力与组织发展专家，擅长企业员工培训发展、人才评估、组织管控和企业文化建设，带领团队为数十家大中型企业提供组织发展规划与人才培养服务，并辅导多家创业型公司的高管团队提升工作绩效，帮助企业获得资本市场的认可。

高中稳

中国劳动学会理事，沈阳市企业联合会会长，辽宁中盾稳发展有限公司董事长，在劳务派遣、劳务外包、建筑劳务分包等人力资源服务领域有着二十年的从业经历，带领团队为各行业公司在用工策划、用工实施上提供优质人力资源服务，先后在辽宁、黑龙江、吉林、山东、安徽、海南等省市设立近二十家公司，积极探索和助力人力资源产业发展，为区域行业发展作出独有贡献。

郝玉茹

毕业于华东政法大学，浙江太安律师事务所律师、劳动与社会保障专业委员会成员，曾任市级劳动人事争议仲裁委仲裁员，多个法院的调解员，擅长处理劳动纠纷与人事管理合规、公司法律风险控制等业务，曾为信达资产、妈咪宝、福山纸业、中石化宁波工程公司及数家政府机构等单位提供过法律服务。

序　言

2022年,新冠疫情再次蔓延,使全球经济形势不断恶化。在这一艰难的时代背景下,2022届中国高校毕业生规模首次超过千万,用工供给扩大,而企业历经寒冬,用工需求大幅减少,一些中小企业更是面临裁员、倒闭的危机,这使整个社会面临较大的就业压力。另外,外卖骑手、网约司机、带货主播等新型就业模式带动了灵活用工的发展。国家统计局的数据显示,截至2021年年底,中国灵活就业者已达2亿人,这一趋势也对企业用工管理提出了新的挑战。

自2008年《劳动合同法》实施以来,劳动争议案件进入"井喷"时代,各地司法实践混乱不一。2021年1月1日起施行的《最高人民法院关于审理劳动争议案件适用法律问题的解释(一)》将过去四部劳动争议案件适用法律问题的司法解释进行整合,进一步强调了劳动用工的合规性。同时,2021年起施行的《民法典》《个人信息保护法》对员工的人格权、个人信息等提出了更严格的保护边界,个别劳资案件成为全社会舆论关注的现象时有发生,这些都引发了劳动争议。稳定的劳资关系是企业行稳致远的关键,企业的用工管理仍需要全面合规,这样才能够创造良好和谐的劳动关系。

目前,有关劳动法律适用的书籍主要停留在对劳动法律、法规的分析以及用工实务中的法律责任承担,很少涉及劳动争议仲裁或诉讼阶段的实际操作。

但我欣喜地发现本书从实体和程序两方面入手，向广大读者展现了在实际仲裁诉讼过程中的要点以及应对策略。对企业HR或劳动者来说，本书能够手把手地教会他们如何申请仲裁、准备证据、应对诉讼，即使没有法律工作者的专业知识储备，也能够根据书中的指引，判断可否达成劳动争议的仲裁或诉讼目标，可谓是一本真正的“实战宝典”。

案例分析是本书的另一大亮点，本书作为实务类书籍，针对劳动用工实践中常见争议焦点进行了大量案例检索及归纳，用真实的判例让读者能够近距离了解司法尺度，并且在部分案例中对比北京、上海、广州等地区不同的裁判口径，进一步体现出劳动法适用的地域性特点。与其他同类书籍相比，本书对法律法规认定较为模糊、实践中具有争议的问题，结合法院的裁判观点给予了一些指导性建议，因此，十分具有参考意义。

劳动争议的处理入门并不难，但要做到精通，还要潜心学习和积累。本书主编之一陈元曾是我指导的研究生，这些年一直坚持劳动法领域的业务研究，已经成长为一名资深律师，希望他和团队编写的这本书能给大家带来帮助，也希望他能够再接再厉，再创佳绩。

以此为序！

董保华

中国社会法研究会副会长

2022年9月于上海

目录

实体篇

实体篇

随着法治进程的推进，近年来劳动者的维权意识逐渐增强，用人单位的用工管理也日趋规范。然而，劳资关系几乎是所有人都会面对的问题，因此劳动争议在所有诉讼案件中占比不小，其中以“经济补偿金”“违法解除/终止劳动关系”“未签订劳动合同”为主要争议焦点的劳动合同诉讼是最为常见的纠纷。另外，劳动者还对“拖欠工资”“加班费”“应休年休假”等涉及自身福利待遇的问题最为关注。本篇将详细探讨这几类最为常见的劳动争议。

第一章

劳动争议的基础问题：劳动关系

劳动者通过劳动相关法律法规，向劳动相关部门主张权利的大前提是诉争双方形成劳动关系。因此，在进入劳动维权程序之前，当事人需要弄清楚以下两个基本问题。

第一，劳动者和用人单位是否形成劳动关系？如果成立，则该争议可以适用劳动法律法规，可以进入劳动监察或仲裁程序，主张劳动争议中特殊的赔偿项目，包括加班费、未签劳动合同的二倍工资、解除劳动合同的经济补偿金等，所有这些赔偿项目与相应的程序都可以在本书中找到对应的详细解说。如果不成立，那么双方的争议就只能通过一般民事程序解决。通常而言，一般民事争议中可主张的赔偿项目和金额会比类似情况在劳动争议中可主张的要少，常见的仅有拖欠劳务报酬以及人身损害赔偿。

本章详细说明判断劳动关系形成的要件，同时列举典型案例帮助读者理解。

第二，如果事实上确实形成劳动关系，劳动者能不能提供证据证明？在实践中，劳动者会经常面临实际用人单位否认双方存在劳动关系，甚至否认劳动者与其存在任何直接联系的情况，此时，劳动者必须举证证明双方存在劳动关系的事实，才能通过合法程序维护自己的权益。

本章也会对证明劳动关系的证据类型进行说明，同时介绍一些取证和举证的技巧。

第一节 劳动关系与劳务关系或其他关系的基本辨析

法律常识与人们日常生活中的常识是有差距的，表面上看起来似乎是一回事，在法律层面上却可能是两种完全不同的关系，适用不同的法律，当事人会有不同的权利和义务。

在劳动法范畴，经常产生的误区就是，某人在某处“上班”，劳作并获得收入，似乎就应该是“劳动关系”了。实际上，劳动关系的形成有多个维度的判断指标。下面我们通过表 1－1 对常见的一些“提供劳动—获取报酬”关系进行辨析，通过对比认识劳动关系的特点。

表 1－1　劳动关系形成与否的判断要件

<table>
<tr><th>提供劳动一方的身份</th><th>接受劳动一方的类别</th><th>其他要件</th><th>是否劳动关系</th><th>备注</th></tr>
<tr><td>属公务员或参照公务员的事业编制</td><td rowspan="3">国家机关</td><td>无限定</td><td>否</td><td>受《公务员法》调整</td></tr>
<tr><td rowspan="2">签订聘用合同的非公务员</td><td>国家机关直接聘用</td><td>是</td><td>国家机关是法律上的用人单位</td></tr>
<tr><td>由劳务派遣公司派遣至国家机关工作</td><td>否</td><td>劳务派遣公司是法律上的用人单位，与劳动者形成劳动关系，国家机关要承担法律上的用工单位义务，但不是用人单位，和劳动者之间不形成劳动关系</td></tr>
</table>

续表

提供劳动一方的身份	接受劳动一方的类别	其他要件	是否劳动关系	备注
属事业编制人员	事业单位	有的签订聘用合同,有的未签	否	如发生争议,属于人事争议而非劳动争议,受各地人事法规和政策调整。属于劳动人事争议仲裁委员会管辖范围,不属于劳动监察机关管辖范围
签订聘用合同的非事业编制人员		由事业单位直接聘用	是	受劳动法律法规调整
		由劳务派遣公司派遣至该事业单位	否	劳务派遣公司是法律上的用人单位,与劳动者形成劳动关系,事业单位要承担法律上的用工单位义务,但不是用人单位,和劳动者之间不形成劳动关系
无限定	个人或者非劳动法所规定的用人单位	无限定	否	只能成立劳务合同关系
已享受养老保险的退休人员、全日制学校在校学生	无限定,任何单位或个人	无限定	否	只能成立劳务合同关系
外国人或我国港澳台人员未经许可	无限定	无限定	否	只能成立劳务合同关系
未满16周岁童工	无限定	无限定	否	雇用童工属严重违法行为,不能形成合法的劳动关系。但除依法处理用人单位之外,童工主张劳动权益的,应当比照劳动关系处理

续表

提供劳动一方的身份	接受劳动一方的类别	其他要件	是否劳动关系	备注
无限定	外国企业或其在中国的代表处、办事处	无限定	否	外国企业及其办事处要用人,只能通过外企人力资源服务公司进行招录。外服公司与劳动者建立劳动关系,再将其派至外国企业及其办事处工作
无限定	无限定	每天工作不超过4小时,每周不超过24小时	非全日制用工劳动关系	除非双方约定一致形成普通劳动关系,否则此类工作方式形成非全日制用工劳动关系,权利义务与普通劳动关系大不相同,不需要签订书面劳动合同,双方都可以随时解除劳动关系,对用人单位的义务要求大幅降低
无限定	无限定	身份独立,按次或打包收取报酬,自担经营风险,一般不受单位的管理或支配	否	劳务合同关系也可能是承揽合同关系、居间合同关系、委托合同关系等
符合劳动法所规定的劳动者条件	符合劳动法所规定的用人单位条件	接受用人单位的管理,用人单位发放劳动报酬,劳动者的劳动是单位业务的组成部分	是	排除上面这些特殊主体后,普通具有劳动能力的个人与注册的企事业单位、个体工商户、社会团体之间,形成的符合左侧要件的关系才是最标准的劳动关系

注:上面所列各种情况,如果同时符合,只要其中有一条认定为不属于劳动关系,则按非劳动关系处理。

本章将分别对表 1 - 1 所列情况予以具体说明。

第二节 国家机关中的工作人员

一、公务员

说到在国家机关“上班”，我们的第一反应就是“铁饭碗”——公务员。公务员也是工薪一族，提供劳动，获取报酬，但公务员与国家机关之间的关系不属于劳动关系。

1. 公务员与所在单位之间的关系适用《公务员法》，不属于《劳动法》《劳动合同法》等法律的调整范畴，双方都没有劳动法上的权利与义务。例如，公务员加班不能要求加班费（目前对公务员加班费有一些政策性规定，国家也提倡对公务员加班予以适当补贴，但与劳动关系下的法定加班费还是有很大的区别），也不要求签订劳动合同，试用期可长达 1 年等。

2. 公务员与机关之间发生争议不能通过劳动争议程序解决。按照《公务员法》第 95 条的规定，公务员对涉及本人的人事处理不服的，可以向原处理机关申请复核；对复核结果不服的，可以自接到复核决定之日起 15 日内，按照规定向同级公务员主管部门或者作出该人事处理的机关的上一级机关提出申诉；也可以不经复核，自知道该人事处理之日起 30 日内直接提出申诉。对省级以下机关作出的申诉处理决定不服的，可以向作出处理决定的上一级机关提出再申诉。行政机关公务员对监察机关作出的涉及本人的处理决定不服向监察机关申请复审、复核的，按照有关规定办理。

简言之，公务员与机关之间发生争议是不能通过法院或仲裁程序解决的，只能走内部申诉的途径。但要注意，公务员中间有一种“聘任制公务员”，这类“聘任制公务员”产生人事争议可以适用人事争议处理的程序，通过劳动人事争议仲裁委员会处理。

二、非公务员(所谓合同工,可能未签合同)

目前,各地各机关都普遍存在不在编制内、但长期在和公务员职责完全相同岗位上工作的人员,在这种情况下,国家机关也完全可能是劳动法上的用人单位,与其所聘用的人员(某些情况下甚至包括法官)也完全可能是劳动关系。双方如果在劳动关系方面发生争议,可以通过劳动争议程序处理。国家机关包括法院,也完全可以作为劳动争议案件的被申请人和被告。实践中,在国家机关工作但没有编制的工作人员有以下几种情况。

1. 国家机关直接聘用的人员。无论是否签订劳动合同,只要双方之间符合劳动关系所需的主体资格和管理关系,双方即属于正常的劳动关系。

2. 国家机关与劳务派遣公司签订派遣协议后,由劳务派遣公司派遣到国家机关工作的人员。劳务派遣是一种特殊的劳动关系,劳务派遣公司与劳动者形成劳动关系,承担法律上的用人单位义务,而国家机关是用工单位,承担相应的法律责任,但不与劳动者形成劳动关系。

3. 机关将某些事务外包其他公司或单位,由这些单位派人员来为机关提供服务,此时这些人员与这个承包公司建立劳动关系。

第三节 事业单位中的工作人员

在事业单位工作的人员可以分为以下几种:

(1)有事业编制,工资由财政拨款,未签聘用合同的;

(2)有事业编制,工资由财政拨款,签聘用合同的;

(3)没有事业编制,由事业单位筹发工资,签劳动合同(或未签劳动合同)的;

(4)没有事业编制,事业单位与劳务派遣公司签订劳务派遣协议,由后者派遣到事业单位工作的。

上面几种情况中，第（1）种与第（2）种也包括参照公务员管理的事业编制人员，是典型的人事关系，第（3）种是劳动关系，适用劳动法律法规，第（4）种是劳务派遣，被派遣劳动者与劳务派遣公司建立劳动关系，但事业单位同时承担连带责任。

值得注意的是，辨析双方属于人事关系还是劳动关系，主要不是看双方签订合同与否或签订的合同是以什么名义，而是看员工是否有编制。这里起决定作用的是身份而非契约。一般情况下，事业单位的人员，对自己是否有编制是非常清楚的。有无编制待遇也不一样，工资差别甚至会在1倍以上。从法理上来讲，这或许涉及违反“同工同酬”的问题，但“同工同酬”是规范劳动关系的，目前无法应用于劳动关系下的员工与其他关系下的员工之间的比较。

第四节 人事争议和劳动争议的区别

首先，人事争议与劳动争议的仲裁时效不同。2008年5月1日《劳动争议调解仲裁法》实施后，劳动争议的仲裁时效延长至1年。而2011年修正的由中组部、人事部、解放军总政治部联合颁布的《人事争议处理规定》，其中明确人事争议时效仍为60日。实务中，仍然按照本规定操作。至于聘任制的公务员，则依照全国人民代表大会常务委员会通过的《公务员法》，其提起仲裁的时效也是60日。

其次，两者可仲裁的事由“宽度”不一致。人事争议仲裁只处理关于解除人事关系和履行聘用合同的争议，考核、职务任免、职称等不在其中；劳动争议仲裁的事由范围则要宽得多。

劳动人事争议仲裁委对人事争议不予受理时，法院是否可以直接受理？关于这个问题目前实践中是存在争议的。虽然劳动人事争议仲裁委员会对人事争议不予受理时，法院应当受理是已经由司法解释明确规定的，但仍有些不予受理的实际判例。总之,目前人事争议要进入司法程序,相较于劳动争议会有一些困难。

最后,需要提及的是,虽然提起仲裁的时效不同,但根据《劳动人事争议仲裁办案规则》的规定,对人事争议的仲裁结果不服则与劳动争议一样,可以在15日内向法院起诉。

第五节 在校学生、下岗职工再就业、退休职工等特殊主体

某些特殊主体与用人单位之间的关系具有一定的特殊性。

一、全日制学校在校学生(包括研究生)

原劳动部发布的《关于贯彻执行〈中华人民共和国劳动法〉若干问题的意见》第12条规定:"在校生利用业余时间勤工助学,不视为就业,未建立劳动关系,可以不签订劳动合同。"实践中一般认为,学生不具备劳动关系的主体资格,故不能与用人单位形成劳动关系,其打工行为只能按一般民事关系处理。

注意,如果是非全日制学校的学生,则不能直接引用该条,以特殊主体为由直接否定其与用人单位形成劳动关系,分析其与用人单位的关系仍然要从主体是否合法、是否接受用人单位具有人身性质的管理、是否从事用人单位的业务并获取报酬、是否有条件依法缴纳社保等方面着手。

二、下岗职工再就业

下岗职工是我国的一种特殊现象,此处特指国有企事业单位及极少数的民营企业与职工之间中止提供劳动但仍发放报酬的关系(亦存在劳动者中止提供劳动,同时单位既不向其发放报酬也不为其缴纳社会保险,双方长期不存在任何与劳动相关的联系的情况,实践中这种情况可能会按劳动关系已解除处理,而本节讨论的是劳动关系并未解除的情况),可能办理书面的"下岗""内退"等手续,也可能只是口头通知"待岗",但尚未解除劳动关系的情况。下岗

职工不同于退休职工，其特殊性在于，其和原来的单位并未解除劳动关系。一般而言，容易产生纠纷的下岗职工中，大部分档案等人事关系都还在原单位，有些原单位还在给其缴纳社保，或是发放一定的生活费。

在《最高人民法院关于审理劳动争议案件适用法律若干问题的解释（三）》（以下简称《劳动争议司法解释三》，已失效）2010 年 9 月 14 日实施之前，实践中一般认为，一个劳动者只能与一个用人单位形成一个劳动关系，即不承认双重劳动关系。在这种情况下，下岗职工再就业，与新的单位形成的工作关系以及其与原单位之间的关系，必有其一不属于劳动关系，也不受劳动法律法规调整。而如果该职工的情况如之前所述，人事档案在原单位，原单位缴纳社保，甚至还可能发放生活费，与新单位则未签订劳动合同，通常认为后者不属于劳动关系。

在《劳动争议司法解释三》生效后，有类似上述情况的下岗职工与新用人单位签订新的劳动合同或新建立劳动关系的，应适用《劳动争议司法解释三》第 8 条的规定，即上述人员与原用人单位和新用人单位形成双重劳动关系，相关权利义务可依照《劳动法》《劳动合同法》的有关规定执行。

需注意，虽然《劳动争议司法解释三》被废止，但这条规定被《最高人民法院关于审理劳动争议案件适用法律问题的解释（一）》（法释〔2020〕26 号）第 32 条第 2 款吸收，因此该规定目前仍然适用。

◈ 法条链接[①]：

《最高人民法院关于审理劳动争议案件适用法律问题的解释（一）》

第 32 条　用人单位与其招用的已经依法享受养老保险待遇或者领取退休金的人员发生用工争议而提起诉讼的，人民法院应当按劳务关系处理。

---

① 本书中的“法条链接”是泛称，实际上可能包含并不属于法律法规范畴的会议纪要、指导意见等，名为“××法”“××规定”的是法律法规，“××解释”的是司法解释，都属于广义上的法律，而名为“××会议纪要”“××指导意见”“××意见”“××解答”“××答复”的是并非法律法规的裁判参考性文件，仅对当地的案件裁判有参考作用。

企业停薪留职人员、未达到法定退休年龄的内退人员、下岗待岗人员以及企业经营性停产放长假人员，因与新的用人单位发生用工争议而提起诉讼的，人民法院应当按劳动关系处理。

三、退休人员

退休人员包括两类：一类是已经办理退休手续并享受退休待遇的人员；另一类是已达到退休年龄（通常为男满60周岁，女满50周岁，女干部满55周岁，特殊岗位可提前），但因未缴纳社会保险等各种原因未能享受退休待遇的人员。

对于第一类，法律的规定相当明确，该类主体与用人单位不能形成劳动关系，只能形成劳务关系。而对于第二类，法律文本的规定有所不同，司法实践中也存在争议。

《劳动合同法实施条例》第21条规定：劳动者达到法定退休年龄的，劳动合同终止，即不认为达到退休年龄的职工与单位之间形成的是劳动关系。这一规定与《劳动合同法》并不一致，后者的规定是“劳动者开始依法享受基本养老保险待遇”的，劳动合同才终止，也就是说，这两部法律、法规对“达到法定退休年龄而未享受基本养老保险待遇”的劳动者与用人单位之间的劳动关系是否自然终止有不同的规定。

《劳动合同法》是上位法，而《劳动合同法实施条例》则是专门对《劳动合同法》作出实践操作说明的法规，从法理学上来说，适用哪一部的规定都有依据，后续的几部司法解释也未对“达到法定退休年龄而未享受基本养老保险待遇”的劳动者与用人单位之间的劳动关系是否自然终止，或者是否还能与用人单位形成劳动关系作出规定。因此，司法实践中对此类情况如何处理存在较大争议。

上海地区目前对此有比较明确的裁判原则：对劳动者已开始依法享受基本养老待遇的，应严格按司法解释的规定，劳动者与用工单位发生争议，按劳务关系处理；对虽已达到法定退休年龄，但用人单位未与其解除劳动关系仍继续用工，未按规定办理退休手续的，按劳动关系处理；对已达到法定退休年龄，且原用人单位与其已解除劳动关系，但因劳动者社会保险费缴费年限不够，不能享受养老保险待遇的，其在达到退休年龄后与新的用工单位按劳务关系处理。

北京地区则认为，无论劳动者是否享受养老保险待遇，一到退休年龄，劳动者与用人单位之间的劳动关系即为终止。终止之后，如劳动者继续在单位上班，那么所形成的关系自然也就不是劳动关系，而只是劳务关系。如劳动者在超过退休年龄之后才入职，则自始不与该单位形成劳动关系。

需注意：以上这些地方性意见都属于地方法院和劳动仲裁系统对法律无明确规定的情况下作出的一些共识指导意见，在实践中具有很强的参考性，但并不是固定不变的。比如，北京地区的裁判倾向来自 2014 年 5 月下发的《北京市高级人民法院、北京市劳动争议仲裁委员会关于劳动争议案件法律适用问题研讨会会议纪要（二）》，如果出现新的与此相冲突的研讨会结论或是影响力更大的文件，那么地区裁判倾向也会相应改变。本书中所有关于地区裁判口径的分析以及列出的指导性文件都是如此，仅供读者参考。

虽然对达到退休年龄而未享受养老保险待遇的劳动者是否能够与用人单位形成劳动关系各地实践中有不同的处理，但根据《最高人民法院行政审判庭关于超过法定退休年龄的进城务工农民因工伤亡的，应否适用〈工伤保险条例〉请示的答复》（〔2010〕行他字第 10 号）的精神，全国范围内，达到退休年龄而未享受养老保险待遇的进城务工农民，如产生工伤，享受其劳动成果的用人单位应当承担工伤保险赔偿责任。

☞ 案例参考 1：在北京，超过退休年龄后入职不构成劳动关系，但单位应承担工伤保险赔偿责任。

高某某，女，北京市大兴区魏善庄镇人，农业户口，1957 年 9 月 24 日出生，达到退休年龄时未曾享受城镇职工基本养老保险待遇。2017 年 6 月 18 日开始到魏善庄环境中心工作,从事道路保洁工作。2017年7月19日,高某某驾驶三轮摩托车上班途中发生交通事故后死亡。2017年9月8日,北京市公安局大兴分局交通支队出具《道路交通事故认定书》,认定高某某在上述交通事故中负次要责任。其子李某认为母亲高某某属于工伤,用人单位不认为是工伤,由此发生争议。

2017年12月27日,李某提出劳动仲裁申请,要求确认高某某与魏善庄保洁中心自2017年6月18日至2017年7月19日存在劳动关系。劳动仲裁委裁决驳回李某的仲裁请求。李某不服,提起诉讼,一审法院判决驳回李某的诉讼请求。

李某不服,提起上诉。二审法院认为,劳动者达到法定退休年龄的,劳动合同终止。高某某于2007年9月24日年满50周岁,达到法定退休年龄,按照法律规定,高某某达到法定退休年龄后,无法再与其他单位建立劳动关系,因此,原审法院确认高某某与魏善庄中心之间不存在劳动关系正确。

2018年8月29日,李某向法院提起民事诉讼,要求确认高某某与魏善庄保洁中心自2017年6月18日至2017年7月19日存在劳务关系。2018年11月13日,一审法院作出民事判决书,确认高某某与魏善庄保洁中心自2017年6月18日至2017年7月19日存在劳务关系。

2019年2月20日,李某等人以工伤保险待遇纠纷为案由,以魏善庄保洁中心为被告,向法院提起民事诉讼,要求判令魏善庄保洁中心支付工伤保险待遇,一审法院于2019年8月29日作出民事裁定书,裁定驳回起诉。

2019年11月19日,李某向大兴人保局提出高某某工伤认定申请。2019年11月25日,大兴人保局作出《工伤认定申请不予受理决定书》,以高某某与魏善庄保洁中心不存在劳动关系为由,决定不予受理。

2020年8月10日,大兴人保局对李某作出《关于撤销〈工伤认定申请不予受理决定书〉的决定》,决定予以认定为工伤。

法院认为,根据《工伤保险条例》第14条第6项的规定,职工在上下班途中，受到非本人主要责任的交通事故伤害的，应当认定为工伤。本案中，生效民事判决书已认定高某某在达到法定退休年龄之后，向魏善庄保洁中心提供劳务，双方构成劳务关系。在此基础上，大兴人保局经调查认定高某某于2017年7月19日13时55分，在北京市大兴区魏永路东大路交叉口发生交通事故后死亡的情形，属于上班途中，受到的非本人主要责任的交通事故伤害，且高某某在上述交通事故中负次要责任，认定事实清楚。根据该事实，大兴人保局认定高某某受到的事故伤害属于工伤认定范围，符合《工伤保险条例》第14条第6项的规定，适用法律正确。依据《最高人民法院行政审判庭关于超过法定退休年龄的进城务工农民因工伤亡的，应否适用〈工伤保险条例〉请示的答复》(〔2010〕行他字第10号)关于"用人单位聘用的超过法定退休年龄的务工农民，在工作时间内、因工作原因伤亡的，应当适用《工伤保险条例》的有关规定进行工伤认定"的规定，对大兴人保局所作上述认定应予支持。[①]

法条链接：

《劳动合同法》

第44条　有下列情形之一的，劳动合同终止：

(一)劳动合同期满的；

(二)劳动者开始依法享受基本养老保险待遇的；

(三)劳动者死亡，或者被人民法院宣告死亡或者宣告失踪的；

(四)用人单位被依法宣告破产的；

(五)用人单位被吊销营业执照、责令关闭、撤销或者用人单位决定提前解散的；

(六)法律、行政法规规定的其他情形。

① 北京市第二中级人民法院行政判决书，(2021)京02行终256号。

《劳动合同法实施条例》

第21条　劳动者达到法定退休年龄的,劳动合同终止。

《上海市高级人民法院劳动争议案件审理要件指南(一)》

第8条　[用人单位主张其与退休人员不存在劳动关系的要件事实]用人单位主张其与招用的退休人员之间不存在劳动关系的。应举证证明该退休人员已达到法定退休年龄且已与原用人单位解除劳动关系并按规定办理了退休手续。

[说明]……对于劳动者已开始依法享受基本养老待遇的,应严格按司法解释三的规定,劳动者与用工单位发生争议,按劳务关系处理;对于虽已达到法定退休年龄,但用人单位未与其解除劳动关系仍继续用工,未按规定办理退休手续的,按劳动关系处理;对于已达到法定退休年龄,且用人单位与其已解除劳动关系,但因劳动者社会保险费缴费年限不够,不能享受养老保险待遇的,劳动者只要依照《社会保险法》有关规定补缴社保费后即可享受养老保险待遇,其再就业与用工单位发生争议的,按劳务关系处理。

《北京市高级人民法院、北京市劳动争议仲裁委员会关于劳动争议案件法律适用问题研讨会会议纪要(二)》

12. 依法享受养老保险待遇的人员、领取退休金的人员、达到法定退休年龄的人员,与原用人单位或新用人单位之间建立用工关系的,如何处理?

依法享受养老保险待遇的人员、领取退休金的人员、达到法定退休年龄的人员,其与原用人单位或者新用人单位之间的用工关系按劳务关系处理。上述人员可依据《最高人民法院关于审理人身损害赔偿案件适用法律若干问题的解释》第十一条,《最高人民法院关于审理劳动争议案件适用法律若干问题的解释(三)》第七条规定主张权利。

《最高人民法院行政审判庭关于超过法定退休年龄的进城务工农民因工伤亡的,应否适用〈工伤保险条例〉请示的答复》

用人单位聘用的超过法定退休年龄的务工农民,在工作时间内、因工作原因伤亡的，应当适用《工伤保险条例》的有关规定进行工伤认定。

第六节 不能成为用人单位的特殊主体

上一节讨论了一些可能影响劳动关系成立的提供劳动一方特殊主体，即不能作为劳动者的一些常见主体。本节将分析一般情况下什么样的用工方可以作为用人单位，以及相应的什么样的用工方不属于劳动法所规定的合法用人单位主体。

根据《劳动合同法》第2条、《劳动合同法实施条例》第4条的规定，下列组织可以作为用人单位招用员工与员工形成劳动关系。

1. 国家机关，包括军队机关。例如，工商局、人民法院等。

2. 事业单位。例如，大学、医院、研究所等，多为教育、医疗卫生、科研机构。

3. 企业。包括有限责任公司、股份有限公司、全民所有制企业、集体企业、合伙企业、个人独资企业等。

4. 民办非企业单位、社会团体，如律师事务所、会计师事业所、法律援助中心、劳动与社会保障法学会等。

5. 上述单位设立的分支机构，但必须是依法取得营业执照或者登记证书的分支机构。未依法取得营业执照或者登记证书的，受用人单位委托可以与劳动者订立劳动合同，但这种情况下，与劳动者形成劳动关系的仍然是用人单位，而不是该分支机构。请注意这种情况下作为被申请人与被告的主体。

6. 个体工商户。如某某商店、某某洗浴中心等。个体工商户不允许设立分支机构。

通常而言，上述单位均在我国的工商局或者其他国家机关登记过，均有组织机构代码证或者营业执照，或者两者均有。

反过来讲，如果招用员工的主体，不在上述单位之列，则肯定不能构成一个劳动法上的用人单位,与被雇用人员的关系也就肯定不是劳动关系。具体来说,实务中常见的非用人单位的用工包括下列情况。

1. 家庭。如雇用家庭与家庭教师、保姆。需要注意的是,家政服务公司可以派出保姆、服务员等为购买服务的家庭提供劳务。此时,家政服务公司是合法的用人单位,劳动者与其形成劳动关系而非与被服务的家庭。如果是家庭直接聘用劳务人员,则不属于劳动关系。

2. 农村承包经营户。农村承包经营户也存在雇工的情况,包括农忙时聘请帮工,也有不少上规模的农村承包经营户常年聘请雇工。这都不构成劳动关系。

3. 个人。这种情况与家庭聘用基本一样,但注意,经登记的个体工商户虽然也可能只是一个自然人,但仍然是合法的用人单位。

4. 一些特殊的单位。虽然不在前面所列出的6种用人单位范围之内,但从宽泛的意义上来讲,也是一种组织、一种单位,并且实务中也有雇用人员的存在,如村民委员会、业主委员会。这些单位是否能作为用人单位取决于《劳动合同法》列举的用人单位是完全列举还是举例式列举,这一点在实践中有争议。

但在目前司法实务中,未被《劳动合同法》列举的组织和单位与个人形成的关系,无论是否符合劳动关系的其他构成要件,多数不按劳动关系处理。值得注意的是,如果上述组织或个人聘用了员工,即便双方签订了书面的、正式的劳动合同,双方的关系也不能认定为劳动关系。

特殊情况:对不是严格意义上的“用人单位”,如何主张相关待遇?

《最高人民法院关于审理劳动争议案件适用法律问题的解释(一)》第29条对其中一种情况作出明确规定:劳动者与未办理营业执照、营业执照被吊销或者营业期限届满仍继续经营的用人单位发生争议的,应当将用人单位或者其出资人列为当事人。在实务中,还有一些其他情形。

1. 劳动者在用人单位成立前的筹备过程中与用人单位正式成立后,一直在为其工作,则以用人单位营业执照上注明的成立日期为界,工作年限如有约定,应连续计算；如无特别约定，则从用人单位成立之日起计算。对此，《北京市高级人民法院、北京市劳动争议仲裁委员会关于劳动争议案件法律适用问题研讨会会议纪要》的第39条规定：劳动者在用人单位设立筹备阶段的工作时间一般不计算为本单位工作年限，但双方另有约定的除外。不过，用人单位正式成立前的责任，可以向出资人主张。

2. 用人单位（发起单位）安排其员工从事开设新单位的筹备工作。此时该员工系发起单位的员工，与发起单位形成劳动关系。如果新单位正式成立后，该员工又被安排到新单位工作，与原单位脱离关系，则员工又与新单位建立了劳动关系。这种情况下的工作年限计算，《劳动合同法实施条例》第10条作出了明确规定："劳动者非因本人原因从原用人单位被安排到新用人单位工作的，劳动者在原用人单位的工作年限合并计算为新用人单位的工作年限。原用人单位已经向劳动者支付经济补偿的，新用人单位在依法解除、终止劳动合同计算支付经济补偿的工作年限时，不再计算劳动者在原用人单位的工作年限。"

☞ 案例参考2：未办理营业执照的"用人单位"，由出资人承担责任。

××学校未依法注册成立，未取得办学许可证。张某于2014年9月1日入职××学校，2016年6月30日离职，担任小学教师（班主任）。2016年6月27日，张某以××学校为被申请人申请劳动仲裁，大兴区劳动人事争议仲裁委以××学校不具备劳动人事争议仲裁主体资格为由，决定对张某的申请请求不予受理。2016年7月11日，张某以××学校的出资者为被申请人申请仲裁，要求其支付未签订劳动合同的双倍赔偿、工资、加班费及解除劳动合同的经济补偿等，大兴区劳动人事争议仲裁委以被申请人不具备劳动人事争议仲裁主体资格为由，决定对张某的申请请求不予受理。张某诉至北京市大兴区人民法院，北京市大兴区人民法院判决××学校的出资者向张某支付经济补偿金，××学校的两位出资者不服，向北京市第二中级人民法院上诉。

……

一审法院认为,劳动者向未办理营业执照、被吊销营业执照或者营业期限届满仍继续经营的用人单位提供劳动,劳动者有权依照《劳动合同法》的规定向用人单位主张权利,用人单位不存在或者无力承担责任时,出资人应当依法承担相应责任。本案中,××学校未依法注册成立,应由其出资人依照《劳动合同法》的有关规定承担向张某支付劳动报酬、经济补偿、赔偿金的责任。故针对解除劳动合同的经济补偿,因双方皆无法举证证明劳动合同系对方单方面解除,因此比照协商一致解除,支持原告要求被告支付经济补偿金的请求,其他诉求因缺乏法律依据和证据证明,不予支持。

……

法院认为,依据《劳动合同法》第93条的规定,对不具备合法经营资格的用人单位,劳动者已经付出劳动的,该单位或者其出资人应当依照该法有关规定向劳动者支付劳动报酬、经济补偿、赔偿金。××学校未依法注册成立,未取得办学许可证,张某经其录用,已经向其提供劳动。一审中,××学校的出资者及张某均认可张某2016年6月30日后未再为××学校工作,但对具体原因各执一词,且均未提交相应证据证明,张某主张应由××学校出资人支付其经济补偿金,并无不当。综上所述,上诉人的上诉请求不能成立,应予驳回。①

第七节 违法的劳动关系

一般而言,为某个单位打工也好,为某个个人打工也好,即使不构成劳动关系,也不会涉及违法的问题。即便是从事内容违法的工作,建立劳动或劳务关系本身也不存在违法一说。

---

① 北京市第二中级人民法院民事判决书,(2017)京02民终4009号。

但凡事总有例外，在某些情况下，个人与单位形成类似于劳动关系的关系本身就是违法且可能受到处罚的，根本不会成立劳动关系，不能受劳动法律法规保护，还可能承担行政责任，对此劳动者要特别予以注意。因主体不合法而无法成立劳动关系包括以下几种情况。

1. 国外企业或其他组织在中国直接招用员工

这里的"国外企业"指在国外登记或注册的企业或其他组织，标准是依据哪一国法律而成立，而与其资产来源、投资人无关。例如，一个中国人到美国注册一家公司，这家公司就是一家美国公司，而非中国企业。反过来说，一家美国公司可能到中国，依据中国的法律设立一家外商独资企业，那这个外商独资企业也是一个不折不扣的中国公司。而那些依据我国港澳台地区法律，在我国港澳台地区注册的公司或其他组织，是不能直接在我国大陆招用员工的。

2. 外国企业的中国办事处、代表处在中国直接招用员工

这里的用工主体即第1种情况中的国外企业在中国设立的办事处或代表处。这些办事处、代表处可能经过中国的工商行政部门登记过，但只能依法从事一些联络的工作，并不能直接从事经营活动，也不能直接在中国招用员工。例如，在北京市工商行政管理局的网站上查询"×××公司北京代表处"，可以查到其登记信息如下：

<table>
<tr><td>法定代表人/负责人：</td><td>×××</td><td>行政区划：</td><td>朝阳区</td></tr>
<tr><td>成立日期：</td><td>2000－04－05</td><td>注册资本：</td><td></td></tr>
<tr><td>经营期限自：</td><td colspan="3">2000－04－05</td></tr>
<tr><td>登记机关：</td><td>北京市工商行政管理局</td><td>企业状态：</td><td>开业</td></tr>
<tr><td>地址/住所：</td><td colspan="3">北京市朝阳区光华路1号嘉里中心北楼510室</td></tr>
<tr><td>经营范围：</td><td colspan="3">公司产品介绍、市场调研和技术交流方面的联络。不得开展经营活动收取费用。</td></tr>
</table>

×××公司经营范围明确为公司产品介绍、市场调研和技术交流方面的联络。特别限制其不得开展经营活动收取费用。因此，其不能在中国经营，自然

也不该存在参与经营的职工。

3. 外国籍人员、我国港澳台居民未经许可在中国大陆就业

如果说前面两种情况是单位这一方的身份问题导致违法,以下两种情况则属于劳动者一方的身份问题。

根据《外国人在中国就业管理规定》的规定,外国籍人员要在中国境内合法就业,必须到用人单位所在地的劳动行政部门(现在是人力资源和社会保障部门)办理外国人就业许可证书。如果没有取得该证书,就是未经许可打工,是违法行为。

但外籍人员有免办就业许可和就业证的特殊例外,主要是一些政府聘请的特殊人员及不需登录的海上石油作业人员、文艺演出工作者等;还有免办许可证、持职业签证及有关证明可以直接办理就业证的特殊例外情况,主要是中外合作协议下聘请的人员及外企常驻中国的代表机构中的代表人员,详见《外国人在中国就业管理规定》第 9 条、第 10 条。

2018 年 8 月 23 日起,人力资源和社会保障部门废止了《台湾香港澳门居民在内地就业管理规定》,从此我国港澳台居民在我国大陆工作不再需要办理就业证,因此,在 2018 年 8 月 23 日之前,未办理就业证而在我国大陆工作的我国港澳台居民与用人单位之间不能形成合法的劳动关系,之后则可以。具体案件中要根据具体的工作时间来认定双方之间的关系。

法条链接:

《出境入境管理法》

第 80 条　外国人非法就业的,处五千元以上二万元以下罚款;情节严重的,处五日以上十五日以下拘留,并处五千元以上二万元以下罚款。

介绍外国人非法就业的,对个人处每非法介绍一人五千元,总额不超过五万元的罚款;对单位处每非法介绍一人五千元,总额不超过十万元的罚款;有违法所得的,没收违法所得。

非法聘用外国人的，处每非法聘用一人一万元，总额不超过十万元的罚款；有违法所得的，没收违法所得。

《北京市人民政府关于外国企业常驻代表机构聘用中国雇员的管理规定》

第11条 ……对私自招聘中国雇员的外国企业常驻代表机构，由市工商行政管理局责令限期改正，并处以1万元以上5万元以下罚款……对无雇员证或者代表证私自到外国企业常驻代表机构工作的中国公民，由市工商行政管理局责令限期改正，并处以5000.00元罚款……

4. 童工

根据我国法律规定，单位雇用童工（指未满16周岁，如1980年1月1日出生，到1996年1月1日为满16周岁）是违法行为，因此童工与雇用单位之间也不是合法的劳动关系。双方的权利义务不受劳动法规调整。

但基于对童工的保护，如果童工发生工伤的，雇用单位应按照工伤标准承担一次性赔偿义务；如果拖欠童工工资，应参照同岗位或类似岗位劳动者的工资确定。

那么，上述几种违法的工作关系会导致什么法律后果呢？

其一，双方的关系根本违法，不构成劳动关系。劳动者不得依据劳动法律法规主张未签劳动合同的双倍工资、加班工资、经济补偿金。

其二，不符合法律规定的主体将受到行政处罚。

实务中，以上行政处罚极少见到实施的情况，一方面工商行政部门没有太多精力去查处此种行为，另一方面该种关系的双方本身也很少见，更不会主动去工商行政部门举报自己或单位。而且，这种处罚规定本身随着时代变迁，已经显得落伍，也许下一次修订时即会修改或取消。

雇用童工的单位则将承担比较严重的行政处罚责任。国务院《禁止使用童工规定》第6条规定：用人单位使用童工的，由劳动保障行政部门按照每使用一名童工每月处5000元罚款的标准给予处罚。但童工本人无须承担任何法律责任。

其三，虽然这种情况下形成的单位与个人之间的关系是违法的，但并不意味着打工者将完全不能主张自身的合法权益。

如果单位拖欠工资报酬或拖欠允诺的劳务相关费用，打工者还是可以向法院（而非劳动行政部门或劳动仲裁机构）主张的，否则，若既违反行政规章，又违反合同契约的单位不会有任何负面法律后果，显然违背"任何人不得从自己的违法行为中获利"这一基本法理。

在《劳动合同法》第28条中也可以看到对类似情况的规定，劳动合同被确认无效，劳动者已付出劳动的，用人单位应当向劳动者支付劳动报酬。劳动报酬的数额，参照本单位相同或者相近岗位劳动者的劳动报酬确定。

☞ 案例参考3：外国人未经合法手续在我国境内就业不属劳动关系，不能获得基于劳动关系的特殊待遇。

2013年7月15日，土耳其国籍人艾某入职某建设公司，从事建筑设计工作，双方签署为期1年的劳动合同，2014年7月14日合同到期后，某建设公司未与艾某续订劳动合同，亦未支付约定的奖金，此后艾某工作至2014年8月4日。2014年8月9日，艾某向某建设公司发送了解除劳动关系通知。解除理由为某建设公司未依法为艾某缴纳社保、未按合同约定支付劳动报酬。此后艾某提起仲裁申请，要求某建设公司承担相应的法律责任，但被仲裁委认定双方之间并非劳动关系，故诉至北京市海淀区人民法院，请求判令某建设公司支付工资、奖金、解除劳动合同的经济补偿、失业金赔偿和二倍工资。北京市海淀区人民法院因其《外国人就业证》上的工作单位并非某建设公司，认定双方不存在合法劳动关系，裁定驳回艾某的起诉。

二审法院认为，本案争议的焦点是艾某与某建设公司之间是否存在劳动关系。《涉外民事关系法律适用法》第8条规定："涉外民事关系的定性，适用法院地法律。"故本案适用中国法律作为准据法。

订立劳动合同应当遵循合法原则。依据我国相关法律、法规规定，在中国就业的外国人持职业签证入境后获得《外国人就业证》和外国人居留证件，方可在中国境内就业。外国人在中国就业的用人单位必须与其就业证所注明的单位一致，变更用人单位但仍从事原职业的，须经原发证机关批准，并办理就业证变更手续。本案中，艾某为土耳其人，来华从事建筑设计职业，原在第三方公司工作，后至某建设公司工作，工作单位变更应当经相关单位批准，并办理《外国人就业证》的变更手续。双方当事人确认艾某提交的《外国人就业证》上注明的工作单位，与其实际工作的某建设公司不符，因未办理就业证的变更手续，艾某关于双方之间存在合法劳动关系的上诉理由，不应支持。因此驳回艾某的上诉。①

这个案例非常典型地说明了劳动者的主体资格对案件结果的影响。但若这样处理，会在理论上导致一个悖论：就用人单位而言，违法用工可能比合法用工成本更低。用人单位完全有可能明知劳动者是外国人，明知其应该办理就业许可，但就是不督促其办理，这样违法责任反而可能轻一些，例如，单位将不需要承担任何违法解除劳动合同的赔偿责任。

但无论如何，在法律作出修改之前，司法实践中仍然需照此执行。如果劳动者自身属于特殊主体，必须谨慎保护自身的合法权益，依法办理合法手续后再付出劳动。

① 北京市第一中级人民法院民事判决书，(2015)一中民终字第07195号。

第八节 承包与劳动关系

目前在我国劳动用工中,常常能见到个人承包的情形,即企业将部分用工或者将企业经营活动的一部分,发包给某个人或某几个人,这些承包人很可能还会再从外招人完成工作,用人单位则不再直接招工,也不直接管理这些实际工作者。此时,这些实际工作者与发包单位之间是否还是劳动关系?这是非常常见且较为复杂的一个劳动关系相关问题。我们用以下这个案例来进行说明。

☞ 案例参考 4:由承包方招聘,接受承包方管理的员工,与发包方不存在劳动关系。

2015 年 4 月 1 日,许某经熟人介绍认识王某,由王某招聘入职某酒店公司的厨房,担任面点师,每月工资为 3600 元,每月工资由王某转账发放,王某是厨师长,负责厨房人员的日常管理工作。2016 年 4 月 13 日,许某做馒头时被机器绞伤,被送往积水潭医院手术治疗,后又转入海军医院治疗,2016 年 6 月 2 日出院,后许某一直在某酒店居住养伤,2016 年 12 月底离开,2016 年 12 月 15 日申请劳动仲裁,要求与某酒店公司确认劳动关系。北京市东城区劳动人事争议仲裁委员会驳回其诉请,其向北京市东城区人民法院提起诉讼。一审法院判决双方不存在劳动关系。许某不服,又向北京市第二中级人民法院提起上诉。

……

法院认为,许某于一审庭审中认可其是由厨师长王某对其进行直接管理,但许某主张王某属于某酒店公司的员工,其接受王某的管理行为应当认定为由某酒店公司在对其进行管理。因许某认可某酒店公司提交的该公司与王某之间的交通银行电子回单,故法院对该银行记录的真实性予以采信。依据银行记录显示的某酒店公司与王某之间往来款项的支付时间与付款金额来看，某酒店公司每月应向王某一方付款58,000元，此记录不属于用人单位与其员工之间的工资结算，结合某酒店公司提交的厨房承包协议书以及授权委托书等证据，法院对许某所主张的王某属于某酒店公司的员工难以采信。王某应为承包某酒店公司的厨房业务的第三人公司的代理人，代表第三人公司管理某酒店公司的厨房。许某的招聘入职、薪酬标准、工资发放以及考勤管理均不是由某酒店公司予以负责，故一审法院驳回许某关于确认其与某酒店公司存在劳动关系的诉讼请求，并无不当，法院对此予以确认。综上所述，许某的上诉请求不能成立，应予驳回。[①]

企业与其他组织或自然人签订承揽(承包)协议后，该组织或自然人再行招揽的劳动者同样有可能与企业形成劳动关系，判断依据主要是企业本身是否对劳动者存在管理行为。

如果符合主体资格的用人单位依法制定的各项劳动规章制度适用于承揽者(承包者)或者其再行招揽的符合主体资格的劳动者，他们接受用人单位的直接的劳动管理，他们的工作属于用人单位的主要业务组成部分(而非纯辅助如保安、保洁等可以与主业务相分离的内容)，并且从用人单位处领取报酬，那么即使双方之间没有劳动合同，法院也会认定存有事实劳动关系。

如果最终接受劳务的一方本身不符合用人单位主体资格，或者劳动者主体不符，抑或双方之间不存在直接管理关系，提供劳动的一方受中间的承揽或承包方管理，那么双方更有可能被认定不存在劳动关系，接受劳务的一方不需要承担法律上的用人单位责任。

在许某与某酒店公司案中，虽然厨师工作是酒店的主要业务内容，但厨房所属人员与酒店之间没有直接的劳务与报酬的交易，具体工作人员由王某招

① 北京市第二中级人民法院民事判决书，(2017)京02民终7246号。

聘,工资报酬系由王某分配发放,考勤管理也由王某实施,许某与某酒店之间应不存在劳动关系。

需要注意的是,建筑施工和矿山企业因为其经营范围的特殊性,虽可能不与实际提供劳动的人员构成劳动关系,却有可能要对违法承包工程的承包方所招聘的人员承担用工主体责任。

根据《劳动和社会保障部关于确立劳动关系有关事项的通知》第4条的规定,建筑施工和矿山企业将工程或经营权发包给不具备用工主体资格(不但包括劳动法对用工主体的要求,也包括相关行政法规对该行业、该工程的资质要求)的,仍然需要对实际提供劳动的人员承担用工主体责任。

用工主体责任本身并不等同于劳动关系中的用人单位责任,更不能据此认为该企业与提供实际劳动的人员存在劳动关系,这只是对特殊行业劳动者的一种特殊救济,主要适用于工伤案件,即该类违法分包的企业需要承担工伤保险责任。提供具体劳动的人员也可以按照雇主责任主张该类企业对承包人欠发的工资待遇等承担连带责任,但不能要求其承担经济补偿、经济赔偿、二倍工资等劳动关系下的用人单位特殊义务。

法条链接:

《劳动和社会保障部关于确立劳动关系有关事项的通知》

一、用人单位招用劳动者未订立书面劳动合同,但同时具备下列情形的,劳动关系成立。

(一)用人单位和劳动者符合法律、法规规定的主体资格;

(二)用人单位依法制定的各项劳动规章制度适用于劳动者,劳动者受用人单位的劳动管理,从事用人单位安排的有报酬的劳动;

(三)劳动者提供的劳动是用人单位业务的组成部分。

……

四、建筑施工、矿山企业等用人单位将工程(业务)或经营权发包给不具备用工主体资格的组织或自然人，对该组织或自然人招用的劳动者，由具备用工主体资格的发包方承担用工主体责任。

《全国民事审判工作会议纪要》

八、关于劳动争议纠纷案件：发包人将工程发包给承包人，承包人又转包或者分包给实际施工人，实际施工人招用的劳动者请求确认与发包人之间存在劳动关系的，不予支持。

《最高人民法院关于审理工伤保险行政案件若干问题的规定》

第3条第1款第4项　用工单位违反法律、法规规定将承包业务转包给不具有用工主体资格的组织或者自然人，该组织或者自然人聘用的职工从事承包业务时因工伤亡的，用工单位为承担工伤保险责任的单位。

第九节 劳务关系（或其他民事关系）与劳动关系

在前述内容中我们可以看出，日常生活含义宽泛的“打工”或者“上班”，从法律视角来看，其实存在多种可能，各种法律关系下双方的权利义务大不相同。若对此略为梳理，大致可分为下列4种法律关系。

第一种：公务员与国家机关之间的关系，主要是指在国家机关工作的，适用《公务员法》管理的人员。

第二种：事业编制人员与事业单位之间的关系，各地一般都有地区性的《事业单位人员管理条例》或类似法规来调整这一关系。适用《中国人民解放军文职人员条例》的军队文职人员也类似于此种关系。

第三种：劳动关系。双方达成劳动关系合意，各自身份符合用人单位与劳动者的主体资格要求，劳动者接受用人单位管理，从事有报酬的工作，其工作是用人单位业务组成的一部分。劳动关系受《劳动法》、《劳动合同法》、《劳动合同法实施条例》及一些相应的司法解释和法规、政策调整。

第四种:劳务关系或者普通民事关系,即在上述3种之外的某个主体为他人或某组织提供劳动或劳务而形成的关系。这种关系不适用劳动法律法规,而适用《民法典》及相关司法解释等一般民事法律。

第四种情况最为复杂,其中又包括很多情形,简单分类如下。

1. 符合构成劳动关系的其他条件,但由于提供劳动或劳务一方不符合劳动法所规定的劳动者的定义,双方不构成劳动关系的情况。包括劳动者一方是全日制学生、已领取养老保险的退休职工。童工、未经许可的外国人也可以归入这一类。

2. 符合构成劳动关系的其他条件,但由于接受他人提供的劳动或劳务的一方不符合劳动法规所规定的用人单位的条件,双方不构成劳动关系的情况。包括个人或家庭雇佣、农村承包经营户雇佣、村民委员会等非用人单位组织雇佣等。外国的企业及其代办处、代表处在中国私自招用员工也可以归于此类。

3. 双方身份符合劳动法规所规定的劳动者与用人单位的条件,个人一方为单位一方提供劳务,但双方的关系不完全符合劳动关系的特点,因而不属于劳动关系。这是最常见也是最复杂的情况,此时双方的关系在法律上又应该怎么认定?这一问题由于可能发生的情况种类过多无法一一详述,此处就几种最常见而典型的情况进行分析。

☞ 案例参考5:临时的、不稳定的用工关系是劳动关系吗?

2016年10月15日下午,案外人刘某通过中间人邀请陈某等人到某市场工地搬运施工时遗留的搅拌机,在搬运过程中被告陈某受伤,其后,刘某通过中间人向陈某等人发放了报酬。陈某以搬运搅拌机是受某房地产公司的聘请为由,向峡江劳动人事争议仲裁委员会申请确认与某房地产公司存在劳动关系,仲裁委裁决确认双方构成劳动关系。某房地产公司不服,向江西省峡江县人民法院起诉。一审判决双方之间不存在劳动关系,陈某不服上诉至江西省吉安市中级人民法院。

二审法院认为，用人单位与劳动者之间的劳动关系，反映的是一种持续性的生产资料、劳动者、劳动对象之间的结合关系，劳动者付出劳动的同时，还要接受用人单位的管理，遵守规章制度，具有人身隶属性；而劳务关系多为一次性或临时性的工作，一般以完成特定工作为目的。本案中，某房地产公司是该工程的发包方而非承包方，陈某等人到工地搬运施工时遗留的搅拌机则是受个人刘某的邀请，事后刘某一次性支付报酬，双方之间应为劳务关系，陈某上诉辩称刘某系为某房地产公司工作，但未提供证据证实。退一步而言，即便刘某邀请陈某等人搬运搅拌机系受某房地产公司委托，但无证据证明双方达成了建立持续劳动关系的意思表示，陈某等人搬运搅拌机，仅提供临时一次性劳务，获得一次性报酬，同时陈某等人也无须遵守公司考勤等规章制度，公司与陈某之间不存在人身隶属关系。因此，一审确认双方之间不存在劳动关系正确，陈某关于要求确认其与某房地产公司之间存在劳动关系的上诉请求依据，法院不予支持。①

本案中，陈某没有充分证据证明双方之间的用工关系存在长期、持续、稳定的特征，也没有证据证明其需要接受某房地产公司的规章制度管理，结合双方陈述的用工实际情况，应认定为暂时的劳务雇佣关系，主体也不一定是某房地产公司。而劳务雇佣关系是不受劳动法调整的，因此，法院判决驳回了陈某的上诉。

需注意，根据《劳动合同法》的规定，对符合法律规定的劳动者与用人单位，双方自用工之日起即形成劳动关系，时长较短的劳动关系也是完全受其保护的，因此仅凭工作时间的长短并不能直接认定劳动关系存在与否。但双方关系的存续时间仍然对认定劳动关系有一定程度的影响，长期、连续、稳定、规律地提供与接受劳动的关系会比短期、不规律、未明显见延续性意图的关系更容

① 江西省吉安市中级人民法院民事判决书，(2018)赣08民终389号。

易被认定为劳动关系。具体到个案，还需要结合“人身隶属性”这一关键性质进行具体分析。

☞ 案例参考6：保险代理人与保险公司之间是劳动关系吗？

2014年，刘某（乙方）与某人寿保险公司（甲方）签订《保险代理合同书》，约定甲、乙双方基于本合同，形成委托代理关系；本合同的订立并不直接或间接地构成甲、乙双方之间的劳动合同关系；甲方向乙方核发《保险销售从业人员执业证书》之后，乙方方可开始从事保险代理行为。甲方授权乙方在北京行政区域内代理销售甲方的保险产品，从事如下行为：持有和使用经甲方制作或核准的展业资料，全面忠实地向客户解释、说明甲方保险产品的内容和保险条款……乙方须按照本合同的约定和基本管理办法的规定，及时向甲方缴交保险费，除不可抗力或甲方的原因外，乙方代收的首期、续期保险费、保全补费，应于收到后的24小时内缴交给甲方，否则为滞留保险费；甲方应按照基本管理办法、甲方有关实施办法及保监有关规定及时向乙方支付代理费；合同还详细约定了其他内容。经核实，刘某为某人寿保险公司从事寿险营销工作至2015年7月，后双方于2015年7月23日办理了终止保险代理合同的手续。

2016年8月，刘某向仲裁委申请劳动仲裁，要求某人寿保险公司赔偿其一次性社会保险损失20万元，仲裁委不予受理，刘某不服，诉至北京市通州区人民法院。

北京市通州区人民法院认为，刘某称其与某人寿保险公司建立劳动关系，但根据查明的事实，刘某与某人寿保险公司签订了《保险代理合同书》，其中明确约定双方为委托代理关系，不构成劳动合同关系。刘某提供的银行明细虽然按月有收入，但是每月数额经常变动且变动幅度较大，不符合劳动者只需要按规定参加用人单位的劳动，无论单位的经营成果如何，劳动者都可享有相对固定的劳动报酬的特征，符合保险代理人按照收取保险费的比例提取佣金的特征。综上，刘某未就其与某人寿保险公司之间存在劳动关系充分举证证明，故对刘某基于双方之间系劳动关系而主张的相关诉讼请求，缺乏事实和法律依据。因此驳回其诉讼请求。

刘某不服判决，向北京市第三中级人民法院提起上诉。

二审法院认为，即使刘某受某人寿保险公司安排工作，从某人寿保险公司领取佣金报酬，接受某人寿保险公司的管理，但从刘某签订的《保险代理合同书》来看，双方是以建立保险代理关系为目的。虽然在劳动关系中亦存在用人单位对劳动者进行管理、劳动者从事用人单位业务范围内的劳动并获取报酬等特征，但本案中基于双方签订的合同性质，根据前述规定，应当认定某人寿保险公司对刘某进行管理和培训系履行《保险法》所规定的法定义务的行为，而不应认定为用人单位履行用工管理职权的行为。因此，刘某与某人寿保险公司之间的行为符合我国关于保险代理人的法律规定，应当认定为代理关系。因此维持原判。①

保险代理人系《保险法》明确规定的与保险公司构成委托代理关系的个人或机构，保险代理人以保险公司的名义推销保险产品和代收保费，根据完成的业务收取佣金，通常不接受保险公司日常考勤管理，可以同时从事其他工作，但《保险法》特别规定保险代理人不得就人寿保险产品接受不同保险公司的委托。

一般而言，只要签订了保险代理协议等类似协议，司法实践中都会认为双方属委托代理关系（中介关系）而非劳动关系，甚至非劳务关系。双方之间产生的合同纠纷为普通民事委托纠纷，如因执行代理业务产生人身损害，一般也不能依据雇主责任向保险公司主张赔偿。

① 北京市第三中级人民法院民事判决书，（2017）京03民终537号。

☞ 案例参考7：外卖小哥和外卖平台之间是劳动关系吗?

2016年5月19日起，刘某超在某外卖平台从事骑手即外卖员工作，约定每单提成5元，工资为送单提成，没有底薪，自带摩托车送餐。工作中，刘某超通过手机下载了接收订单的手机App软件，平时根据该软件接收订单。接单、取单、送单的工作流程都是通过该软件来操作完成。2016年6月2日，刘某超在送餐途中发生交通事故。刘某超2016年5月工资为1635元，由某外卖平台该区域站长崔某支付给刘某超。崔某自述其下属团队的工资系由某外卖平台在该地区承包公司的法定代表人转账给崔某，再由崔某发放。

刘某超在经法定的仲裁前置程序之后向山东省威海市环翠区人民法院起诉，要求与某外卖平台在该地区的承包公司（下称某配送公司）确认劳动关系。一审法院认为双方之间不存在劳动关系，判决驳回。其不服向山东省威海市中级人民法院提起上诉。

二审法院认为，劳动关系的本质属性是“人格从属性”，劳动者接受用人单位的管理，劳动者与用人单位之间存在从属关系。劳动者的劳动给付行为具有高度的人身属性，不能替代履行；劳动者在劳动过程中，受用人单位的指挥或管理，自主性低。本案中，上诉人自备交通工具，通过手机系统软件平台接单、取单和送单。从证人证言及上诉人自己的陈述来看，包括上诉人在内的送餐员接单之后，可以转让给他人进行送单。由此可见，外卖送餐员对送餐工作的安排具有自主权，并非如与单位建立劳动关系的员工一样，具有不可替代性。因此，上诉人与被上诉人之间不存在劳动法意义上的从属关系。此外，从上诉人的工作情况来看，上诉人并没有固定的办公场所；从上诉人的工资发放情况来看，被上诉人向上诉人发放的报酬，以量（件）计酬，与劳务付出具有对价性，不含工龄补贴等相关福利待遇，与一般劳动者领取的工资在性质上并不相同；从保险缴纳情况来看，被上诉人亦未为上诉人缴纳社会保险。上诉人主张被上诉人对其进行劳动管理，主要通过手机软件发送派单任务，通过手机系统软件中自带的评价体系进行考核，但是正如以上已查明的事实，上诉人接单后也可转让他人，且上诉人并未提供证据证明所谓的考核与其收入存在关联性。故上诉人所主张的劳动管理并非劳动法意义上的劳动管理，对上诉人的主张，法院不予采信。综上，被上诉人与上诉人之间的关系，不符合构成劳动关系的本质属性和其他特征，一审认定双方之间不存在劳动关系，结果正确，法院予以维持。

虽然上诉人与被上诉人之间不存在劳动关系，但上诉人在送餐过程中若合法权益受到损害，可就其损害根据相关法律规定另行主张权利。①

基于网络共享经济的发展，我国的劳动劳务关系也出现了很多新形式，其中特别突出的就是订餐送餐平台和送餐员跑腿员、网约车平台和网约车司机、新传媒公司和网络主播等之间的关系，经过数年的行业规范和司法实践，目前对未签订劳动合同、不进行考勤、无底薪的此类关系，一般认定为非劳动关系。

另一类较为特殊的劳动关系是律师与律师事务所之间的关系，律师行业的用工情况有其特点。同为律师，情况各有不同，一般可分为三种：第一种是工薪律师，从律师事务所处直接领取工资，从事律师事务所或其他律师为其安排的工作，其工资报酬由劳动合同约定，相对固定，这种情况属于劳动关系无疑。第二种是律师事务所的合伙人与管理人，其与律师事务所之间通常不认为是劳动关系。第三种是提成律师，也是目前律师行业中人数最多的一类。提成律师依法必须挂靠在律师事务所，名义上与律师事务所须签订劳动合同，但其自由度很大，不接受律师事务所的工作任务安排，其收入来自其本人所接到的案件代理费而非由律师事务所发放，律师事务所从中提取管理费。这种情况是否符合劳动关系的定义？

上海地区对此有明确的裁判口径，律师事务所中专职从事行政事务或勤杂工作的劳动者、在律师事务所从事法律事务并领取固定工资或底薪的劳动者，与律师事务所之间就劳动报酬等事项产生的纠纷属于劳动争议，按照劳动争议的有关规定处理。其他涉及律师事务所与律师之间因合伙利益的分配方式及

① 山东省威海市中级人民法院民事判决书，(2017)鲁10民终1858号。

具体利益分配等问题产生的纠纷属于民事纠纷,适用相关民事法律处理。近些年,多地渐渐以此原则处理。

至于律师事务所与此类提成律师因各种政策要求必须签订劳动合同、律师因不属于灵活就业人员无法自行缴纳社会保险等问题,还需各方共同努力推进法律和政策的兼容。

法谚有云:法律是灰色的,而生活之树长青。法律希望将生活分门别类,适用简单明晰的规则,但生活总是给法律出难题。

在双方符合劳动法律所规定的劳动者与用人单位条件的情况下,劳务关系(或者说民事雇佣关系)与劳动关系到底如何区分?这是一个理论上与实务上都争论不休的问题。本书无力也无意结束争论,只能根据案件处理的实务经验,给读者们一些参考性指引。

(注意,下列说明均建立在一个前提上:双方身份符合劳动法规定的劳动者与用人单位的定义,否则应按非劳动关系处理)

首先,如果双方签订劳动合同(或虽然名为劳务、聘用合同但内容符合劳动合同的特征),在用人单位没有非常有力的反面证据的情况下,通常按劳动关系处理。

其次,特别短期的、一次性地提供和享受劳务的关系,一般按劳务关系处理。比如,某单位聘请几名工人粉刷单位车间,三五天即可完工,此后不存在连续用工的情况,则属于劳务关系。

再次,如果单位只看重劳动成果,以提交某种产品、材料或文件作为完成任务的依据,双方关系即告解除,而提供劳务者的报酬与市面上该产品、材料或文件的市场终端价格基本一致,不存在单位从中获取剩余价值的情况。那么,这样的关系更接近于《民法典》合同编中的承揽关系。例如,用人单位请单位职工之外的某人搭建一个网站,网站验收完成,即支付全部报酬,双方关系解除,这应该属于一种承揽合同,与用人单位聘请一名长期为单位搭建和维护网站的工程师有根本区别。

最后，提供劳务的一方是否接受单位的直接工作管理以及是否自负盈亏，如果单位只看劳务的结果，按结果计酬（如案例参考6中销售或推广人员按成交量计酬的情况），不对劳动的过程进行具体管理（例如，不考勤，也没有必须遵守的操作规章，劳动者可自行安排工作时间与工作方式），则很可能被认定不属于劳动关系。另外，如果提供劳动一方要自己负担活动的成本，劳动没有达到条件就不能得到报酬，即自担风险，同样也很可能被认定为不属于劳动关系。一般而言，这两个方面是相互关联且同时存在的，正因为单位一方不关心过程，只要求结果，所以提供劳动一方只能自担风险（是否得到报酬由结果决定，有可能劳而不获，不符合劳动关系下的按劳分配原则）。在这个关系中，单位作为劳务成果的"消费者"存在，而在劳动关系中，个人被包含在单位中，单位作为劳务成果的"生产者"存在。

第十节 \ 非劳动关系，还能主张什么权利

上文中，我们尽可能地区分了劳动关系与其他关系（主要是劳务关系、承揽关系）的区别，那么，在非劳动关系的情况下，双方的权利和义务怎么处理呢？公务员和事业单位人员与单位的关系各有其相应的法律法规作为依据调整，其他关系又该如何呢？下文对"其他情况"下双方之间的权利和义务进行尽可能全面的列举。

一、提供劳务一方不得依据劳动法律法规主张专属劳动关系的权利

下列项目中，提供劳务一方主张专属劳动关系的权利，不会得到支持：

（1）请求确认劳动关系；

（2）请求签订劳动合同包括无固定期限劳动合同；

（3）请求支付未签订书面劳动合同的双倍工资；

（4）请求支付未签订无固定期限劳动合同的双倍工资；

(5)请求支付违法约定试用期的赔偿金；

(6)请求支付加班工资；

(7)请求支付拖欠的工资；

(8)请求支付未休年休假的报酬；

(9)请求补缴社会保险或支付未缴纳社会保险的补偿金(包括生育费用、医疗费用的报销)；

(10)请求支付解除或终止劳动关系的经济补偿金；

(11)请求支付违法解除劳动关系的赔偿金。

二、提供劳务一方可以请求支付劳务报酬

劳动报酬一般可参照下列标准(优先适用最前面的标准,如在前的标准不存在或无法证明则依次顺推)：

(1)双方约定的报酬标准；

(2)曾经实际向劳动者一方发放的报酬标准；

(3)本单位相同或相近岗位劳动者的劳动报酬标准；

(4)社会相同或相近岗位劳动者的平均工资标准。

三、提供劳务一方可以请求支付有约定的其他项目

其他项目如有关费用、赔偿金、违反协议的违约金等,例如,劳务合同里如果约定了一方拖欠劳动报酬应支付50%的违约金,这种约定是有效的。当然,违约金应符合《民法典》合同编的一般规定,若约定过高可以在义务方的要求下合理削减。在双方的关系违法的情况下(如童工、外国人未经许可在中国境内就业、外国企业及其代表处在中国境内违法招工),双方的协议可能会被认为无效,从而约定的违约金等也无效,但劳动报酬及有关实际产生的费用仍应支付,否则将会使一方因违法而获利。总体来说,劳务关系下,能索赔哪些项目主要看双方的约定,法律对此无太多强制性规定。

四、提供劳务一方可以请求雇主支付侵权人身损害赔偿

《民法典》第1192条第2款规定:“提供劳务期间,因第三人的行为造成提供劳务一方损害的，提供劳务一方有权请求第三人承担侵权责任，也有权请求接受劳务一方给予补偿。接受劳务一方补偿后，可以向第三人追偿。”这是目前处理劳务关系下人身损害赔偿的主要法律依据。根据上述法条及相关法条，对劳务关系下的人身损害赔偿略作说明如下。

1. 虽然不是劳动关系，但作为雇佣关系，雇主同样要对雇员在工作中受到的人身损害承担责任。

2. 雇佣关系下承担责任的范围比一般的工伤范围更广。在劳动关系中，一般情况下，工作原因、工作时间、工作地点三者同时满足方被认为是工伤，而按照上述法条，只要在从事雇佣活动中遭受人身损害，雇主就要负责，即只需要工作时间、工作地点两个条件，不一定是工作原因。举例来说，上下班途中发生交通事故属于工伤的范畴，却不属于雇佣关系下雇主需要承担人身损害赔偿的范畴。

3. 雇员人身损害赔偿的项目，在受伤残疾的情况下，除了医疗费、护理费、营养费、交通费之外，还有根据伤残等级不同而标准不同的残疾赔偿金、被扶养人生活费，而工伤赔偿除了这些项目外，还有根据伤残等级不同而标准不同的一次性伤残补助金、伤残就业补助金、一次性工伤医疗补助金，项目不同，计算所用的基数不同，且与人身损害赔偿中的计算所依据的伤残等级使用不同的文件进行评定。因此，金额可能有较大差别，但不一定哪一种更高。

4. 雇员人身损害赔偿中不存在“职业病”这一情况。

5. 雇员人身损害事故存在由于雇员自身有故意或重大过失而减轻雇主责任，仅需按责任比例赔偿的情况；而工伤只存在由于职工犯罪或违反治安管理法导致伤亡、醉酒或故意自残、自杀导致伤亡而不属于工伤的情况，只有是或不是，不存在按比例赔偿。

6. 第三人侵权时，雇员在从事雇佣活动中遭受人身损害的，可以请求雇主赔偿，也可以请求第三人承担赔偿责任。北京地区支持雇员可以得到双份的赔偿（包括误工费），而上海地区则认可对不重复项目可以同时获赔（不包括误工费和被扶养人生活费等),各地对此口径略有不同,但医疗费、交通费、丧葬费等实际支出费用不可重复主张是公认的。

7. 雇用人员在受雇期间,但不是在雇用活动中发生的医疗、伤害费用,包括女性的生育等费用,雇主无须承担责任。当然,如果在合同中另有约定,则从其约定。

8. 如果不是劳务关系,而是确定的承揽关系,则又有不同。《民法典》第1193条规定:"承揽人在完成工作过程中造成第三人损害或者自己损害的,定作人不承担侵权责任。但是,定作人对定作、指示或者选任有过错的,应当承担相应的责任。"

9. 劳务关系下主张雇主承担人身损害赔偿责任的,应直接到雇主所在地法院(单位应为单位注册地,个人应为其经常居住地)或者人身损害发生地法院起诉,无须经过劳动争议仲裁程序及工伤认定程序。案由是"雇员受害赔偿纠纷"。

10.《民法典》侵权责任编对此也有所涉及。第1191条规定:"用人单位的工作人员因执行工作任务造成他人损害的,由用人单位承担侵权责任。用人单位承担侵权责任后,可以向有故意或者重大过失的工作人员追偿。劳务派遣期间,被派遣的工作人员因执行工作任务造成他人损害的,由接受劳务派遣的用工单位承担侵权责任;劳务派遣单位有过错的,承担相应的责任。"第1192条第1款规定:"个人之间形成劳务关系,提供劳务一方因劳务造成他人损害的,由接受劳务一方承担侵权责任。接受劳务一方承担侵权责任后,可以向有故意或者重大过失的提供劳务一方追偿。提供劳务一方因劳务受到损害的,根据双方各自的过错承担相应的责任。"

第十一节 \ 非全日制用工关系的特殊性

上文辨析了一些容易被误以为是劳动关系的情况，但还有一种较为特殊的情况，它常常被认为不属于劳动关系，但实际恰恰相反。这就是非全日制用工劳动关系。

非全日制用工指的是以小时计酬为主，劳动者在同一用人单位一般平均每日工作时间不超过 4 小时，每周工作时间累计不超过 24 小时的用工形式。

非全日制用工因其工作时长、工作形式的不同，以及经常存在双重劳动关系的特点，会被认为不属于劳动关系。但实际上《劳动合同法》明文规定非全日制用工关系也属于一种劳动关系，受其调整。不过，非全日制用工劳动关系属于一种特殊的劳动关系。很多方面与全日制用工不一致，索赔项目也大不一致，因此在这里单独列出来。

非全日制用工的特点如下：

(1)双方之间人身依附性较弱。非全日制用工的单一用人单位所发放的报酬并非该劳动者的唯一或主要生活来源，劳动者可能在多家单位工作或非全职工作，双方之间的关系更为自由。

(2)用人单位的责任较轻。不要求必须签订书面劳动合同，不要求用人单位为劳动者缴纳职工基本养老保险和医疗保险。双方均可随时解除劳动关系，同时，解除劳动关系时用人单位不需要向劳动者支付解除劳动合同的经济补偿金(或赔偿金)。

(3)工资应至少 15 日一付。如果用人单位每个月支付一次工资，则劳动者可以请求至少 15 日一付，但不能请求用人单位承担额外的赔偿责任。不过，工资一月一付这一点也可以作为劳动者主张双方关系属于全日制用工的证据。

(4)非全日制用工的情况下,用人单位仍应为劳动者缴纳工伤保险,工伤的认定标准与全日制用工一致,如果劳动者发生工伤,单位仍需承担工伤赔偿的责任。

(5)非全日制用工的最低工资(时薪)也要符合法定的标准,与全日制用工一致。

(6)还有一点值得注意:在单位已经承认劳动者为其提供劳动,或者已经有证据证明劳动者为单位提供劳动的情况下,证明双方之间的劳动关系属于非全日制用工的举证责任在用人单位一方。如果用人单位不能证明,则推定为全日制用工。通常而言,证据包括考勤记录、双方对工作时间的约定、劳动者同时在别的单位上班的证据等。

☞ 案例参考8:未与非全日制工作的员工签订书面劳动合同,单位不需承担二倍工资赔偿。

耿某自2012年2月7日入职某汽车租赁公司工作至2012年7月6日发生交通事故。某汽车租赁公司未与其签订书面劳动合同,也未缴纳任何保险。耿某向北京市海淀区劳动人事争议仲裁委员会提起仲裁申请,要求某汽车租赁公司支付未签订劳动合同二倍工资差额及2012年7月8日因热射病、重症肺炎入院治疗的医疗费。劳动仲裁委驳回其诉求。耿某不服起诉至北京市海淀区人民法院。

某汽车租赁公司辩称,其与耿某之间签订了非全日制用工劳动合同,双方之间为非全日制用工劳动关系,依法不需要为其缴纳社会保险。另外,耿某患病之时已经与某汽车租赁公司解除劳动关系,其医疗费与公司无关。

某汽车租赁公司提供的与耿某之间的劳动合同显示:“甲方(某汽车租赁公司)聘请乙方(耿某)为班车司机,其用工性质为钟点工,司机每日工作时间不超过4小时,每周工作时间不超过20小时。所开车辆型号为宇通,车牌号京××××××……本合同自2012年2月1日至2012年6月30日止,期限届满本合同自动终止……甲方每小时向乙方支付工资人民币18元，每月15日为发薪日……”耿某对该劳动合同的真实性不予认可，并对其签字申请笔迹鉴定。为此某汽车租赁公司提交了2012年耿某签字的声明、委托书、安全责任保证书，耿某均否认系其本人签字，亦不同意作为鉴定样本。后该鉴定因样本质量和数量均不满足鉴定条件被鉴定机构退回。

北京市海淀区人民法院一审判决双方属非全日制用工劳动关系，驳回耿某的诉请。耿某不服向北京市第一中级人民法院提起上诉。

二审法院认为，本案争议的焦点为某汽车租赁公司与耿某之间的用工关系是全日制用工关系还是非全日制用工关系。作为用人单位，某汽车租赁公司主张双方为非全日制用工关系，并提交了劳动合同予以佐证，该劳动合同中约定耿某系钟点工，每天工作不超过4小时，每周工作时间不超过20小时。耿某对此予以否认，并称该劳动合同中的签字并非其本人签字，并申请笔迹鉴定。但是在鉴定过程中，耿某不同意将某汽车租赁公司提供的部分文件作为比对样本，而耿某亦未能提供有效样本，本案因样本质量和数量均不满足鉴定条件被鉴定机构退回。在此情形下，一审法院将举证责任分配给耿某，符合证据规则，耿某应当承担举证不利的法律后果。法院采信某汽车租赁公司关于非全日制用工关系的主张。鉴于双方为非全日制用工关系，耿某要求某汽车租赁公司支付其未签订劳动合同二倍工资差额及医疗费损失的诉讼请求，缺乏事实与法律依据，法院不予支持。①

本案中双方签订的非全日制用工劳动合同耿某未通过笔迹鉴定推翻其真实性，而耿某的工作时间符合《劳动合同法》对非全日制用工的定义，因此属于非全日制用工无疑。除此之外，本案值得注意的还有以下两点。

1.《劳动合同法》第72条规定：非全日制用工劳动报酬结算支付周期最长

① 北京市第一中级人民法院民事判决书，(2014)一中民终字第7882号。

不得超过15日。但案例中的企业给耿某的工资是一月一结，这无疑是违法的。这会不会影响非全日制用工的定性呢？

答案是不会。因为是否非全日制用工，主要看其工作时间是否符合《劳动合同法》第68条对非全日制用工的定义，在有明确证据证明工作时间符合非全日制用工条件的情况下，仅凭工资结算周期不能认定双方之间的关系为全日制用工关系。那么，这种情况属不属于拖欠工资，能不能要求企业支付拖欠工资的赔偿金呢？目前实务中的做法一般是不予支持。但如果非全日制用工的劳动者申请仲裁要求至少半月结一次工资，会得到支持，或者如果非全日制用工的劳动者向劳动监察部门举报，劳动监察部门会责令企业依法至少15日结一次工资。

2. 非全日制用工的情况下，企业有责任替员工办理社会保险吗？

《劳动合同法》没有强制要求用人单位必须为非全日制用工的职工办理全部社会保险。事实上，非全日制用工往往同时为数家企业服务，也不可能要求每家企业都为其缴纳一次社会保险。

但是，属于五险范畴的工伤保险是例外，每个用人单位都应当为非全日制用工的职工办理工伤保险。本案中，如果耿某在劳动关系存续期间（或其有证据证明双方的劳动关系延长到了受伤之日）在工作岗位上因工作原因受伤或在上下班路上因交通事故受伤，应当被认定为工伤，可以享受工伤保险待遇赔偿。如这时企业没有为其缴纳工伤保险，就要承担工伤保险赔偿责任。

☞ 案例参考9：到底是非全日制用工还是全日制用工？ 谁来举证？

2014年9月1日起，刘某入职某通讯公司，工作岗位为凉菜厨师，负责制作凉菜，双方未签订书面劳动合同。2015年8月12日，刘某向北京经济技术开发区劳动人事争议仲裁委员会提起仲裁申请，仲裁委经过审理确认其于2014年9月1日至2015年8月12日与某通讯公司之间存在劳动关系，裁决某通讯公司支付未签订书面劳动合同的二倍工资差额及加班工资。

某通讯公司不服诉至北京市大兴区人民法院，要求判决其无须支付二倍工资差额及加班工资。某通讯公司主张刘某每天只负责做中午的凉菜，每天工作2小时，公司与刘某之间为非全日制用工关系，刘某对某通讯公司的上述主张不予认可，称其负责做每天中午和晚上的凉菜，其工作岗位执行标准工时制。

一审法院认为，鉴于某通讯公司未就其相应主张提交证据，且法院已查明某通讯公司有1000余名员工，但只有1名凉菜厨师，某通讯公司为其员工提供一日三餐的事实，法院对某通讯公司的上述主张不予支持。以上事实，结合某通讯公司按月向刘某计算、支付工资，以及某通讯公司认可刘某每个工作日都需上班的事实，法院认定某通讯公司与刘某为全日制用工关系，刘某的工作岗位执行标准工时制。因此判决某通讯公司需支付未签订书面劳动合同的二倍工资差额及加班工资。

某通讯公司不服向北京市第二中级人民法院上诉，二审法院认为，非全日制用工与标准工时制用工，在工作时间、计薪周期等方面均存在差异。刘某的工作岗位虽为凉菜厨师，但从餐厅的用餐时间、用餐规模的状况判断其工作时间，结合某通讯公司的计薪周期情况，原审法院确认刘某的工作岗位执行标准工时制是适当的，从而确定双方劳动关系，并按照劳动关系的权利义务进行处理是正确的。因此维持原判。[①]

在劳动者能证明自己确实为单位提供工作，或者双方对存在劳动关系无争议，但对是不是非全日制用工各执一词的情况下，如果用人单位不能拿出有力的证据证明双方属于非全日制用工关系，则目前的司法实践倾向于认定双方属于全日制用工关系，用人单位应当承担全日制用工下的责任。

同时，本案中，劳动者的工资为每月一发，这不符合法律对非全日制用工的要求。虽然仅凭工资结算时间不能直接断定双方属于全日制用工，但结合本案

① 北京市第二中级人民法院民事判决书，(2016)京02民终2172号。

双方举证的情况、庭审中查明的其他侧面反映刘某工作情况的内容，法院最终确认双方属于全日制用工劳动关系。

◈ 法条链接：

《劳动合同法》

第68条　非全日制用工，是指以小时计酬为主，劳动者在同一用人单位一般平均每日工作时间不超过四小时，每周工作时间累计不超过二十四小时的用工形式。

第69条　非全日制用工双方当事人可以订立口头协议。

从事非全日制用工的劳动者可以与一个或者一个以上用人单位订立劳动合同；但是，后订立的劳动合同不得影响先订立的劳动合同的履行。

第70条　非全日制用工双方当事人不得约定试用期。

第71条　非全日制用工双方当事人任何一方都可以随时通知对方终止用工。终止用工，用人单位不向劳动者支付经济补偿。

第72条　非全日制用工小时计酬标准不得低于用人单位所在地人民政府规定的最低小时工资标准。

非全日制用工劳动报酬结算支付周期最长不得超过十五日。

第十二节　劳动关系的举证责任

前文辨析了何谓劳动关系，确认双方存在劳动关系是劳动者依据劳动法律、法规主张任何劳动权利的前提。那么，否认双方存在劳动关系，或者否认双方存在全日制的劳动关系，则是用工一方免除自己承担用人单位责任的基础。

双方的主张产生冲突的情况下，就要通过各自举证来证明自己的主张。

在劳动争议纠纷中，劳动者的举证责任相对用人单位来说是比较轻的，但也并非完全不需要承担举证责任。在劳动争议纠纷中，作为劳动者最为关键的就是要证明与单位确实存在劳动关系。因此下文集中阐述在劳动争议中关于劳动关系的举证责任分配和证据列举。

首先，如果单位一方承认双方存在劳动关系及劳动关系的存续期间，则劳动者无须再对此进行举证。所谓“单位承认”，包括单位在庭审过程中承认，也包括单位在仲裁申请书、答辩书、起诉状、意见书、上诉状等法律文书中承认双方有劳动关系。这一情况在实践中也较为常见，通常双方的争议焦点在于是否存在欠薪、是否违法解除劳动合同等。

其次，如果单位承认双方之间存在劳动关系但对劳动关系的存续期间有异议，则双方应当各自举证证明劳动关系的存续期间。一般而言，在此种情况下，单位将承担更多的举证责任，如单位承认双方之间存在劳动关系但没有任何有效证据如入职登记表、考勤记录、劳动者本人书面报告中的自认、工资发放记录、解除或终止劳动关系的证据等否定劳动者提出的劳动关系存续期间，大多数地区会直接采纳劳动者提出的劳动关系存续期间，即使劳动者没有有力的证据直接证明其主张的劳动关系开始和结束的时间。如果劳动者有相关的证据则更好，如入职通知书、解除通知书、培训记录、工资发放记录、考勤记录、员工花名册等。

再次，如果单位承认劳动者为单位提供劳动，但认为双方属于劳务关系或其他关系而非劳动关系，则此时对双方之间关系类型的举证责任转移到单位一方。如果用人单位证明不了双方的关系确实不符合劳动关系的特点，则应认定为属于劳动关系。用人单位可举出的证据一般包括双方的协议、劳动者一方的声明以及其他能证明工作性质与双方关系的证据如考勤记录、工作记录等。此时，劳动者一方也可提供相反的证据，以说明双方的关系符合劳动关系的特征。在双方都列出相应证据的情况下，劳动仲裁或法院将综合考量双方证据的证明力，并作出认定。

最后，如果用人单位完全否认劳动者为单位提供了劳动，那么劳动者就必须提供基本的证据来证明双方存在劳动关系,否则便将极大可能面临败诉后果。

表1-2为劳动者能够提供的证明双方存在劳动关系的证据。

表1-2 证明劳动关系的证据

证据名称	说明	证明效力
书面劳动合同	须有用人单位的盖章	强
社会保险缴费记录或医疗保险手册	上面注明的所在单位为用人单位	强
个人所得税完税证明	必须注明扣缴单位为用人单位,有税务局公章或查询章	强
用人单位提交税务局的工资表	有税务局公章	强
入职或离职证明	必须加盖用人单位公章	强
工资打款记录	必须是由用人单位账户向员工一方以工资名义转款记录,或是有公司名称的银行代发工资记录,加盖银行查询章	强
其他名义的打款记录	用人单位账户向员工一方以报销等名义或无备注的转款记录,或是能证明系用人单位会计的个人账户向员工方转账的记录(注明工资更好),或是未注明用人单位名称但有其他证据佐证的银行代发工资记录,加盖银行查询章	较强
工作证明或介绍信	必须加盖用人单位公章	强
工作证	必须加盖用人单位公章	强
出入证	必须有用人单位名称,且加盖公章	强
投标书、委托书、授权书	必须加盖公章,且文件内容可体现劳动者是用人单位员工	强
其他书面文件	必须加盖公章,且文件内容可体现劳动者是用人单位员工	强

续表

证据名称	说明	证明效力
其他书面文件	无公章，但直接说明劳动者系用人单位员工，且有其他证据辅助证明该文件真实性	较强
暂住证	注明工作单位为用人单位	较强
证人出庭作证	证人能证明自己系单位员工	一般
证人出庭作证	证人不能证明自己系单位员工	弱
证人书面证言	证人不出庭	弱
宣传册	与劳动关系有关	一般或弱
照片	与劳动关系有关	弱
电子邮件	与劳动关系有关	弱
录音录像	与劳动关系有关	弱

说明：

1. 证明效力一栏中，“强”说明通常仅凭该证据便可单独证明劳动关系的存在；“弱”则说明该证据几乎不能证明劳动关系的存在，需要有证明效力更高的证据；“较强”和“一般”则介于两者之间，需要一些其他同等或效力更高的证据辅证。

2. 上述证据，均指原件，复印件的效力基本为零，除非对方承认其真实性。

3. 如果没有公章，但单位承认其真实性，则等同于有公章。

4. 上表中列举的证据，有的需要申请法庭调取，或委托律师调取，有的证据需要有意识地去制造（但并非伪造）。

5. 有的证据不能单独证明劳动关系，但与其他证据结合起来后，可以形成证据链而证明劳动关系。

表1－2仅供参考。实际案件处理中，情况千差万别，还需综合考虑案件的整体情况、双方的陈述以及从签名到表述的每一个证据细节，难以一概而论，因此仅作普法性参考。

◇ 法条链接：

《劳动和社会保障部关于确立劳动关系有关事项的通知》

第2条　用人单位未与劳动者签订劳动合同，认定双方存在劳动关系时可参照下列凭证：

（一）工资支付凭证或记录（职工工资发放花名册）、缴纳各项社会保险费的记录；

（二）用人单位向劳动者发放的“工作证”、“服务证”等能够证明身份的证件；

（三）劳动者填写的用人单位招工招聘“登记表”、“报名表”等招用记录；

（四）考勤记录；

（五）其他劳动者的证言等。

其中，（一）、（三）、（四）项的有关凭证由用人单位负举证责任。

《劳动争议调解仲裁法》

第6条　发生劳动争议，当事人对自己提出的主张，有责任提供证据。与争议事项有关的证据属于用人单位掌握管理的，用人单位应当提供；用人单位不提供的，应当承担不利后果。

第39条　当事人提供的证据经查证属实的，仲裁庭应当将其作为认定事实的根据。

劳动者无法提供由用人单位掌握管理的与仲裁请求有关的证据，仲裁庭可以要求用人单位在指定期限内提供。用人单位在指定期限内不提供的，应当承担不利后果。

☞ 案例参考10：举证责任的分配是如何影响“法律事实”的认定的？

郭某称，其于2014年6月3日入职某电子公司，月工资为6000元，双方为全日制用工关系，其在岗工作至2015年4月22日，工资发放到2015年3月。2015年4月底，郭某向北京市海淀区劳动人事争议仲裁委员会提起仲裁，要求某电子公司向其支付2015年4月工资、未签订书面劳动合同的二倍工资差额、违法解除劳动合同的经济赔偿。仲裁委裁决某电子公司向郭某支付2015年4月工资及未签订书面劳动合同的二倍工资差额，驳回其他的申请请求。

某电子公司不服向北京市海淀区人民法院起诉，称郭某系其公司原经理于2014年9月招来的非全日制技术人员，每周两个半天协助调试光端机和解决技术问题。郭某因没有北京户口，无法在北京购房购车，因此请求该公司为其代缴社会保险并申报个人所得税。某电子公司原经理答应了郭某的请求。因双方是非全日制用工关系，双方未签订劳动合同。郭某每次上门服务的报酬公司以现金当面支付。2015 年 1 月，该公司要求郭某帮助调试几款新产品，但一直到 2015 年 3 月底，郭某也没能调试成功。之后该公司未再能联系上郭某，因此自 2015 年 4 月起不再为郭某代缴社会保险。

一审法院认为，双方对存在劳动关系以及 2015 年 3 月及之前的工资无异议，双方争议的焦点包括双方之间属全日制还是非全日制劳动关系、郭某的入职时间与停止工作的时间、郭某的工资标准。某电子公司虽主张双方为非全日制用工关系，系因郭某请求而为其代缴社会保险，但其提交的书面证言系由其公司原经理出具，该证人与某电子公司存在利害关系，且某电子公司未提交其他证据予以佐证，因此，法院不采纳某电子公司的主张，根据某电子公司长期为郭某缴纳全部社会保险的事实确认双方为全日制劳动关系。某电子公司作为用人单位，对郭某提出的工作时间和工资数额有异议却未提交任何其他有效证据证明，故法院采信郭某之主张，确认郭某于 2014 年 6 月 3 日入职，月工资为 6000 元，其在岗工作至 2015 年 4 月 22 日。

一审法院判决某电子公司按照月工资 6000 元的标准支付郭某 2015 年 4 月 1 日至 4 月 22 日的工资、2014 年 7 月 3 日至 2015 年 4 月 22 日未签订书面劳动合同的二倍工资差额。

某电子公司不服，向北京市第一中级人民法院上诉。

二审法院认为，当事人对自己提出的诉讼请求所依据的事实或者反驳对方诉讼请求所依据的事实有责任提供证据加以证明。没有证据或者证据不足以证明当事人的事实主张的，由负有举证责任的当事人承担不利后果。

本案争议焦点有二：其一为郭某与某电子公司之间是否为劳动关系；其二为郭某的月工资标准应如何确定。

针对本案的第一个争议焦点，郭某主张与某电子公司之间是劳动关系，对此应当由郭某提交相应的证据证明其主张。郭某向法院提交了某电子公司以用人单位的名义为其缴纳社会保险的证据，据此可以认定郭某与某电子公司之间存在劳动关系。某电子公司主张郭某与其之间并非劳动关系，而是非全日制用工关系，对此，某电子公司未向法院提交相应证据予以证明，且此说法亦与其给郭某缴纳社会保险（五险齐全）的事实相悖，故法院对某电子公司的上诉主张不予采纳，对某电子公司的上诉请求不予支持。

针对本案的第二个争议焦点，郭某主张其月工资标准为6000元，某电子公司不予认可。因根据《工资支付暂行规定》，用人单位必须书面记录支付劳动者工资的数额、时间、领取者的姓名以及签字，并保存两年以上备查。故某电子公司作为用人单位负有举证义务，应当就郭某的月工资标准向法院提交证据予以证明，在其未提交相关证据的情形下，一审法院采信郭某的主张，认定郭某的工资数额为每月6000元并无不当，法院对此予以维持。对于某电子公司的上诉请求不予支持。[①]

这个案例中双方的陈述及最后的结果说明，司法上能够认定的“事实”可能与当事人所感知到的客观事实不一致。打官司就是打证据，仲裁员也好，法官也好，只能依据证据来认定事实、形成裁判。也正因如此，依据证据所作出的裁判与客观事实不一定一致。

鉴于劳动关系中用人单位对劳动者的管理性、用人单位在搜集和保存证据方面的明显优势，劳动争议中用人单位的举证责任比一般民事案件中的平等主体其中一方所承担的更重，即使本案的客观事实确实如该公司所说，那么该公司也不得不承担因其未提供足够的证据而导致的不利后果。

当然，虽然法律已经对举证能力较弱的劳动者一方作出了倾斜，但司法实践中更加常见的还是与本案相反的情况：单位与个人之间确实存在劳动关系，但并未签订劳动合同，也未通过对公账户以转账形式或银行代发的形式发放工

① 北京市第一中级人民法院民事判决书，（2016）京01民终2735号。

资，更没有缴纳社会保险，发生争议后用人单位一方矢口否认双方存在关系，而劳动者拿不出任何有力证据证明劳动关系，劳动权益无法得到保障。

无论是本案例还是上文所述的相反情况，就劳动仲裁委与法院而言，根据证据表明的“法律事实”依法判案，完全合理、合法，并无可被指摘之处。

因此，无论是个人还是单位，无论是关于劳动或其他事由，如果想要在可能产生的法律纠纷中获得更高胜率，必须认清这一点：证据至关重要。首先，在平时就要注意搜集、保留证据，如果等到产生争议、进入诉讼的时候再去搜集证据，常常为时已晚；其次，通过法律程序解决争议时，要充分准备证据，对对方的证据做好质证工作，千万不能忽视证据而只凭口头叙述；最后，通过法律程序解决争议时，尽量聘请律师，即使已经在事前做了证据保留工作，当庭准备与整理证据、质证与辩论，也往往不是非专业人士能够胜任的。

第二章

劳动争议常见具体诉求之一：补发工资差额

第一章阐述基础劳动关系，这为其他具有实际经济利益或人身权益的诉求作铺垫，下文分章讲解各类常见的实际利益诉求，通过相关的法律解析、举证质证指引和案例介绍加以阐述。

第一类常见的利益诉求就是对基本劳动报酬的要求，即要求补发工资。本章介绍的工资差额，也即劳动报酬差额分为两类：出勤工资差额、病假工资差额。

第一节 出勤工资差额

一、工资数额的折算

补发工资差额中最常见的应当是按照月工资为标准计算的出勤工资，用人单位未在约定时间支付约定的整月工资，劳动者通常能明确地主张要求补发约定的工资数额。但是，当在 1 个月内存在未满勤的情况（包括缺勤和月中离职等情况）需要扣除相应工资的情形时，劳动者经常不清楚应当如何依法计算当月工资，主张月工资差额时常常不能最大限度地保护自己的合法权益。

要计算非满勤月份的工资，就必须了解日工资、小时工资的折算方法。根据《劳动和社会保障部关于职工全年月平均工作时间和工资折算问题的通知》（劳社部发〔2008〕3号）的规定，日工资、小时工资的折算方法为：

日工资：月工资收入÷月计薪天数；

小时工资：月工资收入÷（月计薪天数×8小时）；

月计薪天数=（365天-104天）÷12月=21.75天。

举例说明：若王某的月工资为5000元，2018年5月计薪期间，王某缺勤2日，则王某5月的应发工资为：月工资-2个缺勤日工资=5000-5000÷21.75×2=4540.23元。

若王某的月工资为5000元，2018年5月计薪期间，王某缺勤2小时，则王某5月的应发工资为：月工资-2个小时缺勤工资=5000-5000÷（21.75×8）×2=4942.53元。

此处需要特别注意区分应发工资与实发工资。通常情况下应发工资为用人单位与劳动者之间约定的税前工资，未具体指明是税前还是税后的，通常认为是税前也即应发工资。应发工资在发放给劳动者之前需要扣减单位代扣的个人所得税、社保及公积金的个人承担部分，若劳动者存在缺勤，也需要从应发工资中扣减缺勤部分的工资，剩余的才是实发工资。主张欠发工资时，应当说明计算的是应发还是实发工资。

法条链接：

《劳动合同法》

第30条第1款　用人单位应当按照劳动合同约定和国家规定，向劳动者及时足额支付劳动报酬。

《劳动和社会保障部关于职工全年月平均工作时间和工资折算问题的通知》

根据《全国年节及纪念日放假办法》(国务院令第513号)的规定,全体公民的节日假期由原来的10天增设为11天。据此,职工全年月平均制度工作天数和工资折算办法分别调整如下:

一、制度工作时间的计算

年工作日:365天-104天(休息日)-11天(法定节假日)=250天

季工作日:250天÷4季=62.5天/季

月工作日:250天÷12月=20.83天/月

工作小时数的计算:以月、季、年的工作日乘以每日的8小时。

二、日工资、小时工资的折算

按照《劳动法》第五十一条的规定,法定节假日用人单位应当依法支付工资,即折算日工资、小时工资时不剔除国家规定的11天法定节假日。据此,日工资、小时工资的折算为:

日工资:月工资收入÷月计薪天数

小时工资:月工资收入÷(月计薪天数×8小时)。

月计薪天数=(365天-104天)÷12月=21.75天

二、举证责任

劳动者主张用人单位补发月工资差额的,除证明劳动关系外还需要举证说明与用人单位约定的工资标准、用人单位未能足额支付月工资的事实。常见的证据有劳动合同、调薪通知、工资发放签收单、工资明细单、工资卡的流水明细等。工资发放签收单、工资明细单、工资卡的流水明细等工资发放记录还可以用来证明用人单位未能足额支付月工资的事实。

在劳动者已经有证据证明以上两点的情况下,用人单位则要举证证明未及时足额发放劳动报酬的正当理由,包括劳动者未出勤或出勤不足、劳动者之前的实发工资包含绩效工资和奖金等而当月无奖金或绩效不足、双方已合法解除劳动合同等。若无正当理由，则应当支付未发放的差额部分。同时，在劳动者没有证据证明具体工资数额与未支付工资事实，但能够证明上述证据存在且被用人单位掌握的情况下，用人单位将对此负举证责任。

◈ 法条链接：

《劳动争议调解仲裁法》

第6条 发生劳动争议，当事人对自己提出的主张，有责任提供证据。与争议事项有关的证据属于用人单位掌握管理的，用人单位应当提供；用人单位不提供的，应当承担不利后果。

第39条 当事人提供的证据经查证属实的，仲裁庭应当将其作为认定事实的根据。

劳动者无法提供由用人单位掌握管理的与仲裁请求有关的证据，仲裁庭可以要求用人单位在指定期限内提供。用人单位在指定期限内不提供的，应当承担不利后果。

《最高人民法院关于审理劳动争议案件适用法律问题的解释(一)》

第44条 因用人单位作出的开除、除名、辞退、解除劳动合同、减少劳动报酬、计算劳动者工作年限等决定而发生的劳动争议，用人单位负举证责任。

第二节 \ 病假工资差额

一、病假工资(疾病救济费)的计算基础及系数

劳动者因生病休假，就会产生病假期间工资的计算问题。劳动者向用人单位主张病假工资差额时，需要了解病假工资的计算系数及计算基数。

《关于贯彻执行〈中华人民共和国劳动法〉若干问题的意见》第59条设定

了病假工资的最低标准:不低于当地最低工资标准的80%。

◈ 法条链接:

《关于贯彻执行〈中华人民共和国劳动法〉若干问题的意见》

第59条　职工患病或非因工负伤治疗期间,在规定的医疗期间内由企业按有关规定支付其病假工资或疾病救济费,病假工资或疾病救济费可以低于当地最低工资标准支付,但不能低于最低工资标准的80%。

《企业职工患病或非因工负伤医疗期规定》

第3条　企业职工因患病或非因工负伤,需要停止工作医疗时,根据本人实际参加工作年限和在本单位工作年限,给予三个月到二十四个月的医疗期:

(一)实际工作年限十年以下的,在本单位工作年限五年以下的为三个月;五年以上的为六个月。

(二)实际工作年限十年以上的,在本单位工作年限五年以下的为六个月;五年以上十年以下的为九个月;十年以上十五年以下的为十二个月;十五年以上二十年以下的为十八个月;二十年以上的为二十四个月。

这是全国有效的托底条款,而实践中,关于病假工资的具体计算系数及计算基数,各省级地区往往存在不同的地方性规定,需根据自身所处的地区具体分析。下面列出几个地区目前的相应规定供参考。

1. 上海地区

上海地区的职工病假待遇分为连续休假6个月内的病休假工资和连续休假6个月以上的疾病救济费,两者互不重叠,是同类待遇。病休假工资或疾病救济费的计算系数与职工在该单位的连续工龄直接相关,计算基数则以双方约定或职工本人正常出勤月工资(不含加班费)的70%计算。按照此标准计算之后,还需注意最高和最低限额标准:

(1)封顶标准:不得高于本市上年度职工月平均工资。

（2）最低标准：不得低于当年本市企业职工最低工资标准的80%，同时不得低于本企业月平均工资的40%。但第二个条件以本企业月平均工资的40%超过本人原工资水平或本市上年度职工月平均工资的除外，超过任一指标则以该指标为准，两指标都超过则以较低的指标为准。如本人原工资水平就低于本市企业职工最低工资标准，则应当将本人原工资水平计为本市企业职工最低工资标准。（最低标准中不包括应由劳动者缴交的养老、医疗、失业保险费和住房公积金）

◇ 法条链接：

《上海市劳动和社会保障局关于病假工资计算的公告》

一、病假待遇

疾病休假工资标准：

职工疾病或非因工负伤连续休假在6个月以内的，企业应按下列标准支付疾病休假工资：1. 连续工龄不满2年的，按本人工资的60%计发；2. 连续工龄满2年不满4年的，按本人工资70%计发；3. 连续工龄满4年不满6年的，按本人工资的80%计发；4. 连续工龄满6年不满8年的，按本人工资的90%计发；5. 连续工龄满8年及以上的，按本人工资的100%计发。

疾病救济费标准：

职工疾病或非因工负伤连续休假超过6个月的，由企业支付疾病救济费：1. 连续工龄不满1年的，按本人工资的40%计发；2. 连续工龄满1年不满3年的，按本人工资的50%计发；3. 连续工龄满3年及以上的，按本人工资的60%计发。

注：

职工疾病或非因工负伤休假日数应按实际休假日数计算，连续休假期内含有休息日、节假日的应予剔除。

职工疾病或非因工负伤待遇高于本市上年度月平均工资的，可按本市上年度月平均工资计发。

职工疾病或非因工负伤休假待遇低于本企业月平均工资40%的,应补足到本企业月平均工资的40%,但不得高于本人原工资水平、不得高于本市上年度职工月平均工资。

企业月平均工资的40%低于当年本市企业职工最低工资标准的80%,应补足到当年本市企业职工最低工资标准的80%。

企业职工疾病休假工资或疾病救济费最低标准不包括应由职工缴交的养老、医疗、失业保险费和住房公积金。

《上海市企业工资支付办法》

二、本办法所称工资是指企业根据国家和本市的规定,以货币形式支付给劳动者的劳动报酬,包括计时工资、计件工资、奖金、津贴、补贴、加班工资等。

……

九、企业安排劳动者加班的,应当按规定支付加班工资。劳动者在依法享受婚假、丧假、探亲假、病假等假期期间,企业应当按规定支付假期工资。加班工资和假期工资的计算基数为劳动者所在岗位相对应的正常出勤月工资,不包括年终奖,上下班交通补贴、工作餐补贴、住房补贴,中夜班津贴、夏季高温津贴、加班工资等特殊情况下支付的工资。

加班工资和假期工资的计算基数按以下原则确定:

(一)劳动合同对劳动者月工资有明确约定的,按劳动合同约定的劳动者所在岗位相对应的月工资确定;实际履行与劳动合同约定不一致的,按实际履行的劳动者所在岗位相对应的月工资确定。

(二)劳动合同对劳动者月工资未明确约定,集体合同(工资专项集体合同)对岗位相对应的月工资有约定的,按集体合同(工资专项集体合同)约定的与劳动者岗位相对应的月工资确定。

(三)劳动合同、集体合同(工资专项集体合同)对劳动者月工资均无约定的,按劳动者正常出勤月依照本办法第二条规定的工资(不包括加班工资)的

70%确定。

加班工资和假期工资的计算基数不得低于本市规定的最低工资标准。法律、法规另有规定的，从其规定。

《关于本市劳动者在履行劳动合同期间患病或者非因工负伤的医疗期标准的规定》

一、医疗期是指劳动者患病或者非因工负伤停止工作治病休息，用人单位不得因此解除劳动合同的期限。

二、医疗期按照劳动者在本用人单位的工作年限设置。劳动者在本单位工作第1年，医疗期为3个月；以后工作每满1年，医疗期增加1个月，但不超过24个月。

三、劳动者经劳动能力鉴定委员会鉴定为完全丧失劳动能力但不符合退休、退职条件的，应当延长医疗期。延长的医疗期由用人单位与劳动者具体约定，但约定延长的医疗期与前条规定的医疗期合计不得低于24个月。

四、下列情形中关于医疗期的约定长于上述规定的，从其约定：

（一）集体合同对医疗期有特别约定的；

（二）劳动合同对医疗期有特别约定的；

（三）用人单位内部规章制度对医疗期有特别规定的。

五、劳动者在本单位工作期间累计病休时间超过按照规定享受的医疗期，用人单位可以依法与其解除劳动合同。

2. 其他地区

北京市和广东省对病假工资以劳动合同或集体合同的约定为准，无约定时与《关于贯彻执行〈中华人民共和国劳动法〉若干问题的意见》一样仅规定了不低于当地最低工资标准的80%。深圳市额外规定了病假工资不得低于本人正常工作时间工资的60%。

◈ 法条链接：

《北京市工资支付规定》

第21条　劳动者患病或者非因工负伤的，在病休期间，用人单位应当根据劳动合同或集体合同的约定支付病假工资。用人单位支付病假工资不得低于本市最低工资标准的80%。

《广东省工资支付条例》

第24条　劳动者因病或者非因工负伤停止工作进行治疗，在国家规定医疗期内，用人单位应当依照劳动合同、集体合同的约定或者国家有关规定支付病伤假期工资。

用人单位支付的病伤假期工资不得低于当地最低工资标准的百分之八十。

法律、法规另有规定的，从其规定。

《深圳市员工工资支付条例》

第23条　员工患病或者非因工负伤停止工作进行医疗，在国家规定的医疗期内的，用人单位应当按照不低于本人正常工作时间工资的百分之六十支付员工病伤假期工资，但不得低于最低工资的百分之八十。

☞ 案例参考11：法定医疗期的计算与连续工龄有关，在法定医疗期内，职工病假工资的计算基数也受连续工龄影响。在法定医疗期内劳动合同应当续延。

包某于2006年4月4日进入某食品公司工作。2006年4月4日至2010年1月31日，包某根据某食品公司的要求和安排先后与3个劳务派遣公司签订劳动合同，由上述公司将包某安排至某食品公司工作。2010年2月1日，双方直接签订了期限至2013年3月31日止的劳动合同。包某入职后，一直在某食品公司的某镇营业部担任业务员工作，工作地点和岗位均无变化。2013年3月25日起，包某因病休病假，至起诉之日仍在病假中，但某食品公司不仅未足额支付包某病假工资，反而于2013年9月13日向包某寄送通知书，称2013年

9月3日包某医疗期满，违法终止了双方的劳动关系。包某为维护自身权益向上海市浦东新区劳动人事争议仲裁委员会申请劳动仲裁，因对裁决部分不服，故向上海市浦东新区人民法院提起诉讼，要求判令与某食品公司恢复劳动关系、要求某食品公司支付2013年9月3日至9月24日的病假工资、2013年9月25日起至判决生效之日的疾病救济费、补发2013年4月至8月未足额发放的病假工资差额。

某食品公司辩称，包某的工作年限应自双方签订劳动合同的2010年2月1日起算，在这之前包某系由劳务派遣公司派至我处工作，与我公司系劳务用工关系。2013年9月3日，原告的医疗期届满，双方系依法终止劳动合同。我公司已足额支付其病假工资。

一审法院认为，根据《劳动合同法实施条例》第10条之规定，劳动者非因本人原因从原用人单位被安排到新用人单位工作的，劳动者在原用人单位的工作年限合并计算为新用人单位的工作年限。《最高人民法院关于审理劳动争议案件适用法律若干问题的解释（四）》（已失效）第5条则规定：劳动者仍在原工作场所、工作岗位工作，劳动合同主体由原用人单位变更为新用人单位的，应当认定属于"劳动者非因本人原因从原用人单位被安排到新用人单位工作"。原告包某于2006年4月4日起，一直在被告某食品公司处从事销售相关工作，其用人单位虽先后从人资公司、支点公司变更为安普公司，后又自2010年2月1日起变更为某食品公司，但2006年4月4日至2010年3月，包某的工作场所并无变化，故依照上述法律及司法解释之规定，包某在某食品公司处的工作年限应自2006年4月4日起计算。

参照《关于本市劳动者在履行劳动合同期间患病或者非因工负伤的医疗期标准的规定》第1条、第2条之规定：医疗期是指劳动者患病或者非因工负伤停止工作治病休息，而用人单位不得因此解除劳动合同的期限；医疗期按劳动者在本用人单位的工作年限设置，劳动者在本单位工作第1年，医疗期为3个月，以后工作每满1年，医疗期增加1个月，但不超过24个月。据此，至2013

年3月24日,原告包某在被告某食品公司处的工作年限已满6年,可享受的医疗期为9个月。包某、某食品公司双方签订的劳动合同虽约定届满期限为2013年3月31日,但应顺延至2013年12月24日包某医疗期满方可终止。故此,法院确认,某食品公司于2013年9月3日在包某医疗期未满的情况下通知终止双方劳动合同的行为系属违法。然而,鉴于包某的医疗期已于2013年12月24日届满,双方的劳动合同亦应延续至该日终止,故现已无恢复劳动合同的必要,法院对包某的诉请一不予支持。

原告包某2013年3月病假前的工资标准为2259元/月,因包某、某食品公司未明确约定病假工资的计算基数,故法院参照《上海市企业工资支付办法》第9条第1款第3项的规定,以包某所在岗位正常出勤月工资2259元的70%确定病假工资的计算基数,即1581.30元/月。因包某在某食品公司处工作已满6年不满8年,故其病假工资标准应为1581.30元的90%即1423.17元。据此计算,某食品公司应支付包某2013年4月1日至2013年8月31日的病假工资7115.85元。根据本案已查明的事实,某食品公司已支付包某上述期间的工资金额并未低于7115.85元,故包某的诉请三缺乏事实依据。然而,因某食品公司未就本案仲裁裁决提起诉讼,应视为已接受该裁决,故其仍应向包某支付2013年4月1日至2013年8月31日的病假工资差额1367.53元。

如前所述,原告包某、被告某食品公司之间的劳动合同应延续至2013年12月24日终止,故包某要求某食品公司支付2013年9月3日至2013年9月24日的病假工资于法有据,根据1423.17元/月的标准计算,某食品公司应支付包某上述期间的病假工资1084.32元。2013年9月25日起,包某病假已超过6个月,故某食品公司应向其支付疾病救济费,因包某在某食品公司处的工作年限在3年以上,故疾病救济费的标准应以1581.30元/月的60%即948.78元/月计算,但因该标准已低于本市2013年最低工资标准1620元/月的80%即1296元/月,故某食品公司应以1296元/月的标准支付包某2013年9月25日至2013年12月24日的疾病救济费3840.31元。

双方均不服一审判决向上海市第一中级人民法院提起上诉，二审法院维持原判。[①]

本案系上海市案例，病假工资的具体比例系按照上海市规定计算，其他地区应按当地标准执行。另外，本案发生在上海市《关于本市劳动者在履行劳动合同期间患病或者非因工负伤的医疗期标准的规定》2015 年修订和《上海市企业工资支付办法》2016 年修订之前，《上海市企业工资支付办法》2016 年修订后，在第 9 条第 1 款第 3 项中对“出勤月工资”明确作出“不包括加班工资”的限定，该条修订对与本案相同的案件预期结果无影响，但对劳动者工资中含有加班费的情况影响较大。

二、举证责任

1. 劳动者需要证明其有存在需要休病假的客观事实。常见的证据有病历本、病假单、缴费发票、诊断报告等病史材料，其已经按照用人单位的规定或约定，履行了请假流程，常见的证据有用人单位批准病假的回复、接受病史材料的回执、劳动者已经按照规章制度申请病假的书面证据、录音或者证人证言。

2. 用人单位如果拒绝承担劳动者主张的病假工资或疾病救济，应举证证明双方不存在劳动关系或劳动关系的持续时间较短不足以支持劳动者主张的医疗期。该方面的常见证据可见第一章关于劳动关系的证据阐述，或者证明劳动者未按照规章制度申请病假，该方面的常见证据主要是本公司的规章制度及规章制度系合法制定的证据、劳动者的自认，或证明劳动者的实际工资低于其主张或单位已经按照标准支付病假工资或疾病救济，该方面的证据主要是工资发放记录和有劳动者签字的工资明细。

① 上海市第一中级人民法院民事判决书，(2014)沪一中民三(民)终字第 1258 号。

☞ 案例参考 12：劳动者虽符合病假条件但未申请病假直接离开工作岗位，将导致无法要求病假工资，甚至还会导致单位有权合法解除与劳动者的劳动关系。

刘某丽于2012年11月27日入职某科技公司，双方最后一份劳动合同期限为2016年10月1日至2017年9月30日。2017年10月10日，某科技公司通过微信向刘某丽送达落款为2017年8月8日的《辞退通知》，称因刘某丽从2017年8月1日起连续3日旷工而从2017年8月4日起与刘某丽解除劳动合同。

刘某丽于2017年10月10日向上海市静安区劳动人事争议仲裁委员会申请仲裁，要求某科技公司支付违法解除劳动合同赔偿金、2017年7月的工资及2017年8月1日至2017年10月10日的病假工资。劳动仲裁委支持其要求支付7月欠发工资的申请请求，但驳回其他申请请求。某科技公司在仲裁后向刘某丽支付了2017年7月的工资。

刘某丽不服裁决，向上海市静安区人民法院提起诉讼，要求某科技公司支付违法解除劳动合同的经济赔偿。2017年7月刘某丽因患椎间隙感染、椎间盘突出，进行了手术，同时，又被诊断为甲状腺实质性结节。其主张手术后向某科技公司法定代表人姚总打电话表示因身体原因想休息，姚总也说让她先把身体养好，因此，她不上班是经过公司领导同意的。2017年7月23日至10月16日，医院为其开具连续4张病假单和出院小结，可证明其确实患病需要休息。虽未向公司提交病假单，但其以前也有事前请假，事后补交证明的情况。因此，刘某丽认为，2017年10月10日，某科技公司向其送达的《辞退通知》不符合事实，其解除劳动合同不合法，应支付违法解除劳动合同赔偿金。

某科技公司辩称：刘某丽提供的录音资料显示，是刘某丽自己主动请求辞职。2017年7月，刘某丽只是做了一个小手术。其提出离职的原因是多方面的，有身体的原因，也有家庭的原因，当时是其坚持要求移交相关工作离职的，也是其主动要求某科技公司代缴离职之后两三个月的社保，费用由其个人承担。9月的微信对话记录中，其也表述自己8月不上班就是辞职。上述证据都显示是刘某丽主动离职的。同时,从录音里也可以看出,刘某丽当时并未提出过要请病假,在此后其也从未向某科技公司提交过任何请假申请或病假证明。因此,刘某丽离职是其自己的意思,现在要求某科技公司支付违法解除劳动合同赔偿金违反诚实信用原则。

一审法院认为,本案的争议焦点为2017年8月1日起刘某丽未上班的行为是否构成旷工。本案中,刘某丽知晓某科技公司的书面请假手续及全年累计旷工3日按自动离职处理的规定,但自2017年8月1日刘某丽未上班之日起至10月10日刘某丽收到《辞退通知》之日止,其并未履行任何书面请假手续。刘某丽主张某科技公司法定代表人同意其自8月1日起请病假,但其提供的微信聊天记录及谈话录音文字整理资料中均未明确显示刘某丽有向某科技公司法定代表人请病假的事实。故某科技公司将2017年8月1日起刘某丽未上班也未请假的行为认定为旷工并予以解除劳动合同的行为并无不当,刘某丽要求某科技公司支付违法解除劳动合同赔偿金122,491元的诉讼请求,于法无据,一审法院不予支持。

刘某丽不服判决,向上海市第二中级人民法院提起上诉。

二审法院认为,当事人可以依法处置自己的权利,包括放弃自己的权利,从刘某丽现提供的证据来看,刘某丽虽当时可以申请享受病假待遇,但其出于种种考虑并未申请休病假而是作出了离职的表示,该意思表示在到达对方当事人即发生法律效力,而某科技公司的姚总也已同意。双方实际上应当在2017年8月就由劳动者提出、用人单位同意而协商一致解除了劳动合同。某科技公司后以旷工为由解除劳动合同,否认其曾经同意刘某丽辞职的意思表示,有违诚信,但某科技公司并没有义务向已经在8月与其解除了劳动合同的刘某丽支付违法解除劳动合同的经济赔偿。

综上所述,维持原判。[①]

---

① 上海市第二中级人民法院民事判决书,(2018)沪02民终2678号。

由本案可见,即便存在需要休病假的客观情况,劳动者也需要向用人单位履行相应的请假手续,并保留有效证据,这样才能有依据要求单位支付病假工资。劳动者未经通知直接离岗,很难被认定为离岗期间属于病假休息。

第三章

劳动争议常见具体诉求之二：支付加班费

第一节 加班费的计算要件

加班费是实践中劳动争议最常见的诉求之一，目前我国的劳动关系中确实大量存在加班情况，劳动者维护自己合法权益时很容易想到自己应当就加班获得报酬。然而，认定加班及计算加班费并不简单，想要主张加班费，首先要知道计算加班费的三大要件：加班时长、加班费计算系数、加班费计算基数。

一、加班时长

顾名思义，超过劳动者"正常上班时间"的工作时间，才能叫作加班。而谈到"正常上班时间"，就必然绕不开"工作时间制度"这个概念。计算加班时长的前提是，必须了解用人单位执行的工作时间制度规定的正常工作时间及用人单位实际安排劳动者上班的时间。

我国劳动法律、法规目前支持的工作时间制度有标准工时工作制、综合计算工时工作制、不定时工作制三种。

1. 标准工时工作制

标准工时工作制指实行每日工作不超过 8 小时、每周工作不超过 40 小时、每周至少休息1天(一般周休息日为星期六和星期日)的工作制度,即是通常所说的“5天8小时”上班时间(在总工作时长不超过40小时情况下也可上5天半或6天)。

在标准工时工作制情况下:

工作日加班时长=工作日用人单位实际安排劳动者工作的时长-用人单位执行的工作时间制度规定的正常工作时间;

休息日加班时长=休息日用人单位实际安排劳动者工作时长;

法定节假日加班时长=法定节假日用人单位实际安排劳动者工作时长。

2.综合计算工时工作制

综合计算工时工作制指用人单位因工作情况特殊或受季节和自然条件限制,需要安排职工连续作业,采用以周、月、季、年等为周期综合计算工作时间的工作制度。

根据《劳动和社会保障部关于职工全年月平均工作时间和工资折算问题的通知》的规定,实行综合计算工时工作制的,不同的计算周期分别对应不同的标准工作时间。

年工作日:365天-104天(休息日)-11天(法定节假日)=250天

季工作日:250天÷4季=62.5天/季

月工作日:250天÷12月=20.83天/月

因综合计算工时工作制工作时间可以在周期内集中安排的特点,因而不存在休息日加班的情形,也即在实际工作时间超过总法定标准工作时间的部分,视为工作日加班时长。但在法定节假日加班的部分,仍然为法定节假日加班时长。

同时,经批准实行综合计算工时工作制的劳动者,采用集中工作、集中休息、轮休调休等适当的工作、休息方式,其休息时间是可以抵扣工作日加班的。如果轮休、调休、补休等弥补不了延长工作时间,多余的部分按加班计发加班工资。

3. 不定时工作制

不定时工作制指用人单位因工作情况特殊，需要安排劳动者机动作业，工作时间不受每日不超过 8 小时、每周不超过 40 小时限制的工作制度。在此种工时制度下，不存在工作日延时加班及休息日加班的情形。至于不定时工作制是否支持法定节假日加班待遇，实践中存在不同的声音：北京、广东等地不认可，而上海、深圳等地则认可。

但用人单位并不能滥用综合计算工时工作制和不定时工作制来逃避支付加班待遇的义务，这两种非标准工作制都要经当地劳动部门批准才可实施，有些地区还严格要求申报具体劳动者姓名及岗位，只有经审批的单位和劳动者之间才可适用综合计算工时工作制和不定时工作制。用人单位与劳动者签订劳动合同时如果书面标明实行标准工时工作制，用人单位也不可随意更改。

特别要注意的是，加班必须是用人单位安排的，如果劳动者未经用人单位要求自行延长工作时间或在休息日和法定节假日上班，则不能认定为加班。现在，许多用人单位都设定了"加班报批"制度，在用人单位有证据证明加班需经审批的情况下，劳动者未履行手续就延长工作时间而要求加班待遇的，实践中通常不会被仲裁委或法院支持。即使在用人单位没有证据证明其规章制度中有加班审批规定，劳动者仅凭考勤机或考勤软件的打卡记录显示其存在工作时间超过标准的情况，仍然无法较好地证明存在加班事实。

二、加班费计算系数

在针对加班时长的阐述中我们已经提到，加班费计算系数会因加班类型不同而不一样。主要分为工作日加班、休息日加班及法定节假日加班。

1. 在正常工作日（非休息日及法定节假日），用人单位安排劳动者超出双方约定的工作时间的部分，需要按工资的 1.5 倍计付加班费，即此时的加班费计算系数为 1.5。

例如，小李的正常上班时间为周一到周五每日工作 8 小时，即 9 时至 12 时，13 时至 18 时，周六、周日休息，每月固定薪资税前 10,000 元。公司安排其

2018 年 8 月 1 日 18 时至 21 时加班,则小李 8 月 1 日可获得的加班费为 10,000 ÷ 21.75 ÷ 8 × 3 × 1.5 = 258.62 元。

2. 在休息日,用人单位安排劳动者加班的,在用人单位不安排补休的情况下,需要按工资的二倍计付加班费,即此时的加班费计算系数为 2。

3. 在法定节假日,用人单位安排劳动者加班的,需要按工资的三倍计付加班费,即此时的加班费计算系数为 3。此外,实践中,一般不支持除不定时工作制之外的其他情况下,在安排劳动者法定休假日加班后提供补休来代替支付加班费。

但是需要注意,从法理上来说,法定节假日在计薪时不予扣除,意味着法定节假日是带薪假日,单位只要发放了约定的工资,就已经支付了法定节假日的一倍工资,只需要再额外支付二倍。但实践中许多地区是支持法定节假日加班需额外支付三倍系数的加班费的。

◇ 法条链接:

《劳动法》

第 44 条　有下列情形之一的,用人单位应当按照下列标准支付高于劳动者正常工作时间工资的工资报酬:

(一)安排劳动者延长工作时间的,支付不低于工资的百分之一百五十的工资报酬;

(二)休息日安排劳动者工作又不能安排补休的,支付不低于工资的百分之二百的工资报酬;

(三)法定休假日安排劳动者工作的,支付不低于工资的百分之三百的工资报酬。

三、加班费计算基数

加班费计算基数指的是据以计算劳动者加班费的工资标准。关于加班费计算基数的确认标准，是计算加班费的重点也是难点，而且，各地的实践情况并不相同，下面列出部分地区目前的规定以供参考。

1. 上海市

《上海市企业工资支付办法》规定：

“九、企业安排劳动者加班的，应当按规定支付加班工资。劳动者在依法享受婚假、丧假、探亲假、病假等假期期间，企业应当按规定支付假期工资。

加班工资和假期工资的计算基数为劳动者所在岗位相对应的正常出勤月工资，不包括年终奖，上下班交通补贴、工作餐补贴、住房补贴，中夜班津贴、夏季高温津贴、加班工资等特殊情况下支付的工资。

加班工资和假期工资的计算基数按以下原则确定：

（一）劳动合同对劳动者月工资有明确约定的，按劳动合同约定的劳动者所在岗位相对应的月工资确定；实际履行与劳动合同约定不一致的，按实际履行的劳动者所在岗位相对应的月工资确定。

（二）劳动合同对劳动者月工资未明确约定，集体合同（工资专项集体合同）对岗位相对应的月工资有约定的，按集体合同（工资专项集体合同）约定的与劳动者岗位相对应的月工资确定。

（三）劳动合同、集体合同（工资专项集体合同）对劳动者月工资均无约定的，按劳动者正常出勤月依照本办法第二条规定的工资（不包括加班工资）的70%确定。

加班工资和假期工资的计算基数不得低于本市规定的最低工资标准。法律、法规另有规定的，从其规定。”

“十三、企业根据实际需要安排劳动者在法定标准工作时间以外工作的，应以本办法第九条确定的计算基数，按以下标准支付加班工资：

（一）安排劳动者在日法定标准工作时间以外延长工作时间的，按照不低于劳动者本人小时工资的150%支付；

（二）安排劳动者在休息日工作，而又不能安排补休的，按照不低于劳动者本人日或小时工资的200%支付；

（三）安排劳动者在法定休假节日工作的，按照不低于劳动者本人日或小时工资的300%支付。

企业依法安排实行计件工资制的劳动者完成计件定额任务后，在法定标准工作时间以外工作的，应当根据以上原则相应调整计件单价。计件定额应通过一定的民主管理程序合理制定。

经人力资源社会保障行政部门批准实行综合计算工时工作制的企业，劳动者综合计算工作时间超过法定标准工作时间的，应当视为延长工作时间，并按本条第（一）项的规定支付劳动者延长工作时间的加班工资；企业在法定休假节日安排劳动者工作的，按本条第（三）项的规定支付加班工资……”

2. 北京市

《北京市高级人民法院、北京市劳动人事争议仲裁委员会关于审理劳动争议案件法律适用问题的解答》规定：

“22. 如何确定劳动者加班费计算基数？

劳动者加班费计算基数，应当按照法定工作时间内劳动者提供正常劳动应得工资确定，劳动者每月加班费不计到下月加班费计算基数中。具体情况如下：

（1）用人单位与劳动者在劳动合同中约定了加班费计算基数的，以该约定为准；双方同时又约定以本市规定的最低工资标准或低于劳动合同约定的工资标准作为加班费计算基数，劳动者主张以劳动合同约定的工资标准作为加班费计算基数的，应予支持。

（2）劳动者正常提供劳动的情况下，双方实际发放的工资标准高于原约定工资标准的，可以视为双方变更了合同约定的工资标准，以实际发放的工资标准作为计算加班费计算基数。实际发放的工资标准低于合同约定的工资标准，能够认定为双方变更了合同约定的工资标准的，以实际发放的工资标准作为计算加班费的计算基数。

(3)劳动合同没有明确约定工资数额,或者合同约定不明确时,应当以实际发放的工资作为计算基数。用人单位按月直接支付给职工的工资、奖金、津贴、补贴等都属于实际发放的工资,具体包括国家统计局《〈关于工资总额组成的规定〉若干具体范围的解释》中规定"工资总额"的几个组成部分。加班费计算基数应包括"基本工资"、"岗位津贴"等所有工资项目。不能以"基本工资"、"岗位工资"或"职务工资"单独一项作为计算基数。在以实际发放的工资作为加班费计算基数时,加班费(前月)、伙食补助等应当扣除,不能列入计算基数范围。国家相关部门对工资组成规定有调整的,按调整的规定执行。

(4)劳动者的当月奖金具有"劳动者正常工作时间工资报酬"性质的,属于工资组成部分。劳动者的当月工资与当月奖金发放日期不一致的,应将这两部分合计作为加班费计算基数。用人单位不按月、按季发放的奖金,根据实际情况判断可以不作为加班费计算基数。

(5)在确定职工日平均工资和小时平均工资时,应当按照原劳动和社会保障部《关于职工全年月平均工作时间和工资折算问题的通知》规定,以每月工作时间为21.75天和174小时进行折算。

(6)实行综合计算工时工作制的用人单位,当综合计算周期为季度或年度时,应将综合周期内的月平均工资作为加班费计算基数。"

3. 深圳市

首先,根据《广东省工资支付条例》的规定,正常工作时间工资,是指劳动者在法定工作时间内提供了正常劳动,用人单位依法应当支付的劳动报酬。正常工作时间工资不包括下列各项:(1)延长工作时间工资;(2)中班、夜班、高温、低温、井下、有毒有害等特殊工作环境、条件下的津贴;(3)法律、法规和国家规定的劳动者福利待遇等。

而《深圳市中级人民法院关于审理劳动争议案件的裁判指引》第62条又对双方约定加班工资基数的情况作出更详细的规定:劳动者与用人单位在签订劳动合同时约定的工资中注明"已包含加班工资"或虽未书面约定实际支付的

工资是否包含加班工资,但用人单位有证据证明已支付的工资包含了正常工作时间工资和加班工资的,劳动者的时薪为:时薪 = 约定工资 ÷(21.75 天 ×8 小时 + 约定包含在工资中的平时加班时间小时数 ×150% + 约定包含在工资中的休息日加班时间小时数 ×200% + 约定包含在工资中的法定节假日加班时间小时数 ×300%)。按上述方法计算出的劳动者的时薪低于当地最低工资标准的,该约定为无效;劳动者的工资应以最低工资标准为基本工资,超过法定工作时间为加班时间,加班工资以最低工资标准按法律规定标准计算。

另外,针对实行计件工资的劳动者也存在加班的实际情况,《广东省工资支付条例》第 21 条规定,实行计件工资的,用人单位应当科学合理确定劳动定额和计件单价,并予以公布。确定的劳动定额原则上应当使本单位同岗位 70% 以上的劳动者在法定劳动时间内能够完成。用人单位在劳动者完成劳动定额后,安排劳动者在正常工作时间以外工作的,应当依照本条例第 20 条规定支付加班或者延长工作时间的工资。

《深圳市中级人民法院关于统一劳动争议案件审判标准若干问题的复函》中则提到,用人单位与劳动者双方约定实行计件工资制,但现有证据无法查明正常工作时间工作定额,根据劳动者的工资、工作时间和法定加班倍数折算出的时薪不低于最低工资标准的,可认定用人单位支付的工资中已包含了加班工资。

第二节 举证责任

一、劳动者承担的举证责任

就劳动者而言,想要求加班费,必须能够证明自己实际上班的时间超过了应当执行的工作时间制度规定的上班时间,包括证明自己的实际工作时间及在用人单位处实际执行的工作时间制度(是标准工时工作制、综合计算工时工作制还是不定时工作制)。具体的证据通常为考勤卡、考勤记录、加班申请单、加班审批单、加班确认单、证人证言。如果劳动者能证明考勤记录由单位保管,可以要求仲裁庭和法庭责令单位提供,单位拒不提供将承担不利后果。

同时,加班费的数额还取决于正常出勤的工资数额,劳动者可以用劳动合同的约定工资、工资流水等证明正常出勤的工资数额。实践中经常出现的问题是用人单位主张已发放的工资中包括已发放的加班费。劳动者仅需证明约定工资或实发工资,证明劳动者收到的工资中本身包含加班费需要在工资计算基数中减去是用人单位的举证责任。

二、用人单位承担的举证责任

1. 在劳动者有证据证明存在加班或用人单位掌握加班事实存在的证据后,用人单位就需要对“不需支付加班费”进行举证。

2. “不需支付加班费”可以从不存在加班事实或已足额支付加班费两个方面来举证。通常体现为考勤记录、加班统计表、工资支付记录、工资明细表等。

3. 上条中提到,当劳动者有证据证明用人单位掌握加班事实存在的证据时,用人单位必须提供上述证据,如不提供则承担不利后果——推定该证据对单位方不利,实践中所谓不利后果往往指司法机关会认定劳动者的主张成立。需要注意,实践中北京、上海、深圳等地区仅要求用人单位就两年内的相关证据承担举证责任,单位不提供两年之前的相关证据不能直接由单位承担不利后果。

◇ 法条链接:

《最高人民法院关于审理劳动争议案件适用法律问题的解释(一)》

第42条　劳动者主张加班费的,应当就加班事实的存在承担举证责任。但劳动者有证据证明用人单位掌握加班事实存在的证据,用人单位不提供的,由用人单位承担不利后果。

《深圳市中级人民法院关于审理劳动争议案件的裁判指引》

25. 劳动者主张加班工资,用人单位否认有加班的,劳动者应就其存在加班事实或用人单位掌握加班事实存在证据承担举证责任;劳动者已举证证明其存在加班事实或用人单位掌握加班事实存在证据的,用人单位应就劳动者申请劳动仲裁之日前两年内的工作时间承担举证责任。

《北京市高级人民法院、北京市劳动争议仲裁委员会关于劳动争议案件法律适用问题研讨会会议纪要》

17.用人单位应当按照工资支付周期编制工资支付记录表,并至少保持二年备查。劳动者与用人单位因劳动报酬问题产生争议时,在二年保持期间内,由用人单位承担举证责任。超过这一期间的则应适用“谁主张,谁举证”的证明责任分配规则。

“两年”是指劳动者申请仲裁之日起往前推算两年。

第三节 疑难案例

前文对加班费的计算以及如何举证进行了基本说明,然而在实践中情况会更加复杂多变,比如,计件工资制下加班费如何计算,下班后或假期值班算不算加班,可否在工资里直接约定或发放加班费,这些都需要根据个案情况进行具体分析,因此下文将举例几类加班费争议中的疑难案例以供参考。

☞ 案例参考13:实行计件工资的劳动者加班费如何计算?

刘某强于2013年8月21日至某消防科技公司装配工岗位工作,最后工作至2017年3月1日。双方签订有期限为2014年8月21日至2017年8月20日的劳动合同,约定刘某强实行综合计算工时工作制,工资为计件工资,计件工资按公司薪酬制度执行;由于公司产品规格较多,大多属于成套系统,通过小组整体作业完成,产品劳动定额和计件单价难以确定,计件工资中甲方支付的计件单价已包含了加班工资,有特别约定的情形除外;计件工资制员工在满勤的情况下，工资不得低于上海市最低工资标准。某消防科技公司操作工岗位于2016年10月1日至2017年9月30日实行综合计算工时工作制。刘某强于2015年1月至2016年12月，合计出勤约500.4天（延时加班合计8小时则折算成1天），超出标准工作日约67.1天，某消防科技公司已付该段期间产值工资约人民币93,633.40元。2017年3月3日，刘某强以某消防科技公司拖欠延时加班工资为由提出辞职，并向上海市浦东新区劳动人事争议仲裁委员会申请仲裁，要求某消防科技公司支付延时加班工资及解除劳动合同经济补偿金。上海市浦东新区劳动仲裁委员会裁决驳回其全部仲裁请求。刘某强不服仲裁裁决，诉至上海市浦东新区人民法院。

一审法院认为，根据劳动合同的约定等，刘某强的岗位实行综合计算工时工作制，超过标准工作时间的部分，应视为延长工作时间，故将刘某强主张的延时和双休日加班工资确定为延时加班工资，主张的数额不变。根据工资明细、考勤记录等，刘某强于2015年1月至2016年12月的上班天数超过该段期间的标准工作天数约67.1天，即刘某强存在延时加班67.1天。某消防科技公司称已将加班工资包含于产值工资中，但未对此提供充分证据加以佐证。刘某强存在延时工作，某消防科技公司已正常支付延时工作期间的产值工资，故原审法院酌定某消防科技公司已付产值工资中包含了1倍的延时加班工资，尚存0.5倍的差额某消防科技公司应予补足。经核算，某消防科技公司应补付刘某强2015年1月至2016年12月延时加班工资差额6277.88元。双方劳动合同约定“计件单价已包含了加班工资”，某消防科技公司基于该约定未及时足额支付延时加班工资，难谓有拖欠的恶意，刘某强以拖欠加班工资为由提出辞职，不符合应当支付经济补偿的条件，故刘某强要求某消防科技公司支付解除劳动合同经济补偿金25,000元的请求，原审法院不予支持。刘某强主张2013年8月21日至2014年12月31日的延时加班工资，超出了用人单位保存工资支付记录的两年期限，刘某强亦未对该主张提供相应的证据，故原审法院对该请求不予支持。

刘某强不服一审判决,向上海市第一中级人民法院提起上诉。

二审法院认为,刘某强与某消防科技公司在劳动合同中明确约定实行计件工资,在案证据反映的刘某强2015年1月至2016年12月各月的工资收入变化情况亦可印证某消防科技公司主张的刘某强工资计算方式,刘某强虽对此持有异议,但未能提供证据予以佐证,故法院对某消防科技公司有关刘某强按计件制计酬之主张予以采信。现某消防科技公司虽未能提供充分证据证明其公司已按照刘某强正常工资标准的150%支付刘某强加班工资,但在计件工资薪酬制度下,某消防科技公司已支付的计件工资应已包括刘某强超时工作期间1倍的加班工资。原审法院基于此,结合在案证据反映的刘某强2015年1月至2016年12月超出法定工作时间加班情况以及刘某强岗位实行综合计算工时工作制等事实,将刘某强主张的双休日加班工资确定为延时加班工资,认定某消防科技公司尚需支付刘某强2015年1月至2016年12月0.5倍的延时加班工资差额,并无不当,法院予以认同。就系争2013年8月21日至2014年12月31日加班工资,在刘某强应对此期间的加班工资主张负有举证责任却未能提供相应证据予以证实,某消防科技公司亦对此不予认可的情况下,法院对刘某强要求某消防科技公司支付此期间加班工资之主张,实难采纳。

就系争解除劳动合同经济补偿金,上诉人刘某强以被上诉人某消防科技公司拖欠延时加班工资为由提出辞职,后经仲裁、诉讼,法院认定某消防科技公司须支付刘某强部分延时加班工资差额,虽系属实,但依据双方劳动合同中有关计件单件已包含了加班工资以及刘某强应在收到薪资后10日内提出书面异议、未提出视为刘某强对该月薪资收入无任何异议之约定,并结合未有在案证据证实刘某强曾对某消防科技公司支付的加班工资提出过明确异议且某消防科技公司拒绝支付等综合因素考量,法院认为,依据本案情形难以认定某消防科技公司因主观恶意而未及时足额支付刘某强加班工资,故对刘某强提出的解除劳动合同经济补偿金主张,法院亦难以采纳。

综上所述，原审判决认定事实清楚，适用法律正确，应予维持。①

根据《工资支付暂行条例》第13条的规定，计件工资加班费的计发必须满足两个前提条件：(1)数量上超过计件定额后的工作量；(2)时间上超过正常工作时间。

本案中，对计件工资的加班费系根据《上海市企业工资支付办法》第13条的规定来判定的：企业依法安排实行计件工资制的劳动者完成计件定额任务后，在法定标准工作时间以外工作的，应当相应调整计件单价。计件定额应通过一定的民主管理程序合理制定。但是，如本案，即便在计件定额并无明确约定的情况下，法院亦可基于公平原则，结合劳动者实际工作时间为考虑因素，确定计件工资的劳动者加班费。

☞ 案例参考14：“值班”可以休息的，往往不被认定为加班。

付某于2004年10月入职某空军研究所管理处物业办中控室工作。付某在职期间基本工作模式为上24小时，休48小时，主要工作内容是负责通过电脑监控整个营区的消防设施、整栋楼的电磁门系统，如果出现系统故障，中控室会有提醒。其还负责维护航医楼中保密室的门禁及电脑、25号住宅楼门禁系统、25号住宅煤气报警器等，随时报故障随时排查。某空军研究所未进行综合工时制审批。2016年7月4日，某空军研究所向付某送达了《解除劳动关系通知书》，载有：“付某：依据上级有关聘用人员管理的要求，根据《劳动法》第26条第3项和《劳动合同法》第40条第3项之规定，我所决定于2016年8月4日解除与你的劳动关系。”双方解除劳动关系后，付某以要求某空军研究所支付解除劳动合同经济补偿金、超时加班费、休息日加班费、法定节假日加班费为由向北京市海淀区劳动人事争议仲裁委员会提出仲裁申请，仲裁委员会裁决：驳

① 上海市第一中级人民法院民事判决书，(2017)沪01民终13818号。

回付某的仲裁请求。付某不服上述裁决,向北京市海淀区人民法院提起诉讼。

一审法院认为,某空军研究所因军方规定单方与无过错的劳动者解除劳动合同,不属于法定的合法解除事由,但付某本人同意解除,因此属于用人单位提出的协商一致解除劳动合同,应当支付给付某解除劳动合同的经济补偿金。

关于加班工资,双方均认可中控室有床和被褥,但对付某上班期间是否可以午休及晚上是否可以休息存在分歧。付某主张其上 24 小时大班的时候一直需要盯着监控不可以休息,只有中午和晚上共计 1 小时可以吃饭,上白班时可以午休 3 小时。某空军研究所则主张付某可以午休 3 小时,晚上 10 时至凌晨 4 时可以休息。法院认为,首先,24 小时不休息连续工作不符合人类的生物学规律;其次,如果上白班的员工可以午休 3 小时,反而上 24 小时大班的员工不休息,不符合常理;再次,付某认可白天有 3 个人在中控室工作,其中物业有两个人,由此可知物业的两个人也是有机会轮流休息的。再结合中控室亦配有床和被褥,由此一审法院认为付某在上 24 小时大班期间是可以休息的。鉴于付某的工作岗位存在特殊性,具有值班值守的性质,其上班期间的工作处于不饱和状态,因此,将该岗位休息时间完全等同于普通职工的工作时间明显不合理。综合整体情况来看,付某实际的持续工作时间并未超过法定的 40 小时,也不超过每周至少休息 1 天的规定。故一审法院对付某要求的延时及休息日加班工资的诉讼请求,不予支持。

关于法定节假日的加班工资一节,某空军研究所提供了 2014 年 7 月至 2016 年 7 月的加班费发放明细,双方对其中载明的付某法定节假日加班情况没有争议,经法院核算,某空军研究所并未足额支付该期间的法定节假日加班工资,差额应当予以补发。而 2014 年 7 月之前的加班情况及加班费发放差额已经超出用人单位依法应当保留备查的两年时间,应当由付某承担举证责任,付某没有能够证明其 2014 年 7 月之前的加班情况及加班费发放不足的情况,无法认定该事实,对其主张的 2014 年 7 月之前节假日加班费不予支持。

一审法院判决某空军研究所支付付某解除劳动合同的经济补偿金及 2014

年7月至2016年7月的加班费差额。付某不服上诉至北京市第一中级人民法院。二审法院维持原判。[①]

由于“值班”工作中大部分时间为无具体工作内容的等待，且整夜值班或24小时值班的情况下按照人体生物学规律也不可能没有任何休息，值班付出的劳动与同样时长内普通的生产、服务工作付出的劳动有较大区别。考虑到公平原则，在长期的司法实践中，各地都对劳动者在值班的情况下主张加班费的权利进行了合理限制，一般而言，对适用做一休三、两班倒、多人一岗、值24小时休48小时等工作方式的值班人员，以及非专职值班人员非常态的偶尔值班，并不按照标准工时工作制认定为加班。但像本案这样未申报综合工时制的用人单位，如果对单位中的职工普遍适用单次连续工作超过8小时的倒班制，也可能会被认定为存在延长工作时间加班。

法条链接：

《北京市高级人民法院、北京市劳动争议仲裁委员会关于劳动争议案件法律适用问题研讨会会议纪要》

22.下列情形中，劳动者要求用人单位支付加班工资的，一般不予支持：(1)用人单位因安全、消防、节假日等需要，安排劳动者从事与本职工作无关的值班任务；(2)用人单位安排劳动者从事与其本职工作有关的值班任务，但值班期间可以休息的……

《上海市高级人民法院关于审理劳动争议案件若干问题的解答》

三、关于单位值班的若干问题

(一)以下情形中，劳动者要求单位支付加班待遇的，劳动争议处理机构不予支持：

① 北京市第一中级人民法院民事判决书，(2018)京01民终3389号。

1. 因单位安全、消防、假日等需要担任单位临时安排或制度安排的与劳动者本职工作无关的值班;

2. 单位安排劳动者从事与其本职工作有关的值班任务,但值班期间可以休息的;

(二)上述情形中,劳动者可以要求单位按照规章制度、集体合同、单项集体协议、劳动合同或惯例等支付相应待遇。

《广东省中山市中级法院关于审理劳动争议案件若干问题的参考意见》

4.4……

用人单位因安全、消防、节假日等需要,安排前款劳动者从事与本职工作无关的值班任务,或安排从事与其本职工作有关的值班任务且值班期间可以休息,劳动者主张加班工资的,一般不予支持。但劳动者主张按照劳动合同、规章制度、集体合同或惯例等支付相应待遇的,应予支持。

☞ 案例参考 15:实发工资高于约定工资时,结合其他证据,可以认为用人单位已经支付了部分或全部加班费。

2017 年 3 月 1 日,刘某与某人力资源有限公司签订《劳动合同书》,合同期限自 2017 年 3 月 1 日至 2019 年 2 月 28 日。由某人力资源有限公司安排刘某到某汽配厂机械加工岗位从事机械加工相关工作。计时工资,刘某的工资标准为每月 1530 元。随后分别于 2019 年 3 月 1 日第一次续签合同,合同期限自 2019 年 3 月 1 日至 2020 年 2 月 28 日。2020 年 2 月 29 日第二次续签合同,合同期限自 2020 年 2 月 29 日至 2020 年 12 月 31 日止。在补充协议中,刘某确认:(1)此次签订劳动合同,合同期限为完成一定工作量,到时双方自动解除合同。(2)双方约定实行计时工资制,小时工资 26 元,节假日及加班加点工资均含在小时工资内。(3)乙方(刘某)解除劳动合同后,与甲方(某人力资源有限公司)不存在任何劳动及经济纠纷。2020 年 9 月 25 日,刘某向某人力资源有限公司提交了《解除通知》,内容是:因单位未按实际工资缴纳社会保险,通知你单位解除合同。2020 年 9 月 30 日，某人力资源有限公司向刘某出具《解除劳动合同书》，解除劳动合同原因是劳动者辞职。刘某注明“本签字仅代表收到此通知书，不代表本人同意自己辞职”。

2021 年 1 月 12 日，刘某向沙河口区劳动人事争议仲裁委员会提出仲裁申请，要求二被告向刘某支付解除劳动合同经济补偿金 21,000 元（月平均工资 7000 元，工作年限 3 年）；二被告向刘某支付自 2017 年 3 月至 2020 年 9 月，3 年 6 个月加班费共计 150,984 元；二被告向刘某（或社保经办机构）支付刘某实发工资金额与被告缴费基数金额之间差额部分欠缴的社会保险费用；二被告向刘某支付未缴纳的公积金 4 万元（具体支付标准按国家公积金缴纳规定）；二被告向刘某支付未缴纳的取暖费 4 万元（具体支付标准按取暖费缴纳规定）。

庭审中，刘某提交了考勤表，拟证明刘某所在的班组每个月考勤和工资计算记录。刘某认为每天工作 12 小时，在正常工作日周末和法定节假日没有按照法定标准加倍支付加班费。某人力资源有限公司认为根据补充协议约定小时工资是 26 元，节假日及加班工资均含在小时工资内。刘某实发工资远超合同约定工资标准，刘某明确知晓实发工资是包含节假日及加班加点的工资，本案中其又要求支付节假日及加班加点的工资明显不符合补充协议约定，所以本案即使存在加班情况，依据刘某的真实意思表示，也不应当再向其支付额外工资，某汽配厂已足额支付刘某工资。刘某每月的工资已经超过了劳动合同中约定的工资标准，并且刘某在职期间的工资浮动非常大，工资较低时为 3000 元左右，工资较高时可达到 11,000 元左右，可知某汽配厂实际支付的工资已经根据对刘某的工作安排情况作出了调整，加班工资已包含在支付的工资内。某汽配厂认为刘某提供的考勤表中有一部分是休息，没有加班。根据刘某提供的考勤表，已经证明不是刘某所说的每天加班，对刘某的计算方式不予认可。刘某确实存在加班现象，每月给刘某的实发工资已包含加班费。

二审法院认为，关于刘某自 2019 年 1 月至 2020 年 9 月加班费是否欠付的认定，《劳动法》第 47 条规定：“用人单位根据本单位的生产经营特点和经济效益,依法自主确定本单位的工资分配方式和工资水平。”第 48 条规定:“国家实行最低工资保障制度。最低工资的具体标准由省、自治区、直辖市人民政府规定,报国务院备案。用人单位支付劳动者的工资不得低于当地最低工资标准。”《辽宁省工资支付规定》第 22 条规定:“计算加班工资的日或者小时工资基数和休假期间的工资,应当按照劳动合同中约定的劳动者本人工资标准确定;劳动合同没有约定的,按照集体合同约定的加班工资基数以及休假期间工资标准确定;劳动合同、集体合同均未约定的,按照劳动者本人正常工作应得的工资确定。依照前款规定确定的加班工资基数以及假期工资,不得低于当地最低工资标准。”本案中,刘某与某人力资源有限公司签订的劳动合同明确约定刘某月工资标准为 1530 元,实行标准工作时间制度(每日工作不超过 8 小时,平均每周工作不超过 40 小时,每周休息日为周六、周日),双方签字盖章确认,对双方具有约束力。根据《辽宁省工资支付规定》第 22 条,刘某依法应获得的加班工资应以劳动合同约定的工资标准确定,且不低于法定最低工资标准。一审法院以大连市最低工资标准为基数核算刘某应得的加班工资数额符合法律规定。对于刘某的实际工作时间及工资数额,汽配厂及某人力资源有限公司虽然未提供关于加班时间及加班费的记录,但因各方当事人均认可某人力资源有限公司就刘某全部工作时间已按 26 元/小时支付了劳动报酬,实质是各方当事人对刘某全部工作时间的确认。结合刘某与某人力资源有限公司劳动合同中关于刘某工资标准的约定,刘某正常工作时间及加班时间均按 26 元/小时标准实际结算工资,公司实际支付的加班工资已超出刘某按照劳动合同约定应得的加班工资。因此汽配厂及某人力资源有限公司提出的刘某实际获得的工资 26 元/小时已包含了加班工资的上诉意见,法院予以采纳。刘某主张欠付该期间加班费没有事实和法律依据,法院不予支持。[①]

① 辽宁省大连市中级人民法院民事判决书,(2022)辽 02 民终 2599 号。

◈ 法条链接：

《深圳市中级人民法院关于审理劳动争议案件的裁判指引》

62. 劳动者与用人单位在签订劳动合同时约定的工资中注明“已包含加班工资”或虽未书面约定实际支付的工资是否包含加班工资，但用人单位有证据证明已支付的工资包含了正常工作时间工资和加班工资的，劳动者的时薪为：时薪＝约定工资÷（21.75天×8小时＋约定包含在工资中的平时加班时间小时数×150%＋约定包含在工资中的休息日加班时间小时数×200%＋约定包含在工资中的法定节假日加班时间小时数×300%）。

按上述方法计算出的劳动者的时薪低于当地最低工资标准的，该约定为无效；劳动者的工资应以最低工资标准为基本工资，超过法定工作时间为加班时间，加班工资以最低工资标准按法律规定标准计算。

《上海市高级人民法院关于劳动争议若干问题的解答》

二、关于加班工资计算基数如何确定的问题

……

如工资系打包支付，或双方形式上约定的“正常工作时间工资”标准明显不合常理，或有证据可以证明用人单位恶意将本应计入正常工作时间工资的项目归入非常规性奖金、福利性、风险性等项目中，以达到减少正常工作时间工资数额计算目的的，可参考实际收入×70%的标准进行适当调整。

按上述原则确定的加班工资基数均不得低于本市月最低工资标准。

第四章

劳动争议常见具体诉求之三：应休未休年休假工资补偿

第一节 年休假的计算方法

根据《劳动法》第45条的规定，连续工作1年以上的劳动者，可以享受带薪年休假。《职工带薪年休假条例》第3条则具体规定，随着劳动者工作年限的增加，其可以享受的年休假天数也会有所增加。（见表4－1）

表4－1 年休假天数

累计工作年限	年休假天数
已满1年不满10年	5天
已满10年不满20年	10天
已满20年	15天

年休假是为了维护劳动者休息休假的权利，调动劳动者工作积极性而设定。劳动者在年休假期间可以享受与正常工作期间相同的工资收入。但若用人单位未安排职工休年休假的，根据《职工带薪年休假条例》的规定，用人单位应当按照劳动者日工资收入的300%支付年休假工资报酬。

◈ 法条链接：

《劳动法》

第45条 国家实行带薪年休假制度。劳动者连续工作一年以上的，享受带薪年休假。具体办法由国务院规定。

《职工带薪年休假条例》

第2条 机关、团体、企业、事业单位、民办非企业单位、有雇工的个体工商户等单位的职工连续工作1年以上的，享受带薪年休假（以下简称年休假）。单位应当保证职工享受年休假。职工在年休假期间享受与正常工作期间相同的工资收入。

第3条 职工累计工作已满1年不满10年的，年休假5天；已满10年不满20年的，年休假10天；已满20年的，年休假15天。

国家法定休假日、休息日不计入年休假的假期。

第5条 单位根据生产、工作的具体情况，并考虑职工本人意愿，统筹安排职工年休假。

年休假在1个年度内可以集中安排，也可以分段安排，一般不跨年度安排。单位因生产、工作特点确有必要跨年度安排职工年休假的，可以跨1个年度安排。

单位确因工作需要不能安排职工休年休假的，经职工本人同意，可以不安排职工休年休假。对职工应休未休的年休假天数，单位应当按照该职工日工资收入的300%支付年休假工资报酬。

《企业职工带薪年休假实施办法》

第3条 职工连续工作满12个月以上的，享受带薪年休假。

对于年休假的计算方法，需要注意以下几点。

一、享受年休假条件要求劳动者已经连续工作满12个月以上怎么理解

根据《人力资源和社会保障部办公厅关于〈企业职工带薪年休假实施办

法〉有关问题的复函》可知，连续工作满12个月以上，既包括劳动者在同一用人单位连续工作满12个月以上的情形，也包括劳动者在不同用人单位连续工作满12个月以上的情形。

☞ 案例参考16：在不同用人单位连续工作满12个月也可以在目前单位享受年休假待遇。

2016年5月5日，孙某入职某餐饮公司，双方签订期限自2016年5月5日至2019年5月4日的劳动合同，约定试用期自2016年5月5日至2016年8月4日。双方约定孙某的月工资为28,000元。2016年8月1日，某餐饮公司(甲方)和孙某(乙方)签订《解除劳动合同协议》。

孙某向北京市西城区劳动人事争议仲裁委员会申请仲裁，要求某餐饮公司支付解除劳动合同的经济补偿金、代通知金、年休假工资、加班费等。劳动仲裁委员会驳回其仲裁请求。其不服向北京市西城区人民法院起诉。

诉讼中，孙某称其入职某餐饮公司前累计工作年限已超过1年，应享受带薪年休假，并就其主张向法院提交其参保人员缴费信息。该证据显示，2014年9月至2015年3月、2015年5月至2016年1月、2016年3月至2016年4月均有案外公司为孙某缴纳社会保险，但2015年4月、2016年2月的社会保险中断。

一审法院认为，关于未休年休假工资一事，《企业职工带薪年休假实施办法》第3条规定，职工连续工作满12个月以上的，可享受带薪年休假。孙某提交的社会保险缴费记录，孙某在2015年4月、2016年2月的社会保险缴纳发生中断，故孙某未能举证证明其在入职某餐饮公司前已连续工作满12个月，故其要求支付2016年5月5日至2016年7月31日未休年休假工资报酬的主张缺乏法律依据，不予支持。

二审中，孙某提供北京市社会保险个人权益记录，显示其2010年3月至2011年4月在某人力资源有限公司工作，证明其已连续工作12个月以上，某餐饮公司认为孙某提供上述证据已超过举证时效，因此对该证据不予认可。法院对一审查明的其他相关事实予以确认。

二审法院认为，根据孙某在法院审理期间提交的社保缴纳记录可以证明孙某入职前累计工作年限已满 1 年，其可以享受带薪年休假。某餐饮公司未能证明已支付孙某未休年假工资，故其应当支付孙某 2016 年 5 月 5 日至 2016 年 7 月 31 日未休年休假工资。孙某在法院审理期间提交了新证据，法院对原审法院未支持孙某未休年假工资一项予以调整。判决某餐饮公司支付孙某 2016 年 5 月 5 日至 2016 年 7 月 31 日未休年休假工资 2574.71 元。[①]

◈ 法条链接：

《人力资源和社会保障部办公厅关于〈企业职工带薪年休假实施办法〉有关问题的复函》

一、关于带薪年休假的享受条件

《企业职工带薪年休假实施办法》第三条中的“职工连续工作满 12 个月以上”，既包括职工在同一用人单位连续工作满 12 个月以上的情形，也包括职工在不同用人单位连续工作满 12 个月以上的情形。

二、累计工作时间指什么

累计工作时间用于计算劳动者每年可获得的年休假时间，包括劳动者在机关、团体、企业、事业单位、民办非企业单位、有雇工的个体工商户等用人单位从事全日制工作期间，以及依法服兵役和其他按照国家法律、行政法规和国务院规定可以计算为工龄的期间（视同工作期间）。累计工作已满 1 年不满 10 年的，年休假 5 天；已满 10 年不满 20 年的，年休假 10 天；已满 20 年的，年休假 15 天。

---

① 北京市第二中级人民法院民事判决书，（2018）京 02 民终 2365 号。

◇ 法条链接：

《职工带薪年休假条例》

第2条　机关、团体、企业、事业单位、民办非企业单位、有雇工的个体工商户等单位的职工连续工作1年以上的，享受带薪年休假（以下简称年休假）。单位应当保证职工享受年休假。职工在年休假期间享受与正常工作期间相同的工资收入。

第3条　职工累计工作已满1年不满10年的，年休假5天；已满10年不满20年的，年休假10天；已满20年的，年休假15天。

国家法定休假日、休息日不计入年休假的假期。

《企业职工带薪年休假实施办法》

第4条　年休假天数根据职工累计工作时间确定。职工在同一或者不同用人单位工作期间，以及依照法律、行政法规或者国务院规定视同工作期间，应当计为累计工作时间。

《人力资源和社会保障部办公厅关于〈企业职工带薪年休假实施办法〉有关问题的复函》

二、关于累计工作时间的确定

《企业职工带薪年休假实施办法》第四条中的“累计工作时间”，包括职工在机关、团体、企业、事业单位、民办非企业单位、有雇工的个体工商户等单位从事全日制工作期间，以及依法服兵役和其他按照国家法律、行政法规和国务院规定可以计算为工龄的期间（视同工作期间）。职工的累计工作时间可以根据档案记载、单位缴纳社保费记录、劳动合同或者其他具有法律效力的证明材料确定。

三、劳动者新进用人单位，符合年休假条件的，如何计算当年度享受的年休假天数

通常情况下，劳动者每年享有的年休假应当由用人单位安排在一个完整的

自然年度内休完。劳动者符合相应的工作年限，可以完整享受相应的年休假天数。但是，当劳动者新入职一家用人单位的时间为自然年的年中时，即使其连续工作时间和累计工作时间满足享受年休假条件，也并非直接按照工作年限计算可以在新单位享受的当年度年休假天数，而应当按照《企业职工带薪年休假实施办法》第5条的规定折算当年度还可以享受的年休假天数。

折算方法为：（当年度在本单位剩余日历天数÷365天）×劳动者本人全年应当享受的年休假天数。

但是，用人单位也可以在征得劳动者同意的情况下，安排跨年度休年休假。如安排次年一个年度中休完今年一个自然年的年休假，或者自行规定年休假计算周期如每年7月1日至次年6月30日为一个休假周期。后一种情况下，通常来说，劳动者的年休假折算时间也应当以入职时间到次年6月30日的剩余日历天数为基数，按照单位内部规定及与劳动者协商情况的不同，也可以仍以自然年为基数，只是推迟年休假的休假时间，但不能因不同的计算方式而减少劳动者应得的休假时间或应休未休年休假工资（因折算略去不足一天的部分导致的误差不计在内）。

另外，虽然法律规定用人单位安排跨年度休年休假需要征得劳动者的同意，但实践中一般只要用人单位表达在次年给予补休的意愿或有合法规章制度如此规定，或者对于劳动者在次年已经实际休过的年休假主张为前一年度的应休年休假补休，劳动仲裁委或法院都会认可其不属"未安排劳动者休年休假"。

举例说明：王某入职甲公司之前，已连续工作满12个月，累计工作满11年。

①若王某于2017年3月1日入职甲公司一直工作至2018年3月，则王某2017年度可以在甲公司享有的年休假天数为：2017年12月31日－2017年3月1日＝306天；（306天÷365天）×10＝8.38天。

因折算后不足1整天的部分不享受年休假，因而，王某2017年度可以在甲公司享有的年休假天数为8天。

②若王某于2017年12月1日入职甲公司一直工作至2018年3月，则王某2017年度可以在甲公司享有的年休假天数为：2017年12月31日－2017年12月1日＝31天；(31天÷365天)×10＝0.85天。

因折算后不足1整天的部分不享受年休假，因而，王某2017年度可以在甲公司享有的年休假天数为0天。

③若王某于2017年3月1日入职甲公司一直工作至2018年3月，且甲公司的年休假制度是从每年7月1日至次年6月30日计为一个年休假年度，则王某2017年度可以在甲公司享有的年休假天数为：2017年6月30日－2017年3月1日＝122天；(122天÷365天)×10＝3.34天。

因折算后不足1整天的部分不享受年休假，因而，王某2017年度可以在甲公司享有的年休假天数为3天，但是，他还可以继续享受2017年7月至2018年6月的年休假。

◇ 法条链接：

《企业职工带薪年休假实施办法》

第5条　职工新进用人单位且符合本办法第三条规定的，当年度年休假天数，按照在本单位剩余日历天数折算确定，折算后不足1整天的部分不享受年休假。

前款规定的折算方法为：(当年度在本单位剩余日历天数÷365天)×职工本人全年应当享受的年休假天数。

第9条　用人单位根据生产、工作的具体情况，并考虑职工本人意愿，统筹安排年休假。用人单位确因工作需要不能安排职工年休假或者跨1个年度安排年休假的，应征得职工本人同意。

四、劳动者在从本用人单位离职时，若当年度应休年休假未休满怎么办

根据《企业职工带薪年休假实施办法》第12条的规定，用人单位与劳动者

解除或者终止劳动合同时，当年度未安排劳动者休满应休年休假的，应当按照劳动者当年已工作时间折算应休未休年休假天数并支付未休年休假工资报酬，但折算后不足1整天的部分不支付未休年休假工资报酬。但应注意，若因劳动者主动辞职导致用人单位来不及安排年休假的，劳动者要求支付年休假工资的，不予支持。

折算方法为：(当年度在本单位已过日历天数÷365天)×劳动者本人全年应当享受的年休假天数－当年度已安排年休假天数。

从这一计算方法中可以看出，为何上一部分我们讨论的新入职后年休假应进行折算，因为当年度在原单位工作的时间应休而未休的年休假，法律上已经给出了补偿方案，这部分年休假于法于理不应由新单位承担。

同时需注意，如果劳动者在年中离职，但当年度已休的年休假超过其在单位本年度工作时间折算出的年休假时间的，单位并不能要求劳动者补班、退还该部分工资或从应发未发的工资、补偿、赔偿金中扣除。

法条链接：

《企业职工带薪年休假实施办法》

第12条　用人单位与职工解除或者终止劳动合同时，当年度未安排职工休满应休年休假天数的，应当按照职工当年已工作时间折算应休未休年休假天数并支付未休年休假工资报酬，但折算后不足1整天的部分不支付未休年休假工资报酬。

前款规定的折算方法为：(当年度在本单位已过日历天数÷365天)×职工本人全年应当享受的年休假天数－当年度已安排年休假天数。

用人单位当年已安排职工年休假的，多于折算应休年休假的天数不再扣回。

五、用人单位应当支付的应休未休年休假工资差额如何计算

根据《企业职工带薪年休假实施办法》第 10 条的规定，在劳动者确定了应当享有的应休未休年休假天数之后，可以按照日工资收入的 300% 计算应休未休年休假工资报酬，不过因为其中包含用人单位在发放月工资时发放的正常工作期间的工资收入。所以，劳动者只能再按照日工资收入的 200% 主张用人单位支付应休未休年休假工资差额。

《企业职工带薪年休假实施办法》第 11 条明确说明，日工资收入 = 劳动者本人的月工资 ÷21.75 天。

其中，月工资是指职工在用人单位支付其未休年休假工资报酬前 12 个月剔除加班工资后的月平均工资。在本用人单位工作时间不满 12 个月的，按实际月份计算月平均工资。

实行计件工资、提成工资或者其他绩效工资制的职工，日工资收入的计发办法参照如上执行。

☞ 案例参考 17：未休年休假工资的计算方法。

卢某系某塑胶公司保安，2016 年 8 月 12 日，因卢某与同事打架，某塑胶公司通知卢某因其严重违纪与其解除劳动合同，卢某随即向劳动人事争议仲裁委员会提起仲裁申请，要求某塑胶公司支付违法解除劳动合同的经济赔偿、1 个月的代通知金、加班工资、未休年休假工资、未足额发放的工资差额、未足额发放工资的赔偿金、工伤待遇等，后因不服劳动仲裁裁决向广东省深圳市龙岗区人民法院起诉。一审法院支持其部分违法解除劳动合同的经济赔偿、部分加班工资和部分未休年休假工资。卢某不服一审判决，上诉至深圳市中级人民法院。

关于 2014 年 9 月 26 日至 2016 年 8 月 12 日未休年休假工资差额问题，二审法院认为，某塑胶公司主张其已足额支付卢某未休年休假工资，且卢某已休年休假，但没有提供证据证明，应承担举证不能的责任，法院对某塑胶公司上诉主张无须支付卢某未休年休假工资差额不予支持。由于卢某未提交证据证明

其累计工作年限，原审法院以卢某在某塑胶公司的工作年限核算其应享有的带薪休假天数2015年为5天，2016年为3天，符合法律规定，法院予以维持。根据《企业职工带薪年休假实施办法》第11条第1款、第2款，计算未休年休假工资报酬的日工资收入按照职工本人的月工资除以月计算天数(21.75天)进行折算。月工资是指职工在用人单位支付其未休年休假工资报酬前12个月剔除加班工资后的月平均工资。卢某的工资结构中的"津贴"依法应计入未休年休假工资计算基数。根据卢某的工资表，其2015年8月至2016年7月的月平均津贴为1073.5元，某塑胶公司应支付卢某2015年度、2016年度未休带薪年休假工资差额2283元[(2030+1073.5)÷21.75×8×200%]。由于某塑胶公司已经向卢某支付了未休年休假期间的正常工资，在核算未休年休假工资差额时应予以扣减，故卢某主张某塑胶公司仍需另行支付三倍工资的上诉主张不能成立，法院不予支持。[①]

法条链接：

《企业职工带薪年休假实施办法》

第10条第1款　用人单位经职工同意不安排年休假或者安排职工年休假天数少于应休年休假天数的，应当在本年度内对职工应休未休年休假天数，按照其日工资收入的300%支付未休年休假工资报酬，其中包含用人单位支付职工正常工作期间的工资收入。

第11条　计算未休年休假工资报酬的日工资收入按照职工本人的月工资除以月计薪天数(21.75天)进行折算。

前款所称月工资是指职工在用人单位支付其未休年休假工资报酬前12个月剔除加班工资后的月平均工资。在本用人单位工作时间不满12个月的，按实际月份计算月平均工资。

① 广东省深圳市中级人民法院民事判决书，(2017)粤03民终17607号。

职工在年休假期间享受与正常工作期间相同的工资收入。实行计件工资、提成工资或者其他绩效工资制的职工,日工资收入的计发办法按照本条第一款、第二款的规定执行。

六、若用人单位通过劳动合同约定或者规章制度规定的年休假天数、未休年休假工资报酬高于法定标准的,用人单位应当按照有关约定或规定执行

法律允许用人单位自行在法定年休假标准之上为员工设置福利,对于明确规定的福利,用人单位应当履行,劳动者也可以据此主张其应得的福利。

注意,多于法定年休假的福利性假期如果未休可不可以获取经济补偿,或高于法定年休假的经济补偿标准可不可以跨年主张都是单位可以自主决定的事宜,但该类限制条件应当与福利假或福利补偿规定同时释明,如约定不明,则福利假期可能也被视为应与法定年休假一样需要支付未休补偿。同时,如果用人单位的福利假没有规定明确的日期,也未规定法定年休假和福利假孰先孰后,也可能出现劳动者已休的年休假被认为系休福利假,从而使未休法定年休假的天数被认定得更多。

深圳市对此有明确的裁判口径,认为如公司在劳动合同或规章制度中有高于法定标准的年休假天数而未约定补偿或虽约定补偿却没有明确标准时,劳动者主张按照法定年休假工资的标准支付未休福利年休假的补偿的,应予支持。

◈ 法条链接:

《企业职工带薪年休假实施办法》

第13条　劳动合同、集体合同约定的或者用人单位规章制度规定的年休假天数、未休年休假工资报酬高于法定标准的,用人单位应当按照有关约定或者规定执行。

《深圳市中级人民法院关于审理劳动争议案件的裁判指引》

110.劳动合同、集体合同或规章制度约定了超过法定天数的年休假天数,并对超过法定年休假天数的未休年休假约定了是否予以补偿或具体的补偿标准的，该约定有效。劳动合同、集体合同或规章制度对超过法定年休假天数的未休年休假未约定补偿，或约定了补偿但未明确具体补偿标准的，劳动者要求按照法定标准支付超过法定年休假天数的未休年休假工资的，应予支持。

☞ 案例参考18：深圳地区裁判口径，未有明确约定时福利假应参照法定年休假进行补偿。

文某与某科技公司因解除劳动合同和未休年休假等争议诉至深圳市前海合作区人民法院，一审法院认定某科技公司系违法解除劳动合同，同时应支付文某未休年休假17天的工资，某科技公司不服一审判决上诉至深圳市中级人民法院。

二审法院认为，针对某科技公司应支付文某未休年休假工资差额的具体数额问题。根据文某上级于2015年7月24日向文某发出的电子邮件内容，文某未休年休假天数为17.88天。上述确认的天数超出法定年休假的部分应视为用人单位给予劳动者的福利假期。因福利假期是用人单位在法定基准之外给予劳动者的福利，如果用人单位未举证证明其就未休福利假期的补偿标准进行明确约定，应视为用人单位承诺给予劳动者法定年休假待遇的福利，劳动者要求按照法定标准支付未休年休假工资差额，应予以支持。本案中，某科技公司未举证证明其与文某就未休福利假的补偿标准进行了约定，故原审按照法定标准核算17天的未休年休假工资差额正确，法院予以维持。[①]

本案即是典型的按照《深圳市中级人民法院关于审理劳动争议案件的裁判指引》第110条判决的案例，也是最简单的一种情况。但实际中还会出现用人单位明确约定了低于法定年休假待遇的福利假待遇，或者明确约定福利假不

① 广东省深圳市中级人民法院民事判决书，(2017)粤03民终1326号。

能折抵工资的情况，这时如果未休福利假，就只能按照用人单位的约定要求赔偿。而如果已经休了部分年休假，还涉及是先休福利假还是先休法定假的问题。目前，各地的判例中对此都有不同的认定，上海地区裁判口径为，若双方没有明确约定，则推定优先享受法定年休假，具体请看下面的案例。

☞ 案例参考 19：上海地区对于福利年假是否优先于法定年休假以及未休福利年假是否可以折算工资，有约定的从约定。

郑某于 2007 年 6 月 1 日入职某公司，双方订立的劳动合同，期限自 2016 年 3 月 1 日至 2018 年 2 月 28 日，合同约定郑某的工作岗位为店员，每月工资为 2300 元。2016 年 11 月 10 日，某公司因郑某旷工与其解除劳动关系。2017 年 12 月 18 日，郑某因年休假向上海市劳动人事争议仲裁委员会申请仲裁，要求某公司支付 2008 年至 2016 年未休 68 天年休假折算工资 7000 元，该仲裁委于 2018 年 2 月 9 日作出沪劳人仲(2017)办字第 1456 号裁决书，裁决内容为：对申请人郑某的仲裁请求不予支持。郑某不服，起诉至法院。

另查明，《员工手册》4.1.2 规定，2008 年 1 月 1 日前入职的员工，在本公司工作满 1 年者，从第 2 年开始每年可享受带薪年休假 10 个工作日(包括《职工带薪年休假条例》规定的 5 天年假及公司的特殊福利 5 天)，员工在本公司工作满 3 年后，第 4 至 5 年内，带薪年假将增加至 12 天(包括《职工带薪年休假条例》规定的 5 天年假及公司的特殊福利 7 天)，第 6 年及以后为 15 天(包括《职工带薪年休假条例》规定的 5 天年假及公司的特殊福利 10 天)。《员工手册》4.1.7 规定，法定年休假在 1 个年度内可以集中安排，也可以分段安排，一般不跨年度安排。法定年休假优先安排(先休法定年休假再休作为公司特殊福利的年休假)……因公司原因致使员工无法享受年法定休假的，未使用的法定年休假，公司将按国家规定给予补偿。2008 年 9 月 10 日，郑某在《员工确认函》上签字，确认收到《员工手册》。

二审法院认为，法律规定劳动争议申请仲裁的时效期间为 1 年。生效的

(2017)沪02民终字7353号民事判决书认定郑某与某公司的劳动关系于2016年11月10日解除，现郑某直至2017年12月18日才申请仲裁主张2008年至2016年11月未休年休假折算工资，显已超过法定仲裁时效。郑某称入职后店长告知其每年享有年休假5天，故其在职期间每年休足5天年休假，直到前案一审时其才知道可享有15天年休假，本案未过仲裁时效，然而，法院经查郑某已于2008年9月10日签收某公司的《员工手册》,《员工手册》对年休假作了明确规定，郑某理应知晓其可享有的年休假待遇，现郑某认为在前案一审时才知道自己权利受侵害，与事实不符，法院不予采纳。此外，从《员工手册》关于年休假的规定来看，郑某作为2008年1月1日前入职的员工，其在职期间根据其工作年限所享有的年休假天数分别为5天、10天、12天、15天，其中每年5天系法定年休假，剩余天数则是公司福利年休假。鉴于法定年休假优先安排的原则，郑某在职期间每年已休足的5天年休假应属于法定年休假。至于剩余的公司福利年休假，郑某应及时申请休足，若没有休则应视为自动放弃，现其要求某公司折算成工资支付亦缺乏法律依据。

再审法院认为，关于被申请人某公司的年休假制度，在《员工手册》上已明确规定，申请人也于2008年签收了《员工手册》,现申请人称并不知晓其可享有15天的年休假，显然与事实不符。另，从被申请人某公司年休假制度规定来看，员工年休假中包括了5天的法定年休假及公司福利年休假，并且法定年休假优先安排。申请人在职期间已经休足法定年休假，而对剩余的属于公司福利的年休假，应当自行申请，若当年没有休则视为自动放弃。现申请人要求将已超过期限的属于公司福利性质的年休假折算为工资，没有法律依据。一、二审法院据此驳回了申请人的诉讼请求，并无不当。①

需要注意的是，公司规定年休假不得以工资折抵的规定，对法定年休假并

① 上海市高级人民法院民事判决书，(2019)沪民申645号。

无约束力,仅对公司福利年休假有效,也就是公司可以自行规定福利性年休假未休无补偿,如果双方如此明确约定,或是公司在合法的劳动规章制度中明确规定,是可以得到法院的支持的。这一点系基于法律明确规定,放之四海皆准。

☞ 案例参考20:没有明确说明的情况下,职工已休的年休假中应推定为先休满法定年休假,才休公司福利假,同时,在没有明确约定的情况下,主张未休公司福利假与法定年休假同样补偿的,不予支持。这是上海地区目前最常见的判定方式。

乐某于2015年6月17日入职某电脑公司,担任客户经理。《劳动合同》约定劳动合同期限是无固定期限,月工资12,000元,员工工作满1年,每年可享受12天有薪年假。2017年9月18日,某电脑公司以乐某违反劳动纪律为由解除双方劳动关系。

2017年9月20日,乐某向上海市静安区劳动人事争议仲裁委员会申请仲裁,要求某电脑公司支付违法解除劳动合同的经济赔偿金、欠发工资、未休年休假工资和奖金等。上海市静安区劳动人事争议仲裁委员会作出裁决后,双方均不服上诉至上海市静安区人民法院。

一审法院查明,至2017年9月18日,乐某累计工龄已满10年,不满20年。乐某2016年已休年假7天;2017年未休年假。乐某解除劳动合同前12个月平均工资是12,000元。

关于年休假工资问题,本案中,双方签订的《劳动合同》明确约定了员工工作满1年,每年可享受有薪年假12天,该约定高于法律规定的标准,并无不当。乐某累计工作已满10年,不满20年。双方均认可乐某享有法定年休假10天和福利年休假2天。乐某认为福利年休假应当与法定年休假一样按照300%支付未休年休假的工资,但是并未提供相应证据予以佐证,一审法院不予采信。从合同的表述来看,仅载明了该12天年假系有薪年假,也并未对折算标准进行明确约定,现某电脑公司称应按照职工日工资收入的200%支付工资报酬(其中包含用人单位支付职工正常工作期间的工资收入)，与法不悖，一审法院予以采纳。本案中，双方确认乐某于2016年已休年假7天，乐某称系先休福利年休假，再休法定年休假，但是并未提供相应证据佐证，一审法院难以采信，故乐某2016年剩余法定应休未休年休假3天，剩余福利应休未休年休假2天。2017年乐某未休年休假，折算应休未休法定年休假7天，福利年休假1天。应以此天数和乐某的工资基数分别计算未休法定年休假和未休福利年休假的工资差额。

某电脑公司不服一审判决上诉至上海市第二中级人民法院，二审维持原判。[①]

本案中，与深圳地区的规定非常不同的是，上海地区更多地倾向于没有明确约定的公司福利假不以法定年休假的标准赔偿(而是以公司方的自认为准)，这样一来，是先休法定年休假还是先休公司福利假的推定就非常重要，而在没有明确说明的情况下，上海地区更多的判例认为先休法定年休假。这是一种相对而言更倾向于用人单位一方的判定。

☞ 案例参考21：上海地区有判例认为，劳动者因违反公司规定被解除劳动合同的，如尚未到统计年底，而非因单位原因造成劳动者当年度未休部分年休假，单位不需要支付未休年休假工资。

王某自2011年7月26日进入A(上海)有限公司工作，双方于2012年7月27日签订期限自2012年7月27日起至2015年7月26日止的劳动合同。2014年7月1日，双方与B公司协商一致，由B公司与王某继续履行该劳动合同，工作年限合并计算。2015年7月9日，B公司以王某严重违纪为由与其解

① 上海市第二中级人民法院民事判决书，(2018)沪02民终5620号。

除劳动合同。王某向上海市浦东新区劳动人事争议仲裁委员会提起仲裁申请，要求B公司支付违法解除劳动合同的经济赔偿、未休年休假工资差额和年终奖。劳动仲裁委员会裁决支持其部分年休假工资，驳回其他仲裁请求。王某和B公司皆不服向上海市浦东新区人民法院提起诉讼。

一审法院认为，王某2014年确存在10天的法定未休年休假以及5天福利年休假，其中对于法定年休假，B公司虽主张王某当年度未休完的年休假顺延至第2年的4月30日期满仍未休即视为自动放弃，但鉴于该主张并无依据，有违法律规定，对此不予采纳，故B公司应支付王某2014年10天未休年休假工资17,325.18元；至于其中5天福利年休假，就性质而言，实际属于B公司给予王某额外的休息时间，现双方未约定未休福利年休假可作折薪，且B公司也不同意支付福利年休假工资，故王某要求B公司支付上述5天的福利年休假工资并无依据，不予支持。关于2015年未休年休假工资，如前所述，本案中，王某系因严重违反公司规章制度被B公司合法解除劳动合同，因此，无法安排王某享受2015年年休假的责任并非在于B公司，故王某要求B公司支付2015年未休年休假工资的请求，亦不予支持。至于王某要求B公司支付2011年至2013年未休年休假工资的请求，因已超过了1年的仲裁时效，故不予支持。

王某不服上诉至上海市第一中级人民法院，二审维持原判。[①]

本案中很特别的一点是，法院认为，劳动者确因违纪被解除劳动合同，在此前非因单位原因未休满当年度按工作时间折算的应休年休假，公司也无义务支付其未休年休假的折算工资，这一认定也有其道理。一方面，《企业职工带薪年休假实施办法》的规定是“用人单位与职工解除或者终止劳动合同时，当年度未安排职工休满应休年休假的，应当按照职工当年已工作时间折算应休未休年休假天数并支付未休年休假工资报酬”，并未区分解除原因，不宜作缩小解

① 上海市第一中级人民法院民事判决书，(2016)沪01民终2734号。

释；另一方面，劳动争议实践中多考虑保护劳动者一方权益，因此这样的认定并不多见。

另外，本案中提到，单位自行规定的"年休假到期未休的视为自动放弃权利"在法定年休假范畴内因与法律规定相冲突而无效，这与"未休年休假不可折抵工资"的规定不得及于法定年休假是一样的道理。

第二节 举证责任

一、劳动者举证责任

劳动者需举证证明自己符合享受年休假的条件：已连续工作满 12 个月。若劳动者累计的工作年限符合《职工带薪年休假条例》第 3 条的规定，也需要提供相应的证据来证明自己应当休的法定年休假天数。通常可用于证明上述问题的证据为劳动合同、社保缴纳记录、就业登记证、档案记载等。

同时，劳动者还应举证证明自己未休满当年度年休假且单位未支付相应工资差额。通常可用于证明上述问题的证据为考勤记录、休假申请记录、工资发放记录、工资构成明细等。

最后，劳动者需要证明年休假工资差额的计算基数即应支付未休年休假工资差额之前 12 个月的正常出勤工资（不含加班工资），可用于证明上述问题的证据主要是工资发放记录、工资表、银行流水等。

对于劳动者能够证明考勤、休假和工资的相关证据系由用人单位掌握的，可以要求仲裁庭或法庭责令对方提供，如果单位拒不提供应承担不利后果。

二、用人单位举证责任

1. 劳动者不符合享有年休假的条件

用人单位可以通过质证劳动者提供的已连续工作满 12 个月的证据否定其享有年休假资格，或证明虽然劳动者能够满足连续工作满 12 个月以上的条件，但劳动者同时存在《职工带薪年休假条例》规定的例外情形之一，亦不能享受当年度的年休假。

另外，根据《企业职工带薪年休假实施办法》第8条的规定，职工已享受当年的年休假，年度内又出现上述办法第8条第2项至第5项规定情形之一的，不享受下一年度的年休假。

◇ 法条链接：

《职工带薪年休假条例》

第4条　职工有下列情形之一的，不享受当年的年休假：

（一）职工依法享受寒暑假，其休假天数多于年休假天数的；

（二）职工请事假累计20天以上且单位按照规定不扣工资的；

（三）累计工作满1年不满10年的职工，请病假累计2个月以上的；

（四）累计工作满10年不满20年的职工，请病假累计3个月以上的；

（五）累计工作满20年以上的职工，请病假累计4个月以上的。

《企业职工带薪年休假实施办法》

第8条　职工已享受当年的年休假，年度内又出现条例第四条第（二）、（三）、（四）、（五）项规定情形之一的，不享受下一年度的年休假。

2. 用人单位已安排劳动者休完年休假

用人单位提供劳动者的休年休假申请单、安排劳动者休年休假的通知等证据，且证明劳动者确于上述日期未出勤，可达到证明目的。但需注意是否能证明已“休满”全部法定年休假与公司自定的福利年休假。虽有很多法院认定劳动者先休法定年休假的案例，但劳动者未“休满”全部法定与公司自定的福利年休假的情况下，用人单位没有确切证据说明劳动者先休的部分包含法定年休假，仲裁委和法院也有可能会认定先休的是福利年休假。如劳动者有相应证据如公司规章制度规定、请批假记录等证明其先休了福利假而导致法定年休假未休满，则公司就必须支付劳动者未休满法定年休假的工资差额。

3. 劳动者本人放弃休年休假

因年休假为法律赋予劳动者的权利，基于民事权利人可以放弃行使自己的权利的原则，故而，用人单位可以举证其安排劳动者休年休假，但劳动者因本人原因书面提出不休年休假的，用人单位也不需支付应休未休年休假的工资差额。

注意，如果说明中仅能体现劳动者要求更换年休假时间而非放弃年休假权利的，也不能免除用人单位的责任。

法条链接：

《企业职工带薪年休假实施办法》

……

第10条 用人单位安排职工休年休假，但是职工因本人原因且书面提出不休年休假的，用人单位可以只支付其正常工作期间的工资收入。

4. 劳动者的申请已过仲裁时效

用人单位可以举证证明劳动者的年休假工资差额申请已超过仲裁时效，这方面的证据有离职证明、公司内部年休假计算规定、劳动者考勤记录、请假条或年休假安排记录等。

需注意，公司内部年休假计算规定用于证明仲裁时效时仅可用于说明劳动者已休的年休假是哪一年应休的，或者劳动者已休的年休假中是否包含法定年休假之外的公司福利假，以及用本公司年休假有跨年安排部分来抗辩第2年年末之前即申请仲裁的劳动者。但不可用“年休假当年不休作废”等规定为由否定劳动者对未休年休假工资的主张，相反，如果劳动者掌握了其要求休上一年度未休的年休假被拒绝，反而可以在第2年就对上一年度未休年休假工资提起仲裁。由于法律规定安排年休假是用人单位的义务，且年休假可以跨年安排，因此,除非劳动者书面承认其放弃年休假权利,否则在法定的仲裁时效之内都有权主张未休年休假工资。

总体来说,如果确实存在超过仲裁时效的情况,该项举证难度不高,但具体如何认定仲裁时效有各种算法,因此还需特别注意。

主流观点认为,应休未休年休假工资差额适用《劳动争议调解仲裁法》第27条第1款的规定,只有1年的仲裁时效。超过仲裁时效的应休未休年休假工资差额,仲裁机构及人民法院不予支持。但关于应休未休年休假工资差额的仲裁时效的起算日期,实践中有不同意见。

根据案例等可看出,上海市、长三角"三省一市"、广州市等地普遍认为,因年休假一般按照年度安排,所以应当从当年度的最后一日的次日,即第2年的1月1日开始计算。

其中,上海市及整个长三角"三省一市"还明确仲裁口径,对于年休假跨年度安排的,顺延至下一年的1月1日起计算。

而北京市和深圳市的裁判口径则认为:考虑年休假可以集中、分段和跨年度安排的特点,故劳动者每年未休带薪年休假应获得年休假工资报酬的时间直接从第2年的12月31日(深圳市是第2年的1月1日)起算。对比上海市等地区,这一规定使劳动者不需要举证证明用人单位系跨年度安排年休假,即可在从应休年休假的年度起算第3年的12月30日(深圳市是12月31日)之前提起对该年度未休年休假工资的仲裁申请而不会超过仲裁时效。

以上地区同时认为,劳动关系已经解除或终止的,当年度未休年休假工资差额的仲裁时效从劳动关系解除或终止之日(在单位提出解除的情况下,此时间为劳动者知道或应当知道劳动关系解除或终止之日)起计算。

举例说明:

王某2015年1月入职后从来没有休过法定年休假,2018年6月,如果王某在未与甲公司解除劳动关系的情况下,向劳动仲裁委提起仲裁申请要求甲公司支付未休年休假工资差额:

（1）在广州地区，王某至少可以要求甲公司支付2017年一整年的未休年休假工资差额，如果查明甲公司系跨年安排年休假，那么也可尝试要求支付2016年一整年的未休年休假工资差额。

（2）在长三角"三省一市"，王某可以要求甲公司支付2017年一整年的未休年休假工资差额，如果查明甲公司系跨年安排年休假，则可以要求支付2016年一整年的未休年休假工资差额。

（3）在北京市和深圳市，王某可以要求甲公司支付2016年一整年的未休年休假工资差额。

如果2018年6月30日，王某与甲公司解除劳动关系，2018年8月向劳动仲裁委提起仲裁申请要求甲公司支付未休年休假工资差额：

（1）在广州地区，王某至少可以要求甲公司支付2017年一整年及2018年按照工作时间折算后的年休假工资差额，如果查明甲公司系跨年安排年休假，那么也可尝试要求支付2016年一整年的未休年休假工资差额。

（2）在长三角"三省一市"，王某可以要求甲公司支付2017年一整年及2018年按照工作时间折算后的年休假工资差额。如果查明甲公司系跨年安排年休假，则可以要求支付2016年一整年、2017年一整年、2018年按照工作时间折算的未休年休假工资差额。

（3）在北京市和深圳市，王某可以要求甲公司支付2016年一整年、2017年一整年、2018年按照工作时间折算的未休年休假工资差额。

如果2018年6月30日，王某与甲公司解除劳动关系，2019年3月向劳动仲裁委提起仲裁申请要求甲公司支付未休年休假工资差额：

（1）在广州地区，王某可以要求甲公司支付2018年按照工作时间折算后的年休假工资差额。

（2）在长三角"三省一市"，王某可以要求甲公司支付2018年按照工作时间折算后的年休假工资差额。如果查明甲公司系跨年安排年休假，则可以要求支付2017年一整年、2018年按照工作时间折算的未休年休假工资差额。

(3)在北京市和深圳市,王某可以要求甲公司支付2017年一整年、2018年按照工作时间折算的未休年休假工资差额。

2019年7月1日起,如果王某没有证据证明存在仲裁时效中断事由,其所有对甲公司要求支付未休年休假工资差额的请求权都已过仲裁时效。

实践中,由于大量存在已休部分年休假但无法明确是哪一个年度的年休假的情况,使案情更加复杂,因此,具体到个案劳动者申请的年休假工资差额可以得到多长时间的仲裁时效,以及多长时间的年休假工资差额可得到支持,必须根据当地的规定和具体案件情况来分析。

法条链接:

《劳动争议调解仲裁法》

第27条第1款、第2款　劳动争议申请仲裁的时效期间为一年。仲裁时效期间从当事人知道或者应当知道其权利被侵害之日起计算。

前款规定的仲裁时效,因当事人一方向对方当事人主张权利,或者向有关部门请求权利救济,或者对方当事人同意履行义务而中断。从中断时起,仲裁时效期间重新计算。

《深圳市中级人民法院关于审理劳动争议案件的裁判指引》

111.未休年休假工资的申请劳动仲裁时效期间应从第三个年度的1月1日当天开始计算。但双方劳动合同解除或终止的,应从劳动合同解除或终止之日起计算。

《长三角区域“三省一市”劳动人事争议疑难问题审理意见研讨会纪要》

一、劳动者与用人单位就未休年休假工资报酬发生争议,请求权的时效以及起算点的认定。

支付劳动者未休年休假工资报酬系用人单位应当履行的法定补偿义务。劳动者要求用人单位支付未休年休假工资的请求,符合《中华人民共和国劳动争议调解仲裁法》第二条规定的受案范围,劳动人事争议仲裁委员会应当予以受理。该请求权时效应按照《中华人民共和国劳动争议调解仲裁法》第二十七条第一款之规定，从应休年休假年度次年的1月1日起计算；确因生产、工作需要，经劳动者同意，用人单位跨年度安排劳动者休年休假的，请求权时效顺延至下一年度的1月1日起计算；劳动关系已经解除或者终止的，从劳动关系解除或者终止之日起计算。

《北京市高级人民法院、北京市劳动人事争议仲裁委员会关于审理劳动争议案件法律适用问题的解答》

19. 劳动者要求用人单位支付未休带薪年休假工资的，如何处理？

对劳动者应休未休的年休假天数，单位应当按照该职工日工资收入的300%支付年休假工资报酬。劳动者要求用人单位支付其未休带薪年休假工资中法定补偿（200%福利部分）诉请的仲裁时效期间应适用《劳动争议调解仲裁法》第二十七条第一款规定，即劳动争议申请仲裁的时效期间为一年。仲裁时效期间从当事人知道或者应当知道其权利被侵害之日起计算。考虑年休假可以集中、分段和跨年度安排的特点，故劳动者每年未休带薪年休假应获得年休假工资报酬的时间从第二年的12月31日起算。

第五章

劳动争议常见具体诉求之四：二倍工资

二倍工资是由《劳动合同法》第82条首次确立的针对用人单位的具有惩罚性质的规定。主要分为两种情况：未与劳动者订立书面劳动合同及不与劳动者签订无固定期限劳动合同。在出现两种情况之一时，劳动者可以向用人单位从应当签订书面劳动合同或无固定期限劳动合同之日起主张相当于本人每月工资的赔偿，即二倍工资（原工资已正常发放的情况下，所谓二倍工资中已经支付了一倍，所以只需要再支付一倍工资）。其中未签订书面劳动合同的，劳动者可主张的双倍工资最长不超过11个月，未签订无固定期限劳动合同的，最长不超过12个月。

◇ 法条链接：

《劳动合同法》

第82条　用人单位自用工之日起超过一个月不满一年未与劳动者订立书面劳动合同的，应当向劳动者每月支付二倍的工资。

用人单位违反本法规定不与劳动者订立无固定期限劳动合同的，自应当订立无固定期限劳动合同之日起向劳动者每月支付二倍的工资。

第一节 二倍工资之未与劳动者订立书面劳动合同

根据法律、法规，用人单位自用工之日起超过 1 个月不满 1 年未与劳动者订立书面劳动合同的，应当向劳动者每月支付二倍的工资，即在正常发放的工资之外，额外发放一倍工资。这项规定清晰明确，没有什么附加条件，在实践中，未签订书面劳动合同的二倍工资也是劳动者最易完成举证、获得支持，且争议最少的一项诉请。

下文结合法条法理和各地裁判口径简单阐述在本类争议中劳动者和用人单位双方的举证责任、申请与答辩、质证与辩论等程序中的要点。

一、劳动者举证责任

1. 存在劳动关系

双方存在劳动关系是主张未签订书面劳动合同的二倍工资的必要前提，劳动者向用人单位主张二倍工资，必须先完成对劳动关系存在的举证责任。

书面劳动合同是建立劳动关系的最直接的证明，若没有劳动合同，劳动者在追讨工资、加班费等情形下就难以证明双方建立了劳动关系，尤其难以证明约定工资、福利及合同期限。这也是为何国家要从法律层面强制要求用人单位签订书面劳动合同，并对未签订书面劳动合同的单位作出惩罚。

在没有书面劳动合同的情况下，劳动者还可以通过工资发放记录（银行转账记录、工资发放或签收单）、工作服或工作证、出勤或考勤记录、工作汇报记录（如邮件、微信等）、证人证言或视听资料等证据来证明劳动关系的存在。劳动者有初步证据证明工资支付记录、社保缴费记录、考勤记录等证据由用人单位保管的，由用人单位负举证责任。（具体参见实体篇第一章第十二节）

同时需要注意，由于非全日制用工的劳动关系并不要求必须签订书面劳动合同,相应地也就不存在未签订书面劳动合同的二倍工资。

2. 劳动者已实际工作超过 1 个月

劳动者需举证证明自己已实际工作满 1 个月,用人单位仍未与之签订书面劳动合同。通常需要的证据为工资发放记录(银行转账记录、工资发放或签收单)、社保缴纳记录、出勤或考勤记录、工作汇报记录(如邮件、微信等)、证人证言或视听资料等。

法条链接:

《劳动和社会保障部关于确立劳动关系有关事项的通知》

一、用人单位招用劳动者未订立书面劳动合同,但同时具备下列情形的,劳动关系成立。

(一)用人单位和劳动者符合法律、法规规定的主体资格;

(二)用人单位依法制定的各项劳动规章制度适用于劳动者,劳动者受用人单位的劳动管理,从事用人单位安排的有报酬的劳动;

(三)劳动者提供的劳动是用人单位业务的组成部分。

二、用人单位未与劳动者签订劳动合同,认定双方存在劳动关系时可参照下列凭证:

(一)工资支付凭证或记录(职工工资发放花名册)、缴纳各项社会保险费的记录;

(二)用人单位向劳动者发放的"工作证"、"服务证"等能够证明身份的证件;

(三)劳动者填写的用人单位招工招聘"登记表"、"报名表"等招用记录;

(四)考勤记录;

(五)其他劳动者的证言等。

其中,(一)、(三)、(四)项的有关凭证由用人单位负举证责任。

二、用人单位举证责任

与劳动者需要同时证明存在劳动关系（全日制）与已经工作超过1个月相比，用人单位只需要否定其中一点，或者证明劳动者的诉求已经超过诉讼时效、未签订劳动合同系客观原因或劳动者自身原因等即可。

1. 双方并不存在劳动关系

用人单位可举证证明双方仅为劳务关系，或劳务派遣或外包关系。证据包括劳务合同（必须是从合同内容到实际履行都符合劳务关系的特征，而不是仅名称为劳务合同实际内容仍然符合劳动关系特征）、劳务派遣协议及名单、承包协议，对方工作内容和方式，报酬发放的方式证明等。

2. 双方是非全日制劳动关系

非全日制用工，是指以小时计酬为主，劳动者在同一用人单位一般平均每日工作时间不超过4小时，每周工作时间累计不超过24小时的用工形式。

根据《劳动合同法》第69条的规定，非全日制劳动关系下，用人单位可以不与劳动者订立书面劳动合同。因而，此种劳动关系下，劳动者不能以用人单位未签订书面劳动合同为由要求支付二倍工资。

用人单位需要以非全日制劳动合同、考勤记录、劳动者自认其工作时长符合非全日制条件的书面记录或电子、影音记录、最长15日之内结一次工资的记录、证人证言等证明双方属非全日制劳动关系，上述证据系根据证明力大小排序，可以互相结合印证。

3. 双方已在实际用工之日起1个月内签订了劳动合同

用人单位如能举证证明双方已经在用工之日起1个月内签订了书面劳动合同，自然就不用支付二倍工资。其中，也包括双方签订了以“劳务”或“聘用”等名义签订的内容中除部分排除用人单位责任的条款外实质上符合劳动合同的要件（用人方和劳动者信息、劳动岗位、工作内容、报酬等内容）的书面合同。用人单位往往以此证明双方不属于劳动关系，法院或仲裁委经过实际审查后如认定双方属劳动关系，会对该抗辩理由不予采纳，但仍可认定该合同实质上属劳动合同而不支持劳动者要求用人单位支付二倍工资的主张。

但实践中还存在用人单位与劳动者在用工之日起1个月后补签或倒签劳动合同的情况,这样是否可以免除用人单位支付二倍工资的法定责任?

此处的补签指虽然写明了劳动关系实际建立之日,但劳动合同的签订日期为实际签订劳动合同之日的行为,倒签指直接将劳动合同的签订日期前移至实际签订日之前的行为,通常,倒签合同会将劳动合同的签订日期签至法定应签书面劳动合同的期限内,即建立劳动关系之后的1个月内。实践中存在两种不同的观点。

第一种观点:补签或倒签劳动合同的,单位仍应从实际未签订劳动合同之日起承担支付双倍工资的法律责任。

《劳动合同法》第82条规定就是为了规制超过1个月不与劳动者签订书面劳动合同的行为,事后的补签或者倒签不能抹杀未及时签订劳动合同的事实。而且,无论劳动合同的效力期限是否及于之前未签署合同的期间,只要未及时签订劳动合同,都应当落入《劳动合同法》第82条的适用范围,就应当针对未及时签订劳动合同的期间支付双倍工资。

从法理上说,劳动者与用人单位约定补签或倒签的劳动合同期限自实际用工之日起生效的意思表示,是一般民事法律关系中意思自治原则的体现,但劳动法律关系需要遵照劳动行政管理的严格管制,按照特别法优于普通法的法律原则,应该严格依照《劳动合同法》适用,即只要存在未及时签订劳动合同的事实行为,无论事后如何补救,也无论当时劳动者是否同意补签或者倒签,都应当承担支付双倍工资的法律责任。

目前,上海、浙江等地区的主流观点即为此类。但是,需要特别注意:与补签合同不同,倒签劳动合同在表面上看起来即为正常在法定期限内签订的劳动合同,实践中很难证明该劳动合同系在超出法定期限的时间倒签的,除非劳动者手中有签订日期为实际签订日期的另一份合同。

☞ 案例参考22：上海地区认同第一种观点，即补签合同不能免除用人单位责任。

陈某于2014年4月8日进入某纸业公司工作,双方于2014年12月9日签订了期限自2014年4月8日至2017年4月30日的劳动合同,该合同约定陈某月薪资总额为税前人民币50,000元。2015年5月26日,陈某向上海市浦东新区劳动人事争议仲裁委员会提出仲裁,要求某纸业公司支付2014年5月8日至2014年12月8日未签订劳动合同双倍工资差额人民币350,000元。该仲裁委员会裁决对陈某请求不予支持。陈某不服该裁决,以相同请求诉至上海市浦东新区人民法院。

一审法院认为,根据法律规定,建立劳动关系,应当订立书面劳动合同。用人单位自用工之日起超过1个月不满1年未与劳动者订立书面劳动合同的,应当向劳动者每月支付二倍的工资。本案中,陈某与某纸业公司于2014年4月8日建立劳动关系,某纸业公司理应在1个月之内与陈某签订书面劳动合同。现双方虽于2014年12月9日补签了劳动合同,然而,某纸业公司对此并未提供证据证明其有合理的理由导致劳动合同未在法律规定的期限内签订以至于后来予以补签,因此该补签劳动合同的行为并不能弥补某纸业公司违反法律规定的事实以及应承担的法律责任,某纸业公司应当按规定支付陈某未签订劳动合同双倍工资差额。经核算,某纸业公司应支付陈某2014年5月27日至2014年12月8日未签订劳动合同双倍工资差额322,134元。某纸业公司不服上诉至上海市第一中级人民法院。

二审法院认为,陈某与某纸业公司自2014年4月8日建立劳动关系,某纸业公司依法应当于1个月内与陈某签订书面劳动合同,但双方实际系于2014年12月9日签订劳动合同。某纸业公司主张双方未及时签订劳动合同的原因在于陈某,但未提供任何证据予以证明,法院难以认定。至于陈某个人的知识层次状况,以及某纸业公司正常履行了劳动关系项下支付工资及缴纳社保的义务,并不能直接得出某纸业公司不具备拒签劳动合同的恶意的结论,某纸业公司不能据此免除承担未签劳动合同的相应责任。因此,某纸业公司的上诉请求,缺乏事实依据,法院不予支持。原审根据查明事实所作判决正确,应予维持。①

☞ 案例参考23:浙江省地区支持第一种观点,即补签或倒签劳动合同不能免除用人单位责任。

曾某于2017年8月23日入职A公司。2017年12月6日,曾某与A公司签订书面劳动合同,约定曾某从事搬运工,合同期限为2017年11月1日至2018年10月31日,月工资为3000元。2019年1月5日,曾某与A公司再次签订书面劳动合同,约定期限自2018年11月1日至2019年10月31日止,月工资为3000元。2019年10月27日,曾某向A公司发出解除劳动关系通知书,以A公司未及时签订劳动合同,未依法缴纳2017年8月至11月社保,非法延长工作时间,克扣工资,未支付加班费等为由要求解除劳动关系。2019年10月29日,A公司签收。2019年10月31日,曾某向杭州市萧山区劳动人事争议仲裁委员会申请劳动仲裁。

原审法院认为,关于未签订书面劳动合同双倍工资差额,曾某与A公司第一份劳动合同于2018年10月31日到期,第二份劳动合同书虽然约定的工作期限为2018年11月1日起,然该合同签订时间实际上为2019年1月5日,参照《浙江省高级人民法院民一庭关于审理劳动争议纠纷案件若干疑难问题的解答》第2条规定:用人单位超过1个月未与劳动者签订书面劳动合同,后在1年内又与劳动者补订了劳动合同,用人单位应向劳动者支付用工之日起满1个月的次日至补签劳动合同的前一日的二倍工资。故本案中,A公司应支付曾某2018年12月1日起至2019年1月4日止的双倍工资差额。双倍工资应按基本工资计算,曾某的月基本工资为3000元,故上述期间的双倍工资差额为

① 上海市第一中级人民法院民事判决书,(2015)沪一中民三(民)终字第2408号。

3551.72 元(3000 元 +3000 元 ÷21.75 天 ×4 天)。二审法院维持原判。[①]

◈ 法条链接：

《劳动合同法实施条例》

第 6 条　用人单位自用工之日起超过一个月不满一年未与劳动者订立书面劳动合同的,应当依照劳动合同法第八十二条的规定向劳动者每月支付两倍的工资,并与劳动者补订书面劳动合同;劳动者不与用人单位订立书面劳动合同的,用人单位应当书面通知劳动者终止劳动关系,并依照劳动合同法第四十七条的规定支付经济补偿。

前款规定的用人单位向劳动者每月支付两倍工资的起算时间为用工之日起满一个月的次日,截止时间为补订书面劳动合同的前一日。

《浙江省高级人民法院民一庭关于审理劳动争议纠纷案件若干疑难问题的解答》

2. 用人单位超过一个月未与劳动者订立书面劳动合同,但在一年内又补订了劳动合同的,是否应该向劳动者支付二倍工资?

用人单位超过一个月未与劳动者签订书面劳动合同,后在一年内又与劳动者补订了劳动合同,用人单位应向劳动者支付用工之日起满一个月的次日至补订劳动合同的前一日期间的二倍工资。实际补订日期,应根据补订的劳动合同落款日期及其他情形综合认定。

第二种观点:倒签劳动合同应视为劳动者处置自身合法权益的行为,单位不需要针对补签或倒签的劳动合同中已覆盖的期间向劳动者支付二倍工资。

《劳动合同法》第 82 条是为了规制明确、稳定的劳动关系状态。补签或倒签的劳动合同可能仍存在没有覆盖事实劳动关系期间的情况,这种情况损害了

① 浙江省杭州市中级人民法院民事判决书,(2021)浙 01 民终 406 号。

劳动者利益,应当承担向劳动者支付双倍工资的责任。但若补签或倒签的劳动合同期间完全覆盖了事实劳动关系期间,且用人单位也不存在拖欠劳动者工资、不缴纳社会保险等侵犯劳动者合同法权益等情形,没有因未及时签订劳动合同而给劳动者造成任何不利后果和影响,就不应适用《劳动合同法》第82条的规定。

从法理上说,劳动者与用人单位在补签或倒签劳动合同时已同意将劳动合同的期间溯及于之前的事实劳动关系,如果劳动者再主张此前没有签订劳动合同,这是完全矛盾的,按照民事诉讼法的禁止反言原则,也不应得到法庭支持。用人单位与劳动者之间补签或倒签的劳动合同合同效力已经及于实际用工之日,因此,不适用《劳动合同法》第82条双倍工资的规定。

目前,北京、深圳等地都有参考性文件体现上述地区的劳动仲裁和司法机关认可第二种观点,广东省其他地区也较多认可第二种观点。

☞ 案例参考24：北京地区认可第二种观点，即倒签合同视为劳动者放弃二倍工资请求。

曹某于2016年7月6日到某商贸公司工作,未签订书面劳动合同。2016年9月1日,双方签订了《劳动合同解除协议书》,约定双方的劳动合同自2016年8月30日解除;工资结算至2016年8月30日,公司为曹某补缴2016年7月、8月社保,支付经济补偿金2700元(1个月工资);达成本协议后,双方不存在任何因之前劳动关系存在而产生的一切经济纠纷,双方亦不可因此劳动关系再向对方主张任何权利。同时双方补签了《劳动合同书》,约定签订日期为2016年7月6日;合同为2年期限的劳动合同;合同于2016年7月6日生效,其中试用期至2016年7月6日止,合同于2016年9月5日终止;乙方月基本工资为2700元;合同还规定了其他条款。曹某在《劳动合同书》尾部签订日期2016年7月6日下面标注了办理离职时9月1日补签。

曹某于2016年9月2日向北京市昌平区劳动人事争议仲裁委员会提出仲

裁申请，要求撤销双方签订的《劳动合同解除协议书》，要求某商贸公司按照其主张的标准支付工资及加班费，并支付违法解除劳动合同的经济赔偿金和未签订书面劳动合同的二倍工资。

2016年9月9日，某商贸公司向曹某支付《劳动合同解除协议书》中约定的工资及补偿金。

北京市昌平区劳动人事争议仲裁委员会裁决驳回曹某的仲裁请求，曹某不服诉至北京市昌平区人民法院。

一审法院认为，本案争议的焦点问题是曹某与某商贸公司之间签订的《劳动合同解除协议书》和补签的《劳动合同书》是否为双方真实意思表示，是否存在胁迫、乘人之危的情况。曹某作为完全民事行为能力人，对一般的民事法律行为有认知能力；双方签订《劳动合同解除协议书》和补签的《劳动合同书》时，在场人员仅曹某和某商贸公司的人力资源管理人员两人在场，某商贸公司的人力资源管理人员未持刀具等危险物品对曹某进行威胁；曹某签字时也不存在醉酒等不清醒状态的情形；故此，曹某与某商贸公司之间签订的《劳动合同解除协议书》和补签的《劳动合同书》是双方当事人真实意思表示，《劳动合同解除协议书》和《劳动合同书》有效。

关于曹某要求某商贸公司支付未签订书面劳动合同二倍工资差额1231.1元，用人单位与劳动者在签订劳动合同时将日期补签到实际用工之日，视为用人单位与劳动者达成合意，劳动者主张二倍工资可不予支持，据此，法院对于曹某的该项诉讼请求不予支持。

曹某与某商贸公司签订了《劳动合同解除协议书》，说明双方已协商一致解除劳动关系，曹某要求某商贸公司支付违法解除劳动合同赔偿金及劳动争议期间的工资，没有依据，法院不予支持。鉴于双方在《劳动合同解除协议书》中约定达成协议后双方不再向对方主张任何权利，应当视为双方均放弃了该协议约定之外的其他权利，现曹某要求某商贸公司支付未签订书面劳动合同二倍工资差额、加班工资，缺乏依据，法院不予支持。

曹某不服一审判决上诉至北京市第一中级人民法院，二审维持原判。①

☞ 案例参考25：广东地区认可第二种观点，即补签合同覆盖实际履行期间的，单位无须支付二倍工资。

姚某于2016年3月1日入职维修公司，从事汽车钣金高级技工工作，每月领取的固定工资为7000元。姚某因交通事故受伤，于2016年10月1日至2017年2月3日没有在公司上班。2017年2月4日，姚某重新回到维修公司上班，一直工作至2017年7月5日。

姚某作为申请人向佛山市南海区劳动人事争议调解仲裁委员会申请仲裁，请求：(1)维修公司支付2017年7月工资6250元；(2)维修公司支付无故辞退申请人的经济补偿10,500元；(3)维修公司支付未签订劳动合同的工资112,000元；(4)维修公司归还申请人的毕业证和高级技工证。佛山市南海区劳动人事争议调解仲裁委员会作出佛南劳人仲案字(2017)1868号之非终局仲裁裁决，裁决如下：维修公司支付申请人2016年4月1日至2016年9月30日未签订劳动合同的二倍工资差额43,374.04元以及2017年2月4日至2017年2月28日未签订劳动合同的二倍工资差额5950元。维修公司不服上述非终局仲裁裁决提起诉讼，请求判令：(1)原告无须向姚某支付2016年4月1日至2016年9月30日未签订劳动合同的二倍工资差额43,374.04元及2017年2月4日至2017年2月28日未签订劳动合同的二倍工资差额5950元；(2)本案诉讼费由姚某承担。

二审法院认为，关于维修公司与姚某是否签订书面劳动合同，是否需要支付未签订劳动合同的二倍工资差额的问题。经查，一审法院向贺州市人民法院调取的《梦工厂汽车维修服务有限公司劳动合同》是双方当事人于2016年11月11日经双方通过微信聊天协商同意后补签的。一审庭审时姚某已确认该劳

① 北京市第一中级人民法院民事判决书，(2017)京01民终6615号。

动合同是其向贺州市人民法院所提交，维修公司也确认其真实性无异议，该证据真实性应予确认。双方的陈述表明虽然是因交通事故纠纷案件所需促成双方补充签订了该劳动合同，因该合同是在双方当事人经协商达成合意后双方签名、盖章，合同内容具备了劳动合同的主要必备条款，也没有违反法律的强制性规定，应认定双方已签订了书面劳动合同，且合法有效。该劳动合同中双方约定“合同期限为从2016年3月1日起到2017年3月1日止”，虽是在2016年11月11日倒签的，因双方均同意确认将已履行的事实劳动关系期间包含在合同之内，故该合同期限为2016年3月1日起至2017年3月1日止也应予确认。据此，姚某要求判决维修公司支付其自2016年4月1日至2016年9月30日未签订书面劳动合同的二倍工资差额43,374.04元以及2017年2月4日至2017年2月28日未签订书面劳动合同的二倍工资差额5950元缺乏事实和法律依据，原审法院不予支持正确，法院予以维持。①

◇ 法条链接：

《劳动和社会保障部关于确立劳动关系有关事项的通知》

一、用人单位招用劳动者未订立书面劳动合同，但同时具备下列情形的，劳动关系成立。

（一）用人单位和劳动者符合法律、法规规定的主体资格；

（二）用人单位依法制定的各项劳动规章制度适用于劳动者，劳动者受用人单位的劳动管理，从事用人单位安排的有报酬的劳动；

（三）劳动者提供的劳动是用人单位业务的组成部分。

……

三、用人单位招用劳动者符合第一条规定的情形的，用人单位应当与劳动者补签劳动合同，劳动合同期限由双方协商确定。协商不一致的，任何一方均

① 广东省佛山市中级人民法院民事判决书，(2018)粤06民终775号。

可提出终止劳动关系，但对符合签订无固定期限劳动合同条件的劳动者，如果劳动者提出订立无固定期限劳动合同，用人单位应当订立。

……

《北京市高级人民法院、北京市劳动争议仲裁委员会关于劳动争议案件法律适用问题研讨会会议纪要(二)》

29. 用人单位与劳动者补签劳动合同，劳动者主张未订立劳动合同二倍工资可否支持？

用人单位与劳动者建立劳动关系后，未依法自用工之日一个月内订立书面劳动合同，在劳动关系存续一定时间后，用人单位与劳动者在签订劳动合同时将日期补签到实际用工之日，视为用人单位与劳动者达成合意，劳动者主张二倍工资可不予支持，但劳动者有证据证明补签劳动合同并非其真实意思表示的除外。

用人单位与劳动者虽然补签劳动合同，但未补签到实际用工之日的，对实际用工之日与补签之日间相差的时间，依法扣除一个月订立书面劳动合同的宽限期，劳动者主张未订立劳动合同二倍工资的可以支持。

《深圳市中级人民法院关于审理劳动争议案件的裁判指引》

66. 用人单位未按照法定期限与劳动者签订书面劳动合同，即使后来双方签订了劳动合同，劳动者要求用人单位支付二倍工资至签订之日的，应予支持。但双方将劳动合同的签字日期倒签在法定期限之内或者双方约定的劳动合同期间包含了已经履行的事实劳动关系期间的，应视为双方自始签订了劳动合同，劳动者要求用人单位支付二倍工资的，不予支持。

《广州市劳动争议仲裁委员会、广州市中级人民法院关于劳动争议案件研讨会会议纪要》

26. 劳动合同期满后未续签的双倍工资问题，应分四种情形处理：

……

(4)用人单位与劳动者“倒签”劳动合同的，可视为劳动者确认劳动合同期限已经涵盖未签合同期间，属于劳动者的追认，用人单位无需支付“倒签”期间的双倍工资。

（虽然该条系针对“劳动合同期满后未续签”的情况，但仍有参考意义）

4. 劳动者的二倍工资主张全部或部分已经超过仲裁时效

根据《劳动争议调解仲裁法》第27条的规定，一般情况下，劳动争议案件的仲裁时效期间，从劳动者或者用人单位知道或者应当知道权利被侵害之日起计算1年期限。但是，针对拖欠劳动报酬的，劳动者可在劳动关系终止之日起计算1年期限的仲裁时效。

实践中，因为对二倍工资是否属于劳动报酬存在较大争议，因而对劳动者主张二倍工资的仲裁时效问题，各地实践也不相同。

注意：二倍工资中正常的一倍工资属于劳动报酬，实践中并无争议。若用人单位已实际履行了按约支付的行为，主张二倍工资时无须另行支付。存在争议的部分系二倍工资中惩罚性的额外一倍工资。

观点一：二倍工资均属于劳动报酬，是法定的特殊情况下的劳动报酬。因而，二倍工资的仲裁时效应自劳动关系终止之日起计算1年。这种观点实践中较为少见，但也有部分判例。

☞ 案例参考26：海南省部分地区认为二倍工资属于劳动报酬，适用劳动报酬的特殊仲裁时效。

王某于2014年9月1日入职某旅游公司，月工资为2万元，某旅游公司一直未与王某签订书面的劳动合同。2015年3月29日，王某因个人原因向某旅游公司提出辞职，同年4月30日，某旅游公司解除与王某的劳动关系。2016年2月5日，王某向海口市秀英区劳动争议仲裁委员会申请劳动仲裁，请求确认双方劳动关系并裁决某旅游公司向王某支付未签订书面劳动合同的二倍工资差额14万元及经济补偿金2万元等。海口市秀英区仲裁委未能在法定期限内作出仲裁裁决，于2016年4月18日作出秀英人仲告字（2016）第32号《案件逾期告知书》，王某于当日领取了该告知书，并于2016年4月27日向海口市秀英区人民法院提起诉讼。

一审法院支持其关于未签订劳动合同的二倍工资的主张，某旅游公司不服，认为其已经超过诉讼时效，上诉至海口市中级人民法院。

二审法院认为，王某主张的二倍工资差额应当认定属于法定的特定情况下的劳动报酬。同时，双方劳动关系已经终止，仲裁时效应当自劳动关系终止之日起计算1年。王某与某旅游公司于2015年4月30日解除劳动关系，王某申请仲裁的时效应从此时开始计算，至迟应在2016年4月29日前提出仲裁申请。王某于2016年2月5日向海口市秀英区劳动人事争议仲裁委员会申请仲裁，并没有超过1年的仲裁时效。经过劳动仲裁的前置程序后，王某于2016年4月27日向一审法院提起诉讼，也未超过诉讼时效的规定。①

观点二：二倍工资中加付的一倍工资不属于劳动报酬。其并非劳动者提供劳动所得的对价，而是《劳动合同法》为了规制用人单位不与劳动者签订书面劳动合同的一种惩罚性质的措施。这种观点目前较为普遍。

但即便认为二倍工资中加付的一倍工资不属于劳动报酬，在具体适用仲裁时效时，仍有3种不同观点：

（1）二倍工资中加付的一倍工资不属于劳动报酬，仲裁时效自用人单位应当支付劳动者二倍工资的最后一日开始计算1年。未签订书面劳动合同超过1年视为签订无固定期限劳动合同，因此不得主张未签订书面劳动合同1年后的二倍工资。

此种观点认为，因未签订书面劳动合同的违法行为处于持续状态，仲裁时效应当自违法状态消失之日开始计算。又因用人单位超过1年未与劳动者订立书面劳动合同的，视为与劳动者订立了无固定期限劳动合同。因此，二倍工

① 海南省海口市中级人民法院民事判决书，（2017）琼01民终823号。

资中加付的一倍工资的仲裁时效自用工之日起1年的最后一日开始计算；若用人单位1年内与劳动者订立书面劳动合同的，从订立书面劳动合同之日起开始计算。浙江省目前在参考文件中持此种观点。

◇ 法条链接：

《浙江省高级人民法院民一庭关于审理劳动争议纠纷案件若干疑难问题的解答》

3. 未订立书面劳动合同的，二倍工资的最长支付期限是多少？

依据《劳动合同法》第十四条第三款和《劳动合同法实施条例》第七条的规定，用人单位自用工之日起满一年未与劳动者订立书面劳动合同的，视为双方已订立无固定期限劳动合同。因此，未订立书面劳动合同情形下二倍工资的支付最长不超过11个月。劳动者请求用人单位支付一年届满后的二倍工资的，不予支持。

4. 二倍工资的仲裁时效应该如何理解？

《劳动合同法》第八十二条所称的"二倍工资"中加付的一倍工资并不属于劳动报酬，劳动者申请仲裁的时效为一年。用人单位自用工之日起超过一个月未与劳动者订立书面劳动合同，劳动者要求用人单位支付二倍工资的，仲裁时效应从用人单位与其补订劳动合同之日或者视为双方已订立无固定期限劳动合同之日起计算。

《浙江省高级人民法院民事审判第一庭、浙江省劳动人事争议仲裁院关于审理劳动争议案件若干问题的解答(二)》

6. 用人单位违反法律规定超过一年未与劳动者签订书面劳动合同或者签订无固定期限劳动合同，在仲裁时效内，劳动者主张二倍工资的，应否全额支持？

答：依据《劳动合同法》第十四条第三款和《劳动合同法实施条例》第七条的规定，用人单位自用工之日起满一年未与劳动者订立书面劳动合同的，视为双方已订立无固定期限劳动合同。因此,未订立书面劳动合同情形下二倍工资的最长支付期限为11个月。

劳动者依据《劳动合同法》第十四条的规定提出订立无固定期限劳动合同,用人单位违反规定未与劳动者订立无固定期限劳动合同的,二倍工资的最长支付期限为11个月。

劳动者有关支付最长11个月二倍工资的诉请符合相关法律规定,且最后一个月的二倍工资请求未超过仲裁时效的,应予全额支持。

(2)二倍工资中加付的一倍工资不属于劳动报酬,自事实劳动关系建立满1个月的次日起计算,逐月计算1年的仲裁时效,最长支持11个月,未签订劳动合同一年后视为签订无固定期限劳动合同,不得主张二倍工资。

北京市、上海市及其他大部分地区目前都持此种观点,但部分地区是从应支付工资的发薪日而非计薪日起算,由于大部分用人单位在计薪月份的次月甚至次月中下旬发薪,这样的计算方法差异可能导致劳动者可主张的二倍工资月份变动1到2个月。

举例:小王2017年4月1日入职甲公司,但双方一直未签订书面劳动合同。2018年9月1日小王提起二倍工资的仲裁请求。

按照发薪日为次月1日,且按发薪日起算仲裁时效的算法,小王可以主张二倍工资的起算日期应当为2017年5月1日,截至2018年3月31日。小王2017年5月对应的二倍工资的仲裁时效截至2018年6月1日,2017年6月对应的二倍工资的仲裁时效截至2018年7月1日,以此类推,因为小王是2018年9月1日提起二倍工资的主张,因此小王仍处在仲裁时效中的只有2017年8月至2018年3月这几个月。

如果按照从计薪月本身起算的算法,则小王主张二倍工资能被支持的只有2017年9月至2018年3月的部分。

需要注意的是,如果双方在建立劳动关系1个月后1年内签订了劳动合同,则可主张二倍工资的月份截至签订劳动合同之前,这些二倍工资的时效逐月计算各1年。

举例:如果双方在2018年2月签订了劳动合同,则小王仍然可以主张2017年10月到2018年2月的双倍工资。如果双方在2017年9月签订了劳动合同,那么小王要求甲公司支付二倍工资的请求就已经全部超过仲裁时效。

◈ 法条链接:

《北京市高级人民法院、北京市劳动争议仲裁委员会关于劳动争议案件法律适用问题研讨会会议纪要(二)》

28.《劳动合同法》第八十二条“二倍工资”的认定与起止时间、计算方法?

(1)依据《劳动合同法》第十条、第八十二条第一款规定,用人单位自用工之日起超过一个月不满一年未与劳动者订立书面劳动合同的,自用工之日满一个月的次日起开始计算二倍工资,截止点为双方订立书面劳动合同的前一日,最长不超过十一个月。

(2)用人单位因违反《劳动合同法》第十四条第三款规定,自用工之日满一年不与劳动者订立书面劳动合同,视为用人单位与劳动者已订立无固定期限劳动合同的情况下,劳动者可以向仲裁委、法院主张确认其与用人单位之间属于无固定期限劳动合同关系。在此情况下,劳动者同时主张用人单位支付用工之日满一年后的二倍工资的不予支持。

(3)如果劳动合同期满后,劳动者仍在用人单位工作,用人单位未与劳动者订立书面劳动合同的,计算二倍工资的起算点为自劳动合同期满的次日,截止点为双方补订书面劳动合同的前一日,最长不超过十二个月。

(4)用人单位违反《劳动合同法》第十四条第二款、第八十二条第二款规定,不与劳动者订立无固定期劳动合同的,二倍工资自应订立无固定期限劳动合同之日起算,截止点为双方实际订立无固定期限劳动合同的前一日。

(5)二倍工资中属于劳动者正常工作时间劳动报酬的部分,适用《调解仲裁法》二十七条第四款的规定；增加一倍的工资属于惩罚性赔偿的部分，不属于劳动报酬，适用《调解仲裁法》二十七条第一款的规定，即一年的仲裁时效。

二倍工资适用时效的计算方法为：在劳动者主张二倍工资时，因未签劳动合同行为处于持续状态，故时效可从其主张权利之日起向前计算一年，据此实际给付的二倍工资不超过十二个月，二倍工资按未订立劳动合同所对应时间用人单位应当正常支付的工资为标准计算。

《上海市高级人民法院关于劳动争议若干问题的解答》

一、关于双倍工资的几个问题

1. 关于双倍工资的性质

我们认为，《劳动合同法》第 82 条第 1 款规定“用人单位自用工之日起超过一个月不满一年未与劳动者订立书面劳动合同的，应向劳动者每月支付二倍的工资”，从该条规定的立法本意分析，双倍工资的性质并非完全是劳动者提供正常劳动所获得的一种劳动报酬，其超出双方约定的劳动报酬的部分是因用人单位未按法律规定与劳动者签订书面劳动合同而应承担的法定责任。

2. 关于双倍工资的时效问题

我们认为，鉴于双倍工资的上述性质，双倍工资中属于双方约定的劳动报酬的部分，劳动者申请仲裁的时效应适用《劳动争议调解仲裁法》第 27 条第 2 至第 4 款的规定，而对双方约定的劳动报酬以外属于法定责任的部分，劳动者申请仲裁的时效应适应《劳动争议调解仲裁法》第 27 条第 1 款至第 3 款的规定，即从未签订书面劳动合同的第二个月起按月分别计算仲裁时效。

(3)还有部分地区同样认为二倍工资差额与视为签订无固定期限劳动合同不能同时主张，但认为由于“视为签订无固定期限劳动合同”相较于二倍工资”而言后果太轻，不符合违法行为情节越严重处罚越重的原则，因此，对于持续的未签订劳动合同的行为，劳动者可以自由选择主张其一。故二倍工资差额的诉讼时效可以从劳动者主张权利之日起倒推 1 年，未签订书面劳动合同的可主张最长不超过 11 个月，未签订无固定期限劳动合同的可主张最长不超过 12 个月。这样的认定也有其道理，但会使劳动者和用人单位的权利和义务存在不确定性，因此，较为少见。

5. 在某些地区，客观原因造成无法签订书面劳动合同及劳动者本人拒签劳动合同也可免除用人单位支付二倍工资的责任

从字面理解，《劳动合同法》第 82 条规定，只要在实际用工之日起实际超过 1 个月没有签订书面劳动合同，就应当由用人单位向劳动者支付二倍工资。但是，若确有客观原因或劳动者本人拒签劳动合同，造成未能签订书面劳动合同的，是否仍支持二倍工资请求呢？实践中亦存在两种不同的观点。

第一种观点：劳动者本人拒签劳动合同应当承担相应的责任，但用人单位未依法解除劳动合同的，仍应当支付二倍工资。

此种观点认为，用人单位与劳动者签订书面劳动合同是双方共同的责任，双方没有签订书面劳动合同时，应当根据没有签订书面劳动合同的具体原因，判定各方应当承担何种法律责任。《劳动合同法实施条例》第 6 条规定，劳动者拒绝签订书面劳动合同，用人单位可以与其解除劳动合同并支付经济补偿。鉴于在劳动者与用人单位的关系中用人单位通常处于更强势的地位，若劳动者恶意拒签劳动合同，用人单位可以选择单方终止劳动合同；若用人单位不终止劳动合同而继续享受该劳动者付出的劳动的，依然应当承担支付二倍工资的责任。

☞ 案例参考 27：深圳地区认同第一种观点，即无论何种原因未签书面劳动合同，单位都应支付二倍工资。

彭某于 2017 年 3 月 15 日入职某保安公司，双方未签订书面劳动合同。2017 年 7 月 11 日，双方解除劳动合同后，彭某向深圳市龙华区劳动人事争议仲裁委员会提起劳动仲裁，要求某保安公司支付未签订劳动合同的双倍工资等。深圳市龙华区劳动人事争议仲裁委员会支持其部分请求，彭某不服诉至深

圳市宝安区人民法院。

法院认为,关于未签订劳动合同双倍工资差额。依据相关法律规定,用人单位自用工之日起超过1个月不满1年未与劳动者订立书面劳动合同的,应当向劳动者每月支付二倍的工资。虽庭审中被告方主张未签订劳动合同是由于劳动者拒签,但根据《劳动合同法实施条例》第5条,自用工之日起1个月内,经用人单位书面通知后,劳动者不与用人单位订立书面劳动合同的,用人单位应当书面通知劳动者终止劳动关系。本案中,用人单位在法定期间内未提出终止劳动关系,而是继续用工,在此情况下,应视为其放弃了终止劳动关系的权利,其仍应承担未签订书面劳动合同的法律责任,即支付劳动者未签订书面劳动合同的二倍工资差额。故法院认定被告仍应支付原告2017年4月15日至7月10日未签订劳动合同的双倍工资差额。①

☞ 案例参考28:从北京地区的判例可见其也认同第一种观点。

2013年4月1日,桂某与北京某信息技术公司签订《劳动合同书》,约定:劳动合同期限自2013年4月1日至2014年4月25日;担任人事经理岗位的工作;工资收入为4000元。后双方陆续续签劳动合同至2018年4月25日。

2018年4月25日劳动合同到期后公司未给桂某终止劳动合同,桂某仍在公司继续工作,双方未续签劳动合同。

2018年6月底,桂某收到公司于2018年6月24日作出的《劳动合同终止通知书》,载明:"因客观原因,公司决定提前解散并已于2018年1月进入清算程序,故特此通知您与本公司的劳动合同关系将于2018年6月30日终止。请您于2018年6月30日前办结移交工作,并退还所借公款和公物,办理相关离职手续……解聘理由:《劳动合同法》第44条第5款规定的情形。"2018年7月1日起,桂某未再到被告公司工作。

① 广东省深圳市宝安区人民法院民事判决书,(2017)粤0306民初25114号。

2018年7月9日，桂某申请劳动仲裁，请求事项之一为支付2018年4月26日至2018年6月30日未签订书面劳动合同双倍工资差额。

法院认为，原告虽为被告公司人事经理，但其无决策权，与公司职工是否续签劳动合同、续签几年等问题并非原告一人能够决定，原告与被告未续签劳动合同不应归责于被告，故对被告主张未续签劳动合同应由原告自行承担一节，法院不予采纳。《劳动合同法》第82条规定："用人单位自用工之日起超过一个月不满一年未与劳动者订立书面劳动合同的，应当向劳动者每月支付二倍的工资。"在2018年4月25日劳动合同到期后，被告未与原告终止劳动合同，原告仍继续在被告公司工作，被告理应与原告续签劳动合同，故对原告要求被告支付未签订劳动合同的双倍工资差额一节，法院予以支持。[①]

◈ 法条链接：

《深圳市中级人民法院关于审理劳动争议案件的裁判指引》

64.用人单位自用工之日起超过一个月不满一年未与劳动者签订书面劳动合同的，用人单位应自用工之日起满一个月的次日起支付二倍工资至双方签订书面劳动合同前一日时止。

劳动者拒绝与用人单位签订书面劳动合同，用人单位未按照《劳动合同法实施条例》第五条、第六条的规定书面通知劳动者终止劳动关系的，劳动者要求未签订书面劳动合同二倍工资的，应予支持。

劳动合同期满，劳动者继续在用人单位工作的，用人单位在劳动合同期满之日超过一个月不满一年未与劳动者签订劳动合同的，参照前两款的规定处理。

第二种观点：用人单位具有书面签订劳动合同的外在行为，且实际履行了

① 北京市石景山区人民法院民事判决书，(2021)京0107民再9号。

劳动合同义务，若劳动者本人拒签劳动合同，不应当再支持其二倍工资的请求。

此种观点认为，尽管《劳动合同法》没有规定劳动者恶意拒签劳动合同可以免除用人单位支付二倍工资的责任，但一概以书面劳动合同逾期未订立的事实状态为适用二倍工资支付责任的条件，不利于劳动关系的稳定。鉴于公平原则，为防范劳动者的道德风险，若用人单位确实具有书面订立劳动合同的外在行为，并且实际履行了劳动合同义务，可以排除用人单位二倍工资的支付责任。

☞ 案例参考29：以上海市为代表的长三角“三省一市”在全国范围内较为特殊地规定了因客观原因或劳动者本身原因导致单位不能签订书面劳动合同的，劳动者不应获得二倍工资。

方某于2013年4月10日进入某技术公司从事电工工作，双方未签订书面劳动合同。2013年11月15日，某技术公司以方某拒绝签订劳动合同为由口头终止劳动关系。方某最后工作至2013年11月15日。2013年11月19日，方某向上海市奉贤区劳动人事争议仲裁委员会申请仲裁，要求某技术公司支付2013年4月10日至2013年11月18日未签订劳动合同的双倍工资差额等。仲裁委员会裁决对其仲裁请求均不予支持。方某不服该仲裁裁决，遂诉至上海市奉贤区人民法院。上海市奉贤人民法院仅支持其部分经济补偿金诉请，驳回其要求某技术公司支付二倍工资差额的诉请，方某不服上诉至上海市第一中级人民法院。

法院认为，用人单位超过1个月未与劳动者订立书面劳动合同的，需要支付劳动者双倍工资，但应考虑用人单位是否履行了诚实磋商的义务。如用人单位已尽到诚信义务，不应承担向劳动者支付二倍工资的义务。本案中，方某认为某技术公司未与其签订劳动合同，但从某技术公司提供的三位证人证言均可以证明某技术公司曾多次向方某表示要与其签订书面劳动合同，方某均以其与原单位尚有劳动争议为由，拒绝与某技术公司签订书面劳动合同。再结合方某诉案外人某制纸（上海）有限公司劳动合同纠纷案也能相互印证，鉴于某技术公司已足额支付了方某在职期间的劳动报酬，故原审法院确认某技术公司已尽到了订立劳动合同的诚信磋商义务，双方未能签订书面劳动合同的责任在于方某。故方某要求某技术公司支付2013年4月10日至2013年11月18日未签订劳动合同的双倍工资差额27,200元的请求缺乏依据，法院不予支持。[①]

◈ 法条链接：

《上海市高级人民法院关于适用〈劳动合同法〉若干问题的意见》

2. 劳动关系双方当事人未订立书面合同的处理

劳动合同的订立和履行，应当遵循诚实信用原则。劳动者已经实际为用人单位工作，用人单位超过一个月未与劳动者订立书面合同的，是否需要双倍支付劳动者的工资，应当考虑用人单位是否履行诚实磋商的义务以及是否存在劳动者拒绝签订等情况。如用人单位已尽到诚信义务，因不可抗力、意外情况或者劳动者拒绝签订等用人单位以外的原因，造成劳动合同未签订的，不属于《中华人民共和国劳动合同法实施条例》（以下简称“《实施条例》”）第六条所称的用人单位“未与劳动者订立书面劳动合同”的情况；因用人单位原因造成未订立书面劳动合同的，用人单位应当依法向劳动者支付双倍工资；但因劳动者拒绝订立书面劳动合同并拒绝继续履行的，视为劳动者单方终止劳动合同。

劳动合同期满后，劳动者继续为用人单位提供劳动，用人单位未表示异议，但当事人未续订书面劳动合同的，当事人应及时补订书面劳动合同。如果用人单位已尽到诚实信用义务，而劳动者不与用人单位订立书面劳动合同的，用人单位可以书面通知劳动者终止劳动关系，并依照《劳动合同法》第四十七条规定支付经济补偿；如劳动者拒绝订立书面劳动合同并拒绝继续履行的，视为劳动者单方终止劳动合同，用人单位应当支付劳动者已实际工作期间的相应报酬，但无须支付经济补偿金。

---

① 上海市第一中级人民法院民事判决书，（2014）沪一中民三（民）终字第522号。

《长三角区域“三省一市”劳动人事争议疑难问题审理意见研讨会纪要》

三、因不可归责于用人单位的原因,用人单位超过一个月未与劳动者订立书面劳动合同,劳动者主张用人单位支付二倍工资的处理。

订立劳动合同系用人单位和劳动者的法定义务,对于用人单位有证据证明其已主动履行订立劳动合同义务,但劳动者拒绝订立劳动合同或者劳动者利用主管人事等职权故意不订立劳动合同,以及因其他客观原因导致用人单位无法及时与劳动者订立劳动合同的,劳动者因此主张用人单位支付二倍工资的,不予支持。

6. 部分地区对单位高管及人力资源工作人员等特殊人员未签订书面劳动合同,用人单位可提出抗辩

还有一种类似“劳动者个人原因”而未签订书面劳动合同的情况,就是劳动者本人是公司高管或处于对建立劳动关系或签订劳动合同有决定权或较强影响力的职位而未与单位签订书面劳动合同的情况。

(1)北京地区

北京地区的裁判口径倾向于法定代表人及单位可证明其职责包括管理订立劳动合同内容的高管(包括人事主管等)主张二倍工资不予支持,但除法定代表人之外的高管人员有证据证明其向单位提出签订书面劳动合同而被拒的,其主张二倍工资可予以支持。

法条链接:

《北京市高级人民法院、北京市劳动争议仲裁委员会关于劳动争议案件法律适用问题研讨会会议纪要(二)》

31. 用人单位法定代表人、高管人员、人事管理部门负责人或主管人员未与用人单位订立书面劳动合同并依据《劳动合同法》第八十二条规定向用人单位主张二倍工资的,应否支持?

用人单位法定代表人依据《劳动合同法》第八十二条规定向用人单位主张二倍工资的，一般不予支持。

用人单位高管人员依据《劳动合同法》第八十二条规定向用人单位主张二倍工资的，可予支持，但用人单位能够证明该高管人员职责范围包括管理订立劳动合同内容的除外。对有证据证明高管人员向用人单位提出签订劳动合同而被拒绝的，仍可支持高管人员的二倍工资请求。

用人单位的人事管理部门负责人或主管人员依据《劳动合同法》第八十二条规定向用人单位主张二倍工资的，如用人单位能够证明订立劳动合同属于该人事管理部门负责人的工作职责，可不予支持。有证据证明人事管理部门负责人或主管人员向用人单位提出签订劳动合同，而用人单位予以拒绝的除外。

(2)上海地区(及长三角三省)

上海地区及日渐向其看齐的长三角江浙皖三省裁判口径倾向于对已有聘书等可一定程度替代劳动合同注明劳动关系要件的文件的高管人员、职责中包含负责签订劳动合同且在用人单位已主动履行完成订立合同义务所需行为后，仍利用职权故意不订立劳动合同的主管人员，原则上不支持其二倍工资的主张。但需注意，两种情况都有条件，并非对高管劳动者提出的二倍工资主张一概不支持。

☞ 案例参考30：劳动者同时符合“作为高管”“有内容可替代劳动合同的聘书”“有人事主管职责而无主动向公司提出签订劳动合同被拒的证据”等条件，上海市法院不支持其要求支付二倍工资的主张。

2015年12月1日，王某入职某物流公司担任副总经理。2015年12月31日，某物流公司法定代表人向王某发送了附件为“上海副总经理聘用合同修订”的电子邮件，聘用合同约定合同期限自2015年12月1日至2016年12月31日，王某为某物流公司副总经理，月工资为25,000元，全面负责公司营运与市场营销工作，执行不定时工作制，在合同期内享受法定的各项休息的权利，如因特殊情况需酌情加班。2016 年 1 月 2 日，王某以电子邮件回复公司法定代表人，表示已看过，按照聘用合同执行。2016 年 11 月 30 日，王某离职。

2017 年 1 月 20 日，王某向上海市嘉定区劳动人事争议仲裁委员会申请仲裁，要求某物流公司支付未签订书面劳动合同二倍工资差额等，仲裁委对王某的请求事项不予支持。王某不服仲裁决定，诉至上海市嘉定区人民法院，上海市嘉定区人民法院驳回其诉请，王某不服上诉至上海市第二中级人民法院。

二审法院认为，王某于 2015 年 12 月 1 日进入某物流公司担任副总经理，虽双方未签订书面劳动合同，然某物流公司在 1 个月内已通过邮件形式向王某发送聘用合同，王某收到邮件后亦表示同意，且该邮件内容已符合劳动合同必备条款。王某系某物流公司高管，根据其自述显示也负责劳动合同签订等事务，王某亦未提供其在职期间要求某物流公司签订书面劳动合同的依据，故王某要求某物流公司支付未签订劳动合同双倍工资，法院不予支持。①

◇ 法条链接：

《江苏省高级人民法院、江苏省劳动人事争议仲裁委员会关于审理劳动人事争议案件的指导意见(二)》

第 6 条第 1 款　用人单位未与其高级管理人员签订书面劳动合同，但用人单位能够提供聘任决定或聘任书，证明双方存在劳动权利义务且已实际履行的，高级管理人员以未签订书面劳动合同为由请求用人单位每月支付二倍工资的，不予支持。

《长三角区域“三省一市”劳动人事争议疑难问题审理意见研讨会纪要》

三、因不可归责于用人单位的原因，用人单位超过一个月未与劳动者订立书面劳动合同，劳动者主张用人单位支付二倍工资的处理。

---

① 上海市第二中级人民法院民事判决书，(2018)沪 02 民终 158 号。

订立劳动合同系用人单位和劳动者的法定义务，对于用人单位有证据证明其已主动履行订立劳动合同义务，但劳动者拒绝订立劳动合同或者劳动者利用主管人事等职权故意不订立劳动合同，以及因其他客观原因导致用人单位无法及时与劳动者订立劳动合同的，劳动者因此主张用人单位支付二倍工资的，不予支持。

(3)广东地区

广东地区的裁判口径与北京、上海基本一致。

☞ 案例参考31：法院认为如果是负责公司运营及人事管理等的高管人员，未能代表公司与自己签订劳动合同，过错在劳动者本人，再提出双倍工资差额，违背职业道德，违反诚实信用原则，公司无须承担未签订书面劳动合同的赔偿责任。

莫某于2020年7月1日开始在某公司从事店长兼经理的工作，某公司于2020年8月31日注册正式成立。双方未订立书面劳动合同。某公司称莫某离职前任店长一职，全面负责公司所有人事行政、业务等相关工作，包括劳动者的招聘、任用、管理与离职事宜以及劳动合同签订等事宜。因此，莫某入职后一直未与公司签订劳动合同，过错在莫某而非公司，公司无须向莫某支付未订立劳动合同双倍工资差额。莫某先后向劳动仲裁委、广州市番禺区人民法院提起诉讼要求某公司支付未签订劳动合同的二倍工资差额等。劳动仲裁及一审法院均作出支持莫某的诉讼请求后，某公司不服上诉至广州市中级人民法院。

关于某公司应否向莫某支付未签订劳动合同的二倍工资差额的问题。根据二审查明的事实，莫某知道录用员工要与员工签订劳动合同。莫某作为公司的高级管理人员，负责人事招录及经营管理等工作，在知悉劳动合同法律、法规的情况下，未履行其工作职责代表公司与员工签订劳动合同，也没有向公司提出签订劳动合同。莫某在双方解除劳动关系后，要求公司向其支付未签订劳动合同的二倍工资,违背职业道德,违反诚实信用原则,法院不予支持。公司上诉有理,法院予以采纳。一审认定有误,法院予以纠正。

综上所述,一审认定事实有误,处理不当,法院予以纠正。公司的上诉理由部分成立,对其相应的请求,法院予以支持。依法撤销广东省广州市番禺区人民法院(2021)粤0113民初12142号民事判决第2项;变更广东省广州市番禺区人民法院(2021)粤0113民初12142号民事判决第1项为:广州市番禺区某公司在本判决生效之日起3日内向莫某支付2020年12月工资10,500元;驳回广州市番禺区某公司的其他诉讼请求。[①]

第二节 二倍工资之不与劳动者签订无固定期限劳动合同

上一节讲述了用人单位自建立事实劳动关系后从未与劳动者签订任何书面劳动合同的情况,《劳动合同法》第82条第2款还规定了另一种需要支付二倍工资的情况,即用人单位违反本法规定不与劳动者订立无固定期限劳动合同的,自应当订立无固定期限劳动合同之日起向劳动者每月支付二倍的工资。

《劳动合同法》第82条第2款中所谓"违反本法规定"指的是违反《劳动合同法》第14条关于无固定期限劳动合同的规定:"无固定期限劳动合同,是指用人单位与劳动者约定无确定终止时间的劳动合同。用人单位与劳动者协商一致,可以订立无固定期限劳动合同。有下列情形之一,劳动者提出或者同意续订、订立劳动合同的,除劳动者提出订立固定期限劳动合同外,应当订立无固定期限劳动合同:

(1)劳动者在该用人单位连续工作满十年的;

(2)用人单位初次实行劳动合同制度或者国有企业改制重新订立劳动合

① 广东省广州市中级人民法院民事判决书,(2022)粤01民终3265号。

同时，劳动者在该用人单位连续工作满十年且距法定退休年龄不足十年的；

(3)连续订立二次固定期限劳动合同，且劳动者没有本法第三十九条和第四十条第一项、第二项规定的情形，续订劳动合同的。

用人单位自用工之日起满一年不与劳动者订立书面劳动合同的，视为用人单位与劳动者已订立无固定期限劳动合同。”

此处需要注意，无固定期限劳动合同与非全日制劳动合同不同，无固定期限不代表双方，尤其是用人单位可以随意解除劳动合同，而是在固定期限劳动合同的基础上，减少了劳动合同自然到期终止这一合法解除方式。

双方协商一致签订的无确定终止时间的劳动合同自然无须讨论，在实践中会出现争议的是该条后半部分，关于“应当”订立无固定期限劳动合同及“视为”已订立无固定期限劳动合同的情况。

根据《劳动合同法》第82条的规定，符合《劳动合同法》第14条所列的“应当”订立无固定期限劳动合同条件的劳动者，在用人单位不与其签订无固定期限劳动合同的情况下，可以主张用人单位支付二倍工资，但对“视为”已订立无固定期限劳动合同未作此直接规定。

对超过1年未签订书面劳动合同而“视为”已订立无固定期限劳动合同的情况，大部分地区认为这不属于“应当订立无固定期限劳动合同而未订立”，同时，该待遇与未签订书面劳动合同的二倍工资不能同时主张，但是否可自由选择其一主张，不同的地区有不同的看法，我们已在上一节的“劳动者的主张超过诉讼时效”部分中有过讨论。

本节我们讨论“应当”订立无固定期限而未订立的情况下，劳动者主张二倍工资的相关法律问题。

一、劳动者举证责任

在因用人单位应当订立而未订立无固定期限劳动合同而要求支付二倍工资时，劳动者需要同时证明以下两点。

1. 在劳动者主张二倍工资的期间,双方存在劳动关系

由于“应当”订立无固定期限劳动合同的前提是劳动者提出或同意续订或订立劳动合同,如果此时双方的劳动关系已经解除或终止,不存在续订或订立劳动合同的需要,自然也就无所谓订立无固定期限劳动合同。

此处举证要点与上一节中证明双方劳动关系存续时间的要点基本一致,不再赘述。

2. 双方之间满足应当订立无固定期限劳动合同的法定情形

劳动者需举证证明自己符合《劳动合同法》第 14 条所规定的 3 种情形之一,且已经提出或同意与用人单位续订、订立劳动合同。

对于前两种,主要需要证明的是劳动关系存续的时间已满 10 年,证据可以是 10 年前的入职登记表、转正表、花名册、工资表、调薪证明、工资发放记录等(需有用人单位盖章或领导签字,工资发放记录如果有银行查询章则不需要用人单位的盖章签字),在单位连续缴纳社保的记录或补缴社保记录,来自用人单位领导的书面证明、录音等也有一定辅助证明力。

对于“连续订立二次固定期限劳动合同”的情形,需要举出证据证明连续订立的两份固定期限劳动合同,且第二份合同已到期。

关于劳动者提出或同意续订、订立劳动合同的举证责任分配,各地的规定有所不同,如果认为用人单位无权在第二次固定期限劳动合同到期后单方面提出不续签劳动合同,则劳动者不需要再证明双方就续签劳动合同达成一致,更进一步,甚至不需要证明自己向用人单位表示了续签劳动合同的意愿。但为保险起见,劳动者最好有书面往来记录证明自己已经提出或同意续订、订立劳动合同。

二、用人单位举证责任

相应地,用人单位如果想要免除支付二倍工资的责任,需要举证证明以下事实(可以确切证明其中一种即可)。

1. 劳动者提出订立固定期限劳动合同

按照《劳动合同法》第 14 条的字面含义,用人单位“应当”订立无固定期限

劳动合同的例外情形是，劳动者一方提出订立固定期限劳动合同。这种情况下，用人单位没有订立无固定期限劳动合同的义务，那么，劳动者因用人单位未订立无固定期限劳动合同而主张二倍工资的，不会被支持。

因此，如果是劳动者主动提出订立固定期限劳动合同，用人单位应当保留好相应证据，如电子邮件记录、短信、聊天记录、面谈记录等，以能够确认系劳动者所发出或签字的书面证据为优，非书面证据的证明力极弱。

注意，这一证据与上面劳动者举证责任中的“主动提出或同意续订、订立劳动合同”有所区别，劳动者只需要证明自己“提出”，或者是“同意”了续订、订立劳动合同，也就是劳动者有与用人单位继续劳动关系的意愿即可，而用人单位必须证明是劳动者主动“提出”订立固定期限劳动合同。对用人单位一方的举证要求较为严格。

但是，北京、上海等地的裁判口径在这方面有一个例外规定：双方已经订立了第三份书面固定期限劳动合同，且劳动者无法证明其曾经主动要求用人单位订立无固定期限劳动合同的，劳动者主张二倍工资，不予支持。（当然，从法理上来说，如果劳动者能够举证证明双方订立的固定期限劳动合同系存在用人单位欺诈或胁迫的情形，该合同自然无效，劳动者仍然可以主张二倍工资）

此种观点认为，劳动者签订固定期限劳动合同的行为本身代表其放弃订立无固定期限劳动合同的权利，与用人单位就此协商一致达成了订立固定期限劳动合同的合意，因此，如果没有相反的证据证明，不应再要求用人单位承担签订无固定期限劳动合同的责任。

☞ 案例参考32：签订3次以上固定期限劳动合同，视为劳动者放弃在该期间要求用人单位签订无固定期限劳动合同的权利。

尹某某于2009年4月30日进入江苏某公司工作，双方签订期限至2012年10月20日的劳动合同，约定尹某某担任上海办营业员。2012年10月21日、2013年12月25日、2014年10月21日，双方又连续签订3次一年期劳动合同,最后一次劳动合同期限至2015年10月20日。2015年8月4日,尹某某向上海市长宁区劳动人事争议仲裁委员会申请仲裁,要求江苏某公司支付2013年10月21日至2015年8月3日未订立无固定期限劳动合同的二倍工资等,仲裁委仅支持其部分仲裁请求,驳回了要求支付二倍工资的仲裁请求。双方均不服,诉至上海市长宁区人民法院,一审法院驳回其要求支付二倍工资的仲裁请求。双方均不服上诉至上海市第一中级人民法院。

二审法院认为,关于未签订劳动合同二倍工资差额的争议,尹某某、江苏某公司签订两次劳动合同后,双方又续订了两次固定期限的合同,尹某某在签订劳动合同时并未提出异议,该合同是双方当事人的真实意思表示,内容不违反法律的禁止性规定,劳动合同已经发生法律效力。尹某某在签订固定期限劳动合同后,又以双方未签订无固定期限劳动合同为由,要求江苏某公司支付二倍工资差额,不符合法律规定,故尹某某要求江苏某公司支付2013年10月21日至2015年8月3日未签订无固定期限劳动合同二倍工资差额的上诉请求,法院难以支持。①

法条链接:

《北京市高级人民法院、北京市劳动人事争议仲裁委员会关于审理劳动争议案件法律适用问题的解答》

17. 劳动者依照《劳动合同法》规定符合与用人单位签订无固定期限劳动合同条件,但已与用人单位签订了固定期限劳动合同的,现劳动者要求将其固定期限合同变更为无固定期限合同的,如何处理?

劳动者与用人单位签订了固定期限劳动合同后,劳动者要求变更为无固定期限劳动合同的,不予支持,但有证据证明用人单位存在欺诈、胁迫、乘人之危等情形的除外。

---

① 上海市第一中级人民法院民事判决书,(2016)沪01民终6258号。

《上海市高级人民法院关于适用〈劳动合同法〉若干问题的意见》

四、涉及无固定期限劳动合同的几个问题

……

(二)符合订立无固定期限劳动合同的条件,但当事人订立了固定期限合同的效力

劳动者符合签订无固定期限劳动合同的条件,但与用人单位签订固定期限劳动合同的,根据《劳动合同法》第十四条及《实施条例》第十一条的规定,该固定期限劳动合同对双方当事人具有约束力。合同期满时,该合同自然终止。

……

《劳动合同法实施条例》

第 11 条　除劳动者与用人单位协商一致的情形外,劳动者依照劳动合同法第十四条第二款的规定,提出订立无固定期限劳动合同的,用人单位应当与其订立无固定期限劳动合同。对劳动合同的内容,双方应当按照合法、公平、平等自愿、协商一致、诚实信用的原则协商确定;对协商不一致的内容,依照劳动合同法第十八条的规定执行。

2. 用人单位已经在第二次劳动合同到期前或到期时合法提出解除或终止劳动合同关系

如果用人单位合法解除或终止劳动关系,双方劳动关系不再存续,用人单位自然也没有与劳动者签订劳动合同乃至于无固定期限劳动合同的义务。这又分为合法解除和合法终止两种情况。

合法解除指的是双方已经在第二次固定期限劳动合同到期前或到期时协商一致解除或者用人单位因《劳动合同法》第 19 条规定的其他合法事由单方解除合同。需要注意的是,如果解除理由不合法或者解除事由本身不成立,解除不合法,当然也就不能以此为由不签订无固定期限劳动合同。另外,如果在第二次固定期限劳动合同到期之后才解除劳动合同,在第二次固定期限劳动合

同到期之日到解除劳动合同之日间,仍需支付二倍工资。

合法终止指的是由于劳动者在其主张的二倍工资期间已退休或者劳动合同到期不续签,劳动合同已自然终止。前者举证较为简单,而后者则因各地裁判机构对用人单位是否有权在第二次固定期限劳动合同到期时单方提出不续签的认定不同而有所差异。

(1)多数地区包括北京市、浙江省地区认为,用人单位在劳动者满足订立无固定期限劳动合同的情形时单方提出不续签劳动合同而终止劳动关系,属于违法解除劳动合同,劳动者可要求用人单位支付赔偿金,或者要求恢复劳动关系、确认建立无固定期限劳动关系,并同时主张二倍工资。

☞ 案例参考33:北京地区用人单位单方终止劳动关系的,劳动者可以要求恢复劳动关系,确认存在无固定期限劳动关系,同时主张未依法签订无固定期限劳动合同期间的二倍工资。

2016年9月1日,连某入职某文化公司,岗位为财务,双方签订劳动合同,期限自2016年9月1日至2017年8月31日止。后双方再次签订固定期限劳动合同,期限自2017年9月1日至2019年12月31日止,岗位不变。某文化公司以工资形式向连某支付工资部分。2019年12月31日,双方签订的劳动合同到期,双方未续签劳动合同。2020年1月18日,连某参加某第三方有限公司(以下简称第三方公司)内部合伙人会议,对内部合伙人规则进行讨论,内部合伙人规则第3条第1.4款第2项规定,内部合伙人不再与公司签订劳动合同。次日,某第三方公司法定代表人询问连某是否同意参加1月20日内部合伙人会议,连某表示“这么多年我一直是员工给您打工,如现在您把我转为公司创始合伙人,能对您和公司有益,同时又能确保我给公司工作劳动的权益受到合法保护,听您的,按您要求的办”。1月20日连某参加了内部合伙人第一次会议,会议决定“节后大家签署合伙人协议”。2020年1月疫情期间,单位通知员工居家办公。1~3月,连某均有工作内容,某文化公司亦为连某缴纳社会保险,但未支付该期间工资。

一审法院认为,本案争议焦点:(1)连某与某文化公司签订劳动合同于2019年12月31日到期后,双方未续签劳动合同,连某参加内部合伙人规则讨论会及内部合伙人会议,是否即认定其与某文化公司签订的劳动合同即解除,转变为第三方公司合伙人身份。(2)连某主张的工资、未续签劳动合同双倍工资、奖金是否符合法律规定。

针对第一焦点,连某与某文化公司签订劳动合同于2019年12月31日到期后,双方未续签劳动合同,连某参加内部合伙人规则讨论会及内部合伙人会议,是否即认定其与某文化公司签订的劳动合同即解除,转变为第三方公司合伙人身份。根据《劳动合同法》第14条“用人单位与劳动者协商一致,可以订立无固定期限劳动合同。有下列情形之一,劳动者提出或者同意续订劳动合同的,应当订立无固定期限劳动合同……(二)连续订立两次固定期限劳动合同,且劳动者没有本法第三十九条和第四十条第一项、第二项规定的情形,续订劳动合同的”之规定,连某与某文化公司签订了两次固定期限劳动合同,劳动合同于2019年12月31日到期时,某文化公司未明确告知连某不再与其续签劳动合同,连某却仍在某文化公司工作,某文化公司亦为连某继续缴纳社会保险,应视为某文化公司愿与连某续签劳动合同。2020年1月18日连某虽参加了第三方公司内部合伙人规则讨论会及内部合伙人会议,该规则中第3条第1.4款第2项规定,内部合伙人不再与公司签订劳动合同,但连某系与某文化公司签订的劳动合同,非第三方公司。某文化公司提交的会议记录(录音)显示,会议过程中合伙人中已经有人提出“有一些跟某文化公司签的合同,现在是第三方公司合伙人,这个关系要怎么明确?某文化公司的是不是就相当于解除了,这些人是不是都纳入第三方的体系”,该公司法律顾问一直在阐述“合伙关系和劳动关系之间的关系,有两种关系,一种就是平行关系,可以同时是合伙人又是员工,正常情况下是可以的。另一种是选择关系,就是合伙人,不是员工,另外还一直解释法律规定即确认劳动关系构成的三个条件及如何规避认定劳动关系的问题”。该会议对连某与某文化公司签订的劳动合同在未解除的前提下，如何加入第三方公司内部合伙人，劳动关系如何在法律层面上进行处理均是明知的，但该会议并未作出实质性的解决，某文化公司未与连某解除劳动合同，第三方公司亦未与连某签订合伙人协议，在双方未签任何法律文件的情况下，某文化公司仅凭连某签字认可第三方公司内部合伙人规则并参加了第三方公司内部合伙人会议，即认定连某与某文化公司签订的劳动合同已解除，其已转变成第三方公司内部合伙人，缺乏法律依据。针对第二焦点，连某主张的未续签劳动合同双倍工资、工资、奖金是否符合法律规定。连某与某文化公司签订的劳动合同到期后，某文化公司未与连某续签劳动合同，其间连某仍继续工作，某文化公司亦为连某缴纳了社会保险，某文化公司应支付连某2020年1月1日至2020年3月31日工资30,000元以及未续签劳动合同双倍工资差额30,000元，法院予以支持。

一审法院判决，一是确认连某与某文化公司自2020年1月1日至2020年4月17日存在无固定期限劳动关系；二是自判决生效之日起10日内，某文化公司支付连某2020年1月1日至2020年3月31日工资30,000元；三是自判决生效之日起10日内，某文化公司支付连某2020年1月1日至2020年3月31日未续签劳动合同双倍工资差额30,000元；四是驳回连某的其他诉讼请求。

二审法院认为，劳动合同期满后，劳动者仍在原用人单位工作，原用人单位未表示异议的，视为双方同意以原条件继续履行劳动合同。连某与某文化公司的劳动合同于2019年12月31日到期，某文化公司未在合同到期前后告知连某不再续签劳动合同，亦未提出异议，合同到期后连某仍为某文化公司提供工作，某文化公司亦为连某缴纳社会保险至2020年3月，应视为双方仍继续履行合同。《最高人民法院关于审理劳动争议案件适用法律问题的解释(一)》第34条第2款规定，根据第14条，用人单位应当与劳动者签订无固定期限劳动合同而未签订的，人民法院可以视为双方之间存在无固定期限劳动合同关系，并以原劳动合同确定双方的权利义务关系。连某与某文化公司已连续签订两次固定期限劳动合同，续订时应当签订无固定期限劳动合同，一审法院判决连某与某文化公司自2020年1月1日至2020年4月17日存在无固定期限劳动关系并无不当，法院予以维持。综合双方提交的证据，2020年1月1日至2020年3月8日连某向公司提供了劳动，但公司未与连某订立无固定期限劳动合同，故对公司不予支付2020年1月1日至2020年3月8日的未订立无固定期限劳动合同二倍工资差额的上诉请求，法院不予支持。[①]

☞ 案例参考34：北京地区用人单位单方选择终止劳动关系的，劳动者也可以放弃成立无固定期限劳动合同的权利，而以违法解除劳动合同为由要求用人单位支付赔偿金。

毕某于2013年1月1日入职某单位，随后担任外事法务岗，双方于2013年1月28日签订了期限自2013年1月1日起至2013年12月31日止的劳动合同，又于2013年11月28日续签了期限自2014年1月1日起至2016年12月31日止的劳动合同；2016年12月14日双方再次签订了期限自2017年1月1日至2019年12月31日止的劳动合同。2019年12月31日劳动合同届满后，某单位未与毕某续订劳动合同。2020年6月5日，某单位通过微信方式向毕某送达了《关于终止劳动合同的通知》。毕某与某单位的劳动关系确认至2020年6月8日。

因与某单位的劳动争议，毕某将某单位诉至法院，要求确认双方之间自2020年1月1日起存在无固定期限劳动合同关系并支付未签订无固定期限劳动合同二倍工资差额。北京市第二中级人民法院作出判决，认为毕某的劳动合同期满后，因某单位在劳动合同文本中增加的相关条款使劳动合同内容和条件与之前相比具有不确定性，难以确定“劳动合同条件维持或提高”，毕某据此不

① 北京市第二中级人民法院民事判决书，(2021)京02民终4455号。

同意续签，存在合理性，因此双方未签订无固定期限劳动合同的过错不在毕某，某单位应支付毕某2020年1月1日至2020年6月8日未签订无固定期限劳动合同二倍工资差额。

2021年5月18日，毕某因与某单位的劳动争议，提起仲裁申请，请求某单位办理档案和社会保险转移手续及支付违法解除劳动合同赔偿金。仲裁委作出裁决，某单位支付毕某违法解除劳动合同赔偿金。某单位不服该裁决书，提起本案诉讼。

一审法院认为，劳动者的合法权益受法律保护。毕某与某单位的固定期限劳动合同届满后，符合签订无固定期限劳动合同的情形。毕某提出订立无固定期限劳动合同，某单位应当与其签订无固定期限劳动合同。根据毕某与某单位此前劳动争议的生效判决所述，某单位在劳动合同续订文本中增加了对劳动者未来权利实现不确定性条款，毕某据此不同意续签，存在合理性，双方未签订无固定期限劳动合同的过错不在毕某，由此可见，某单位在合同订立过程中未尽善意磋商义务，并单方选择终止劳动关系，其与毕某解除劳动关系的行为构成违法解除，应向毕某支付违法解除劳动合同赔偿金。

二审法院认为，毕某与某单位签订了两次以上的固定期限劳动合同，劳动合同于2019年12月31日届满后，符合签订无固定期限劳动合同的情形，但因双方未能就续订合同的内容协商一致，某单位提出终止劳动合同。根据毕某与某单位此前劳动争议的生效判决所述，某单位在劳动合同续订文本过程中增加了对劳动者未来权利实现不确定性条款，毕某据此不同意续签，因此双方未签订无固定期限劳动合同的过错不在毕某，故一审法院认定某单位与毕某解除劳动关系的行为构成违法解除，某单位应向毕某支付违法解除劳动合同赔偿金，并无不当，法院予以支持。[①]

① 北京市第二中级人民法院民事判决书，(2022)京02民终3466号。

本案中，用人单位系在第三次固定期限劳动合同到期之后一段时间才提出到期终止劳动合同，在双方劳动合同因用人单位的违法解除而终止之前已经产生了二倍工资的基础。

◈ 法条链接：

《北京市高级人民法院、北京市劳动争议仲裁委员会关于劳动争议案件法律适用问题研讨会会议纪要(二)》

33. 用人单位与劳动者约定劳动合同到期续延，此后劳动者以连续订立两次固定期限劳动合同为由，提出或者同意续订、订立无固定期限劳动合同，如何处理？

用人单位与劳动者约定劳动合同到期续延，且实际续延劳动合同的，合同约定了续延期限的，续延期限届满时，劳动者以连续订立两次固定期限劳动合同为由，提出或者同意续订、订立无固定期限劳动合同，用人单位应当与劳动者订立无固定期限劳动合同。用人单位不与劳动者订立无固定期限劳动合同的，可以依劳动者的主张确认存在无固定期限劳动合同关系。

34. 用人单位与劳动者连续订立二次固定期限劳动合同的，第二次固定期限劳动合同到期时，用人单位能否终止劳动合同？

根据《劳动合同法》第十四条第二款第三项规定，劳动者有权选择订立固定期限劳动合同或者终止劳动合同，用人单位无权选择订立固定期限劳动合同或者终止劳动合同。上述情形下，劳动者提出或者同意续订、订立无固定期限劳动合同，用人单位应当与劳动者订立无固定期限劳动合同。

《浙江省高级人民法院民事审判第一庭、浙江省劳动人事争议仲裁院关于审理劳动争议案件若干问题的解答(二)》

5. 用人单位与劳动者连续订立二次固定期限劳动合同，第二次劳动合同到期后，劳动者要求订立无固定期限劳动合同的，应否支持？

答：用人单位与劳动者已连续订立二次固定期限劳动合同，第二次固定期限劳动合同期满后，劳动者根据《劳动合同法》第十四条第二款第三项的规定提出续订劳动合同并要求订立无固定期限劳动合同的，应予支持。对劳动合同的内容，双方应当按照合法、公平、平等自愿、协商一致、诚实信用的原则协商确定；对协商不一致的内容，依照《劳动合同法》第十八条的规定执行。

(2)上海地区则认为，双方签订的第二次固定期限劳动合同到期，劳动者满足订立无固定期限劳动合同的情形，用人单位是可以不续签劳动合同而终止劳动关系的。此种观点认为，《劳动合同法》第14条中对连续两次订立固定期限劳动合同期满后应当订立无固定期限劳动合同这一情形作了一个额外的限制性说明，即“续订劳动合同的”，这应当解释为双方必须就续订劳动合同本身达成合意之后，用人单位才要承担订立无固定期限劳动合同的责任。反过来说，也就是用人单位有权不续订劳动合同，同时也就没有义务签订无固定期限劳动合同。

☞ 案例参考35：上海地区用人单位在第二次固定期限劳动合同到期前提出不续签劳动合同系合法终止劳动合同，不需要承担签订无固定期限劳动合同的义务。

赵某于2011年10月14日进入A公司上海分公司工作，双方签订自该日起至2014年10月13日止的劳动合同，约定赵某在A公司上海分公司担任运行经理岗位工作。2014年9月9日，双方又签订期限为2014年10月14日至2017年10月13日的劳动合同，仍约定赵某担任A公司上海分公司运行经理岗位工作。2017年9月25日，A公司苏州分公司财务人事专员孙某给赵某发送“合同到期不续签通知”的电子邮件，表明双方劳动合同将于2017年10月13日到期，公司经研究决定不再与赵某续签劳动合同，请赵某在接到本通知后进行工作交接等，公司将依据《劳动合同法》支付赵某补偿金等。赵某认为双方符合订立无固定期限劳动合同的条件，应当订立无固定期限劳动合同，双方协商无果后赵某向南京市劳动人事争议仲裁委员会申请仲裁，要求确认与A公司上海分公司于2017年10月14日为无固定期限劳动合同关系，依法补订书面劳动合同，并要求A公司上海分公司支付未签订无固定期限劳动合同关系期间的二倍工资及其他诉请。南京市劳动人事争议仲裁委员会裁决双方订立无固定期限劳动合同，赵某其他全部诉请不予支持，双方皆不服，分别向上海市浦东新区人民法院起诉，上海市浦东新区人民法院判决A公司上海分公司不需与赵某签订无固定期限劳动合同，驳回赵某的诉讼请求。赵某不服，上诉至上海市第一中级人民法院。

二审法院认为，根据《劳动合同法》第14条的规定，连续订立二次固定期限劳动合同并续订劳动合同的，除劳动者提出订立固定期限劳动合同外，应当订立无固定期限劳动合同。该条规定的前提是双方都提出或同意续订劳动合同，本案对于双方是否应续签无固定期限劳动合同的问题，关键在于被上诉人有没有续签劳动合同的意思表示。其一，被上诉人提供的证据表明，被上诉人已通过A公司苏州分公司向上诉人表达了“合同到期不续签”的意思表示。其二，尽管A公司苏州分公司和被上诉人系不同的用工主体，但上诉人明知两者系关联公司，上诉人的工资、社保费用是A公司苏州分公司代发、代缴的，而且上诉人于2017年9月30日也向A公司苏州分公司财务人事专员孙某回复电子邮件，表示要和(被上诉人)公司续签无固定期限劳动合同，故上诉人应当明知苏州分公司发送的“合同到期不续签通知”电子邮件系被上诉人的真实意思表示。其三，上诉人没有提供有效证据证明被上诉人提出或同意续订劳动合同。因此上诉人关于双方应续签无固定期限劳动合同的主张，法院难以支持。①

① 上海市第一中级人民法院民事判决书，(2018)沪01民终13689号。

◈ 法条链接：

《上海市高级人民法院关于适用〈劳动合同法〉若干问题的意见》

四、涉及无固定期限劳动合同的几个问题

……

（四）用人单位与劳动者连续订立几次固定期限劳动合同以后，续订劳动合同应当订立无固定期限劳动合同

《劳动合同法》第十四条第二款第（三）项的规定，应当是指劳动者已经与用人单位连续订立二次固定期限劳动合同后，与劳动者第三次续订合同时，劳动者提出签订无固定期限劳动合同的情形。

3. 用人单位已经提出订立无固定期限劳动合同，待遇不低于原合同，但劳动者拒绝签订

在此情形下，系劳动者一方拒绝续签无固定期限劳动合同，那么劳动合同到期自然终止，不存在支付二倍工资的问题，用人单位也没有违法终止或解除劳动合同的风险。

◈ 法条链接：

《劳动合同法》

第44条　有下列情形之一的，劳动合同终止：

（一）劳动合同期满的；

……

第46条　有下列情形之一的，用人单位应当向劳动者支付经济补偿：

……

（五）除用人单位维持或者提高劳动合同约定条件续订劳动合同，劳动者不同意续订的情形外，依照本法第四十四条第一项规定终止固定期限劳动合同的

……

4. 未签订无固定期限劳动合同的二倍工资和未签订书面劳动合同的二倍工资一样，用人单位可以用仲裁时效和劳动者自身原因抗辩，详见本章第一节第二部分用人单位举证责任中的具体内容。

第三节 \ 二倍工资请求之计算问题

在确定了二倍工资形成的条件以及劳动关系双方各自的举证责任之后，就弄清了“是与否”的问题，那么接下来还需要弄清“是多少”的问题，也就是还需要明晰二倍工资的具体数额计算方式。计算二倍工资的公式由两个数字组成：第一是计算基数，第二是月数。计算基数乘以月数，就是二倍工资的总额。

一、计算基数

首先，我们需要了解二倍工资的计算基数是什么，从语义即可分析出其系劳动者应当获得二倍工资的月份的应得工资，但实践中，对这一基数的认定各地存在较大差异。

1. 北京地区以劳动者应得工资为基数，包含加班费、年终奖等全部工资性收入

◈ 法条链接：

《北京市高级人民法院、北京市劳动争议仲裁委员会关于劳动争议案件法律适用问题研讨会会议纪要(二)》

……二倍工资按未订立劳动合同所对应时间用人单位应当正常支付的工资为标准计算。

2. 深圳地区以劳动者应得工资为基数，包含加班费但不包括周期超过 1 个月或未确定支付周期的劳动报酬

◈ 法条链接：

《深圳市中级人民法院关于审理劳动争议案件的裁判指引》

70.《劳动合同法》第八十二条规定的二倍工资差额的计算基数应为包括加班工资在内的当月应得工资，但不包含支付周期超过一个月或未确定支付周期的劳动报酬。

3. 上海地区以双方约定的正常工作时间月工资来确定，不包括加班费，需扣除部分工资项目

◈ 法条链接：

《上海市高级人民法院关于劳动争议若干问题的解答》

一、关于双倍工资的几个问题

……

3. 关于双倍工资的计算基数的确定

经研究认为，劳动关系双方对月工资有约定的，双倍工资的计算基数应按照双方约定的正常工作时间月工资来确定。双方对月工资没有约定或约定不明的，应按《劳动合同法》第 18 条规定来确定正常工作时间的月工资，并以确定的工资数额作为双倍工资的计算基数。

如按《劳动合同法》第 18 条规定仍无法确定正常工作时间工资数额的，可按劳动者实际获得的月收入扣除加班工资、非常规性奖金、福利性、风险性等项目后的正常工作时间月工资确定。

如月工资未明确各构成项目的，由用人单位对工资构成项目进行举证，用

人单位不能举证或证据不足的，双倍工资的计算基数按照劳动者实际获得的月收入确定。

按上述原则确定的双倍工资基数均不得低于本市月最低工资标准。

二、计算月数

应签订而未签订书面劳动合同或无固定期限劳动合同的月份就是用人单位应当支付二倍工资的月份，其中，应签订而未签订书面劳动合同的起算时间为双方成立劳动关系满1个月起至满1年止，最长不超过11个月，这一点是很明确的。

但应签订而未签订无固定期限劳动合同的月数则较为模糊，是否有1个月的宽限期，是否能无限续延？目前，北京市明确认为不应有1个月的宽限期，即从双方符合应签订无固定期限劳动合同的当天起算至双方实际订立无固定期限劳动合同的前一日。而广东省认为仍有1个月宽限期。另外，各地基本都认可，二倍工资应按工资发放周期计算仲裁时效，最长不超过1年。

◈ 法条链接：

《北京市高级人民法院、北京市劳动争议仲裁委员会关于劳动争议案件法律适用问题研讨会会议纪要(二)》

28.《劳动合同法》第八十二条“二倍工资”的认定与起止时间、计算方法？

……

(4)用人单位违反《劳动合同法》第十四条第二款、第八十二条第二款规定，不与劳动者订立无固定期劳动合同的，二倍工资自应订立无固定期限劳动合同之日起算，截止点为双方实际订立无固定期限劳动合同的前一日。

……

《广东省高级人民法院、广东省劳动人事争议仲裁委员会关于劳动人事争议仲裁与诉讼衔接若干意见》

9.用人单位违反《劳动合同法》第十四条第二款的规定，未与劳动者订立无固定期限劳动合同的，用人单位应根据《劳动合同法》第八十二条第二款的规定,从依法应订立无固定期限劳动合同之日满一个月的次日起向劳动者每月支付二倍工资。

第四节 二倍工资之疑难问题解析

一、劳动合同到期未续订书面劳动合同是否支持双倍工资

首先,此问题区别于“劳动者已连续订立两次固定期限劳动合同后未依法订立无固定期限劳动合同”的问题。既包括第一次固定期限劳动合同到期之后双方未续订书面劳动合同而继续履行的情况,也包括连续订立两次固定期限劳动合同后,劳动者并不主张应订立无固定期限劳动合同,但用人单位也未续订固定期限的书面劳动合同的情况。

1. 司法实践中大部分地区认同,劳动合同期限届满后,用人单位继续用工的,双方从劳动合同期满的次日起建立事实劳动关系,而用人单位应当按照《劳动合同法》的规定与劳动者签订书面劳动合同,否则应当支付劳动者二倍工资。而如果用人单位超过1年不签订书面劳动合同,也应当视为已签订无固定期限劳动合同。

但对于该种情况下是否还有1个月的宽限期,即二倍工资最长是11个月还是12个月,存在两种不同的观点。

观点1:上海市、浙江省、广东省等地区均认为,此时用人单位仍有1个月的续签劳动合同宽限期。

☞ 案例参考36:上海地区认为1个月的磋商期不需支付未续签书面劳动合同的二倍工资。

2015年1月1日,乔某某进入某酒店工作。2015年1月1日,双方签订了期限自2015年1月1日起至2015年12月31日止的《劳动合同》。2016年7

月22日，某酒店辞退乔某某，乔某某向上海市徐汇区劳动人事争议仲裁委员会申请仲裁，要求某酒店支付解除劳动合同的赔偿金、未签订劳动合同的二倍工资差额等。仲裁委员会裁判某酒店公司支付乔某某解除劳动合同的经济赔偿金和2016年2月1日至2016年7月29日未签订书面劳动合同的二倍工资差额。某酒店不服向上海市徐汇区人民法院提起诉讼，又不服一审判决上诉至上海市第一中级人民法院。

二审法院认为，根据《劳动合同法》的相关规定，用人单位自用工之日起超过1个月不满1年未与劳动者订立书面劳动合同的，应当向劳动者每月支付二倍的工资。上诉人与被上诉人劳动合同于2015年12月31日到期，之后双方仍然存在事实劳动关系，故上诉人应支付被上诉人2016年2月1日至2016年7月29日未签订劳动合同的二倍工资差额。①

☞ 案例参考37：广东地区同样认为用人单位续签书面劳动合同的义务有1个月的宽限期。

陈某某于2003年6月5日入职某实业公司，双方签订过2012年4月1日至2013年3月31日、2013年4月1日至2014年3月31日两份劳动合同，2015年9月6日，陈某某离开岗位不再提供劳动。陈某某向深圳市福田区劳动人事争议仲裁委员会提起仲裁，要求某实业公司支付其2014年9月1日至2015年8月31日的二倍工资差额等。仲裁委支持其2014年10月1日至2015年8月31日共11个月的二倍工资差额，某实业公司不服诉至深圳市福田区人民法院。

法院认为，2014年3月31日劳动合同期满后，某实业公司至迟应在2014年4月31日前与陈某某签订书面劳动合同，否则应自2014年5月1日起支付未签订书面劳动合同二倍工资差额，最多不超过11个月。陈某某只主张从2014

① 上海市第一中级人民法院民事判决书，(2017)沪01民终9083号。

年9月1日起的二倍工资,也没有对仲裁委仅支持其2014年10月1日起的二倍工资提起诉讼,视为对自己权利的处置。因法律规定,用人单位自用工之日起满1年不与劳动者订立书面劳动合同的,视为用人单位与劳动者已订立无固定期限劳动合同。故双方自2015年4月1日以后视为已签订无固定期限劳动合同,某实业公司无须再支付未签订劳动合同二倍工资差额。因此,某实业公司应支付2014年10月1日至2015年3月31日的未签订书面劳动合同二倍工资差额。

双方均不服上诉至深圳市中级人民法院,二审维持原判。[①]

法条链接:

《上海市高级人民法院关于适用〈劳动合同法〉若干问题的意见》

2. 劳动关系双方当事人未订立书面合同的处理

……

劳动合同期满后,劳动者继续为用人单位提供劳动,用人单位未表示异议,但当事人未续订书面劳动合同的,当事人应及时补订书面劳动合同。如果用人单位已尽到诚实信用义务,而劳动者不与用人单位订立书面劳动合同的,用人单位可以书面通知劳动者终止劳动关系,并依照《劳动合同法》第四十七条规定支付经济补偿;如劳动者拒绝订立书面劳动合同并拒绝继续履行的,视为劳动者单方终止劳动合同,用人单位应当支付劳动者已实际工作期限的相应报酬,但无须支付经济补偿金。[②]

《浙江省高级人民法院民一庭关于审理劳动争议纠纷案件若干疑难问题的解答》

7. 劳动合同期满后,劳动者继续在用人单位工作,用人单位超过一个月不

---

① 广东省深圳市中级人民法院民事判决书,(2016)粤03民终14242号。

② 虽然该条规定并未直接提到二倍工资,但很显然其系参考自始未签订书面劳动合同的情形而定,那么"应及时补订书面劳动合同"而未补的,其后果也应与未签订书面劳动合同一致,宽限期也应相同。上海地区的判例也符合这样的解释。

与劳动者订立书面劳动合同的法律后果是什么？

签订书面劳动合同系用人单位的法定义务，用人单位应该规范用工。劳动合同期满后，劳动者继续在用人单位工作，用人单位超过一个月不满一年未与劳动者订立书面劳动合同，劳动者请求用人单位支付二倍工资的，应予支持。用人单位超过一年未与劳动者订立书面劳动合同的，视为双方已订立无固定期限劳动合同。

《广州市劳动争议仲裁委员会、广州市中级人民法院关于劳动争议案件研讨会会议纪要》

26. 劳动合同期满后未续签的双倍工资问题，应分四种情形处理：(1)劳动合同期满后双方一直未续签合同、且原合同未约定到期自动续延的，除用人单位能够证明未续签合同的责任在于劳动者外，用人单位应当支付双倍工资。(2)劳动合同约定期满自动续延的，可视为合同已经续签，用人单位无需支付双倍工资。(3)到期后未及时续签，经过一段时间后才续签了劳动合同，对于该"空档期"，可分具体情况：如果"空档期"不超过一个月，可视为合理协商期，用人单位无需支付双倍工资；如果"空档期"过长、超过一个月的，除用人单位能够证明未续签合同的责任在于劳动者外，用人单位应当支付双倍工资。(4)用人单位与劳动者"倒签"劳动合同的，可视为劳动者确认劳动合同期限已经涵盖未签合同期间，属于劳动者的追认，用人单位无需支付"倒签"期间的双倍工资。

观点2：北京地区认为，此时续签书面劳动合同，用人单位不再享有1个月的宽限期，因为用人单位对原劳动合同期满及继续用工的法律后果均有预期。

◈ 法条链接：

《北京市高级人民法院、北京市劳动争议仲裁委员会关于劳动争议案件法律适用问题研讨会会议纪要(二)》

27. 劳动合同期满后未订立劳动合同，劳动者仍在原用人单位继续工作，如何处理?

劳动合同期满后未订立劳动合同,劳动者仍在原用人单位继续工作,应适用《劳动合同法》第十条、第十四条第三款、第八十二条,《中华人民共和国劳动合同法实施条例》第六条、第七条的规定进行处理。在此情况下,因为用人单位对原劳动合同期满和继续用工的法律后果均有预期,因此不需要再给予一个月的宽限期,原劳动合同期满次日,即是用人单位应当订立劳动合同之日和承担未订立劳动合同的法律后果之日。

2. 包括天津地区在内的部分地区,与大部分地区不同,认为未续签书面劳动合同的,用人单位无须支付二倍工资。

这种观点认为,根据《最高人民法院关于审理劳动争议案件适用法律问题的解释(一)》第 34 条的规定,双方未续签书面劳动合同的,可以按照原条件继续履行,确定双方权利和义务关系,并不违反《劳动合同法》设立二倍工资制度的立法目的,因此无须支付二倍工资。因此,可推知这些地区同样不支持原劳动合同到期后双方继续履行超过 1 年即视为已签订无固定期限劳动合同,双方都可以按照《最高人民法院关于审理劳动争议案件适用法律问题的解释(一)》第 34 条的规定,随时终止劳动关系。

☞ 案例参考 38:天津地区认为未续签书面劳动合同不属于未签订书面劳动合同,用人单位不需支付二倍工资。

温某于 2013 年 7 月 15 日进入某机电公司工作,双方签订两次劳动合同,合同期限为 2013 年 7 月 15 日至 2014 年 7 月 14 日、2014 年 7 月 15 日至 2016 年 7 月 14 日。合同到期后,双方按照原合同标准履行合同。2017 年 4 月,某机电公司以温某拒绝续签劳动合同为由解除劳动关系。

温某向天津经济技术开发区劳动争议仲裁委员会申请劳动仲裁,请求某机电公司支付未签订书面合同二倍工资差额、解除劳动合同经济补偿金。劳动仲裁委裁决某机电公司支付温某二倍工资差额，某机电公司不服上诉至天津市滨海新区人民法院。

法院认为，原告与被告签订了劳动合同，该合同到期后，双方未续签劳动合同，按原合同条件继续履行劳动合同，视为双方对原合同的延续，原告无须支付未签订书面合同二倍工资差额。①

◈ 法条链接：

《最高人民法院关于审理劳动争议案件适用法律问题的解释(一)》

第34条　劳动合同期满后，劳动者仍在原用人单位工作，原用人单位未表示异议的，视为双方同意以原条件继续履行劳动合同。一方提出终止劳动关系的，人民法院应当支持。

根据劳动合同法第十四条规定，用人单位应当与劳动者签订无固定期限劳动合同而未签订的，人民法院可以视为双方之间存在无固定期限劳动合同关系，并以原劳动合同确定双方的权利义务关系。

二、劳动合同因法定或约定而自动续延的，在续延期间内未签订书面劳动合同是否可以主张二倍工资

北京市、浙江省和广东省都认为无论因法定原因还是约定原因自动续延的劳动合同，在续延期间都等同于已经签订劳动合同，不产生二倍工资。同时，北京还相应地规定了因约定原因自动续延的劳动合同期满后(未约定续延期限的，视为与原合同期限相同)，符合"连续两次签订固定期限劳动合同期满"的条件，应当签订无固定期限劳动合同。

① 天津市滨海新区人民法院民事判决书，(2017)津0116民初83484号。

◈ 法条链接：

《北京市高级人民法院、北京市劳动争议仲裁委员会关于劳动争议案件法律适用问题研讨会会议纪要(二)》

30. 存在劳动者患病或者非因工负伤在规定的医疗期内，女职工在孕期、产期、哺乳期期间等《劳动合同法》第四十二条规定的情形，劳动合同期满时，用人单位未与劳动者续订劳动合同，是否认定为未订立劳动合同而支付二倍工资？

劳动合同期满，有《劳动合同法》第四十二条规定的情形的，劳动合同应当续延至相应的情形消失时终止，故在续延期间用人单位与劳动者无须订立书面劳动合同，故不应支付二倍工资。

32. 用人单位与劳动者约定劳动合同到期续延，在劳动合同到期后劳动者继续工作，并主张未签订劳动合同的二倍工资是否支持？

因用人单位与劳动者在劳动合同中已经约定劳动合同到期续延，但未约定续延期限，在劳动合同到期后，劳动者仍继续工作，双方均未提出解除或终止劳动合同时，属于双方意思表示一致续延劳动合同，可视为双方订立一份与原劳动合同内容和期限相同的合同，故劳动者主张未签订劳动合同的二倍工资不应支持。

33. 用人单位与劳动者约定劳动合同到期续延，此后劳动者以连续订立两次固定期限劳动合同为由，提出或者同意续订、订立无固定期限劳动合同，如何处理？

用人单位与劳动者约定劳动合同到期续延，且实际续延劳动合同的，合同约定了续延期限的，续延期限届满时，劳动者以连续订立两次固定期限劳动合同为由，提出或者同意续订、订立无固定期限劳动合同，用人单位应当与劳动者订立无固定期限劳动合同。用人单位不与劳动者订立无固定期限劳动合同的，可以依劳动者的主张确认存在无固定期限劳动合同关系。

《浙江省高级人民法院民一庭关于审理劳动争议纠纷案件若干疑难问题的解答》

6. 劳动合同期满后，依照《劳动合同法》第四十二条的规定双方合同关系依法延续，劳动者能否请求用人单位支付延续期间未签订劳动合同的二倍工资？

按照《劳动合同法》第四十二条的规定劳动合同关系依法延续的，在延续期间双方未订立书面劳动合同，劳动者请求用人单位支付二倍工资，不予支持。

《浙江省高级人民法院民事审判第一庭、浙江省劳动人事争议仲裁院关于审理劳动争议案件若干问题的解答(二)》

7. 用人单位与劳动者在劳动合同中约定“合同到期后劳动者继续在用人单位工作的，视为原劳动合同期限的延长”。延长的劳动合同到期后，劳动者提出其已符合签订无固定期限劳动合同的条件，要求用人单位与其续签无固定期限劳动合同的，应否支持？劳动者以延长期间用人单位未与其签订书面劳动合同为由要求支付二倍工资的，应否支持？

答：劳动合同中约定“合同到期后劳动者继续在用人单位工作的，视为原劳动合同期限的延长”，双方实际履行了该约定的，视为双方之间订立了新的劳动合同，因此，延长的劳动合同到期后，用人单位不能直接终止劳动合同，如劳动者提出签订无固定期限劳动合同且符合《劳动合同法》第十四条第二款第三项规定的，应予支持。但劳动者以延长期间用人单位未与其签订书面劳动合同为由要求支付二倍工资的，不予支持。

《广州市劳动争议仲裁委员会、广州市中级人民法院关于劳动争议案件研讨会会议纪要》

26. ……(2)劳动合同约定期满自动续延的，可视为合同已经续签，用人单位无需支付双倍工资。

……

28. 劳动者发生工伤后，请求用人单位支付停工留薪期间未签订书面劳动

合同的双倍工资的,应分不同情况处理:

劳动者发生工伤,入职超过一个月未签订劳动合同,且过错在用人单位的,用人单位应当支付包括停工留薪期在内的双倍工资;

劳动者入职不满一个月发生工伤,尚未签订劳动合同,因劳动合同的主要内容尚不能确定,导致客观上无法签订,签订劳动合同的期限应顺延至停工留薪期结束,对于劳动者主张停工留薪期间未签订书面劳动合同的双倍工资差额的,不予支持。

《深圳市中级人民法院关于审理劳动争议案件的裁判指引》

68. 劳动合同期满,因劳动者具有《劳动合同法》第四十二条情形而导致双方劳动合同续延的,劳动者要求续延期间未签订书面劳动合同二倍工资,不予支持。

三、劳动合同法定续延,在续延期内劳动者在用人单位的工作年限达到10年以上的,是否应订立无固定期限劳动合同

观点1:劳动者在该单位的工作年限客观已达到10年以上,应当订立无固定期限劳动合同。目前浙江省和深圳市的裁判口径明确持此种观点。

◇ 法条链接:

《浙江省高级人民法院民一庭关于审理劳动争议纠纷案件若干疑难问题的解答》

5. 劳动合同期满,但因特殊情形延续导致劳动者在同一用人单位连续工作满10年的,劳动者能否请求与用人单位订立无固定期限劳动合同?

劳动合同期满,因劳动者有下列情形之一而续延,因此达到劳动者在同一用人单位连续工作满10年,劳动者提出订立无固定期限劳动合同的,用人单位应当与劳动者订立无固定期限劳动合同:从事接触职业病危害作业的劳动者未进行离岗前职业健康检查,或者疑似职业病病人在诊断或者医学观察期间的;

患病或者非因工负伤，在规定的医疗期内的；女职工在孕期、产期、哺乳期的。

《深圳市2011年全市劳动人事争议疑难问题研讨会纪要》

6.劳动合同期限因法定情形（如：工伤、患病或非因工负伤、女职工三期等）续延的，续延期间应当计算为劳动者在本单位的工作年限。

劳动者的工作年限依法续延满十年，劳动者提出订立无固定期限劳动合同的，用人单位应当与其订立无固定期限劳动合同。

观点2：法定续延期间的劳动合同续延状态并非产生自双方合意，仅为在特殊情况下稳定劳动关系，不应当推及订立无固定期限劳动合同。目前上海地区持此意见。

◈ 法条链接：

《上海市高级人民法院关于适用〈劳动合同法〉若干问题的意见》

四、涉及无固定期限劳动合同的几个问题

……

（三）因法定顺延事由，使得劳动者在同一单位工作时间超过十年的，是否作为签订无固定期限合同的理由

劳动合同期满，合同当然终止。合同期限的续延只是为了照顾劳动者的特殊情况，对合同终止时间进行了相应的延长，而非不得终止。《劳动合同法》第四十五条也明确规定："劳动合同期满，有本法第四十二条规定情形之一的，劳动合同应当续延至相应的情形消失时终止。"在法律没有对终止的情况做出特别规定的情况下，不能违反法律关于合同终止的有关规定随意扩大解释，将订立无固定期限合同的后果纳入其中。因此，法定的续延事由消失时，合同当然终止。

第六章

劳动争议常见具体诉求之五：经济补偿金

经济补偿金是指在劳动合同解除或者终止后，用人单位依法一次性支付给劳动者经济上的补偿。顾名思义，经济补偿金不具有赔偿性质，其功能在于帮助劳动者在失业阶段维持基本生活，不至于生活水平急剧下降。但是，在实践中，到底哪些情况下，劳动者可以依法主张用人单位支付经济补偿金呢？

根据《劳动合同法》的规定，存在如下情形，劳动者可以依法主张用人单位支付经济补偿金：(1)用人单位与劳动者协商一致解除劳动合同，即协商解除；(2)用人单位单方解除劳动合同的情形，包含非员工过错解雇及经济性裁员两类情况；(3)劳动者单方解除劳动合同的情形，即推定解雇，也称被迫解除；(4)劳动合同终止的情形。

第一节 协商解除之经济补偿金

一、基本情况

根据《劳动合同法》第36条及第46条的规定，由用人单位提出，与劳动者协商一致解除劳动合同的，用人单位应当向劳动者支付经济补偿。

在此种解除劳动合同的方式下，用人单位与劳动者经过平等、自愿协商达成一致，可以将各种争议一并解决，且协商解除基本适用于任何情形，只要双方自愿，不损害他人利益即可。因而是风险最小、矛盾最少的解除劳动合同方式。实务中，只要双方在协议上盖章或签字是真实的，就推定是双方的真实意思表示，除非一方能证明确有胁迫、欺诈等事由。实际上，这是很难证明的。

通过协商解除劳动合同的，为避免事后扯皮，应当签书面协议。协议至少应当包含如下内容：双方属于协商解除劳动合同、双方劳动关系解除的具体日期及“一次性解决双方所有争议”之类的兜底条款等。

至于书面协议的效力问题，根据《最高人民法院关于审理劳动争议案件适用法律问题的解释（一）》的规定可知，用人单位与劳动者在解除或者终止劳动合同时，就办理相关手续、支付工资报酬、加班费、经济补偿或者赔偿金等事宜而达成的协议，在不违反法律、行政法规的强制性规定，且不存在欺诈、胁迫或者乘人之危情形的，是具有法律效力的。

需要特别注意的是，一般认为，工伤的赔偿，即便有了协议，如果协议赔偿的金额明显低于法定标准，劳动者仍可就该差额要求补足，如果高于法定标准则有效。而经济补偿金的标准只要约定清楚，是双方真实意思表示，金额低于法定标准，也是有效的。

☞ 案例参考39：协商解除劳动合同的，不得以怀孕为由要求恢复劳动关系。

万某于2018年5月8日入职上海A公司担任行政助理，双方签订了期限自2018年5月21日至2020年5月20日止的劳动合同。2020年2月19日，公司与万某商谈协商解除劳动关系事宜，公司将解除协议文本通过电子邮件形式发送于万某，并要求万某在下班前回复确认邮件以及告知快递地址。万某于当日下午14时52分邮件回复“我接受公司的协议”。

次日上午，公司通过快递形式将已加盖公司印章的《劳动合同解除协议书》原件两份送到万某住所要求现场签署后再由快递取回其中一份，万某遂签署。2020年2月20日下午，万某向公司申请2020年2月24日至2020年3月4日休婚假。3月10日，万某以邮件形式告知公司已怀孕。3月11日，万某经医院诊断“目前已孕49天”。2020年3月13日，公司邮件回复万某解除协议有效，双方劳动关系于2020年3月20日解除。2020年3月23日，公司向万某寄送退工证明及劳动手册，万某拒收。2020年4月14日，万某申请仲裁，要求公司自2020年3月21日起恢复劳动关系。仲裁委不予支持。万某不服，遂起诉至法院。

一审法院认为，根据法律规定，用人单位与劳动者协商一致，可以解除劳动合同。本案中，原告与被告签订的《劳动合同解除协议书》系双方真实意思表示，未违反法律、法规的强制性规定，合法有效，双方均应恪守。根据该协议的内容，双方就劳动合同解除日期、解除劳动合同补偿、工作交接等解除劳动合同事宜进行了约定，系双方协商一致解除劳动合同；原告所称该协议系对劳动合同终止期限的变更，因缺乏依据，法院对此不予采纳。至于原告主张因协议约定的解除日期为2020年3月20日，现原告已于2020年3月11日告知被告其怀孕的事实，故根据《劳动合同法》第45条，劳动合同不应于2020年3月20日解除，而应顺延至原告“三期”结束。对此，根据《劳动合同法》第45条，劳动合同期满，有《劳动合同法》第42条规定情形之一的，劳动合同应当续延至相应的情形消失时终止。该条规定的是劳动合同正常到期时出现法定顺延事由，劳动合同应当顺延。本案中，系双方协商一致约定劳动合同于2020年3月20日解除，并不适用该条之规定，故原告以此为由主张劳动合同应当顺延至“三期”结束，于法无据，法院对该意见亦不予采纳。综上，法院确认双方劳动合同因协商一致已于2020年3月20日解除，故原告要求与被告恢复劳动关系的诉讼请求，缺乏事实和法律依据，法院对此难以支持。

万某不服一审判决，提起上诉，二审法院驳回上诉，维持原判。①

◈ 法条链接：

《劳动合同法》

第36条　用人单位与劳动者协商一致，可以解除劳动合同。

第46条　有下列情形之一的，用人单位应当向劳动者支付经济补偿：

（一）劳动者依照本法第三十八条规定解除劳动合同的；

（二）用人单位依照本法第三十六条规定向劳动者提出解除劳动合同并与劳动者协商一致解除劳动合同的；

（三）用人单位依照本法第四十条规定解除劳动合同的；

（四）用人单位依照本法第四十一条第一款规定解除劳动合同的；

（五）除用人单位维持或者提高劳动合同约定条件续订劳动合同，劳动者不同意续订的情形外，依照本法第四十四条第一项规定终止固定期限劳动合同的；

（六）依照本法第四十四条第四项、第五项规定终止劳动合同的；

（七）法律、行政法规规定的其他情形。

《最高人民法院关于审理劳动争议案件适用法律问题的解释（一）》

第35条　劳动者与用人单位就解除或者终止劳动合同办理相关手续、支付工资报酬、加班费、经济补偿或者赔偿金等达成的协议，不违反法律、行政法

① 上海市第一中级人民法院民事判决书，（2020）沪01民终13411号。

规的强制性规定,且不存在欺诈、胁迫或者乘人之危情形的,应当认定有效。

前款协议存在重大误解或者显失公平情形,当事人请求撤销的,人民法院应予支持。

二、举证责任

劳动者因协商解除劳动合同而主张经济补偿金时,应由用人单位举证证明是谁提出的协商解除及经济补偿金的金额。因为如果是员工提出的协商解除,则用人单位不需要支付经济补偿金。而根据《最高人民法院关于审理劳动争议案件适用法律问题的解释(一)》的规定,用人单位应当就解除劳动合同的事实及理由举证。因此,用人单位需要特别保存协商解除协议书,作为重要证据使用。若并非协商解除,也需要提供劳动者辞职报告等书面证据。

◈ 法条链接:

《劳动争议调解仲裁法》

第6条　发生劳动争议,当事人对自己提出的主张,有责任提供证据。与争议事项有关的证据属于用人单位掌握管理的,用人单位应当提供;用人单位不提供的,应当承担不利后果。

《最高人民法院关于审理劳动争议案件适用法律问题的解释(一)》

第44条　因用人单位作出的开除、除名、辞退、解除劳动合同、减少劳动报酬、计算劳动者工作年限等决定而发生的劳动争议,用人单位负举证责任。

第二节　非员工过错解雇之经济补偿金

《劳动合同法》第40条列举了用人单位可以单方解除劳动合同的3种情形,而法律赋予用人单位此类单方解除权,并非由于劳动者存在过错。因而,为了避免用人单位滥用权利，法律设定了严格的限制条件。下文将进行详细的分析。

需要特别注意的是，非员工过错解雇的3种法定情形，除需要向劳动者支付经济补偿金以外，还需要用人单位提前30日以书面形式通知劳动者本人或者额外支付劳动者1个月工资后，才可以解除劳动合同。如果用人单位无法或者没有能够提前30日书面通知劳动者本人，则在支付经济补偿金的同时，还需要支付1个月工资标准的代通知金。

◈ 法条链接：

《劳动合同法》

第40条　有下列情形之一的，用人单位提前三十日以书面形式通知劳动者本人或者额外支付劳动者一个月工资后，可以解除劳动合同：

（一）劳动者患病或者非因工负伤，在规定的医疗期满后不能从事原工作，也不能从事由用人单位另行安排的工作的；

（二）劳动者不能胜任工作，经过培训或者调整工作岗位，仍不能胜任工作的；

（三）劳动合同订立时所依据的客观情况发生重大变化，致使劳动合同无法履行，经用人单位与劳动者协商，未能就变更劳动合同内容达成协议的。

一、劳动者患病或者非因工负伤

劳动者患病或者非因工负伤，在规定的医疗期满后不能从事原工作，也不能从事由用人单位另行安排的工作，用人单位因此解除劳动合同的，应当支付经济补偿金。以该理由解除劳动合同需注意以下要点。

1. 医疗期须已届满

首先，何为医疗期？医疗期是针对劳动者患病或非因工负伤情况下存在的问题。医疗期并非劳动者治疗过程所需的实际时间，而是根据劳动者工龄等条件,依法可以享受的停工治疗并发放病假工资,且限制用人单位解除劳动合同的期间。因此,医疗期是一个法律概念,而非人们日常生活中理解的病假。

关于医疗期的时长问题,很多地区并未设置特殊规定,而是直接按照《企业职工患病或非因工负伤医疗期规定》的规定,详见表6-1。

表6-1 医疗期时长

总工作年限	本单位工作年限	应给予的医疗期	计算周期
10年以下	5年以下	3个月	6个月
	5年以上	6个月	12个月
10年以上	5年以下	6个月	12个月
	5年以上10年以下	9个月	15个月
	10年以上15年以下	12个月	18个月
	15年以上20年以下	18个月	24个月
	20年以上	24个月	30个月

有些地区如上海会有具体的地方性规定。用一个公式表示:上海地区计算医疗期期限=N+2,其中N表示劳动者在本单位满一整年的工作年限。

◈ 法条链接:

《企业职工患病或非因工负伤医疗期规定》

第3条 企业职工因患病或非因工负伤,需要停止工作医疗时,根据本人实际参加工作年限和在本单位工作年限,给予三个月到二十四个月的医疗期:

(一)实际工作年限十年以下的,在本单位工作年限五年以下的为三个月;五年以上的为六个月。

(二)实际工作年限十年以上的,在本单位工作年限五年以下的为六个月;五年以上十年以下的为九个月;十年以上十五年以下的为十二个月;十五年以上二十年以下的为十八个月;二十年以上的为二十四个月。

第4条 医疗期三个月的按六个月内累计病休时间计算;六个月的按十二

个月内累计病休时间计算；九个月的按十五个月内累计病休时间计算；十二个月的按十八个月内累计病休时间计算；十八个月的按二十四个月内累计病休时间计算；二十四个月的按三十个月内累计病休时间计算。

《关于本市劳动者在履行劳动合同期间患病或者非因工负伤的医疗期标准的规定》

二、医疗期按照劳动者在本用人单位的工作年限设置。劳动者在本单位工作第1年，医疗期为3个月；以后工作每满1年，医疗期增加1个月，但不超过24个月。

2. 认定“不能从事原工作，也不能从事用人单位安排的其他工作”，是否必须经过伤残鉴定？是否必须另行安排其他工作

根据《企业职工患病或非因工负伤医疗期规定》的规定，劳动者在医疗期满后，用人单位需要经过劳动能力鉴定委员会鉴定才能证明劳动者不能从事原工作而解除。

实践中，不少地区严格要求应经过劳动能力鉴定或至少要求有调整工作岗位的过程，这样才能根据本条规定行使单方解除权，如北京、深圳地区。但是在上海地区，因《上海市劳动和社会保障局关于实施〈上海市劳动合同条例〉若干问题的通知》的规定，劳动者医疗期满后仍不能上班工作的，用人单位即可视为其不能从事原来的工作，也不能从事另行安排的工作，从而直接解除劳动合同。

所以实践中，为减少争议，用人单位需要尽到提前通知并说明医疗期届满具体日期的义务，若劳动者仍不能上班工作的，用人单位按医疗期满解除劳动合同，可以大大增强单位解除的有效性。

需要注意的是，因医疗期满而解除劳动合同，某些地区存在现行有效的地方性规定需要支付医疗补助费的，仍应当按照当地的具体规定支付，如上海、北京、广州、深圳等地区。

◈ 法条链接：

《企业职工患病或非因工负伤医疗期规定》

第6条　企业职工非因工致残和经医生或医疗机构认定患有难以治疗的疾病，在医疗期内医疗终结，不能从事原工作，也不能从事用人单位另行安排的工作的，应当由劳动鉴定委员会参照工伤与职业病致残程度鉴定标准进行劳动能力的鉴定。

被鉴定为一至四级的，应当退出劳动岗位，终止劳动关系，办理退休、退职手续，享受退休、退职待遇；被鉴定为五至十级的，医疗期内不得解除劳动合同。

第7条　企业职工非因工致残和经医生或医疗机构认定患有难以治疗的疾病，医疗期满，应当由劳动鉴定委员会参照工伤与职业病致残程度鉴定标准进行劳动能力的鉴定。被鉴定为一至四级的，应当退出劳动岗位，解除劳动关系，并办理退休、退职手续，享受退休、退职待遇。

《上海市劳动和社会保障局关于实施〈上海市劳动合同条例〉若干问题的通知》

16. 劳动者患病或非因工负伤超过规定医疗期仍不能上班工作的，用人单位可以按超过停工医疗期规定解除劳动合同。

《上海市劳动合同条例》

第32条　有下列情形之一的，用人单位可以解除劳动合同，但是应当提前三十日以书面形式通知劳动者本人：

(一)劳动者患病或者非因工负伤，医疗期满后，不能从事原工作也不能从事由用人单位另行安排的工作的；

……

第44条　用人单位根据本条例第三十二条第一款第(一)项的规定解除劳动合同的，除按规定给予经济补偿外，还应当给予不低于劳动者本人六个月工资收入的医疗补助费。

《北京市劳动合同规定》

第38条第1款 用人单位依据本规定第二十九条、第三十一条、第三十二条规定解除劳动合同的，应当依照国家及本市有关规定给予劳动者经济补偿；依据本规定第三十一条第（一）项规定解除劳动合同的，还应当依照国家及本市有关规定支付医疗补助费。

《广东省高级人民法院、广东省劳动人事争议仲裁委员会关于劳动人事争议仲裁与诉讼衔接若干意见》

11. 劳动者患病、非因工负伤医疗期满后，经劳动能力鉴定委员会鉴定为完全丧失劳动能力或大部分丧失劳动能力，不能从事原工作、也不能从事由用人单位另行安排的工作而解除劳动合同的，用人单位应按规定支付经济补偿并支付不低于六个月工资的医疗补助费。

《深圳市中级人民法院关于审理劳动争议案件相关法律适用问题的座谈纪要》

第19条 医疗补助费的有关问题

根据劳动部办公厅《关于对劳部发[1996]354号文件有关问题解释的通知》（劳办发[1997]18号）规定，“劳动者患病或非因工负伤，合同期满终止劳动合同的，用人单位应当支付不低于六个月工资的医疗补助费”是指合同期满的劳动者终止劳动合同时，医疗期满或者医疗终结被劳动鉴定委员会鉴定为5～10级的，用人单位应当支付不低于六个月工资的医疗补助费。鉴定为1～4级的，应当办理退休、退职手续，享受退休、退职待遇。

☞ 案例参考40：北京地区严格要求医疗期满，要经过劳动能力鉴定认定劳动者不能从事原工作亦不能从事其他工作才可以解除劳动合同。

张某于2005年3月16日入职某快递公司，2014年1月9日双方签订无固定期限劳动合同，约定张某担任高级速递员。张某提供实际劳动至2015年5

月25日,此后一直休病假。某快递公司于2016年5月12日向张某邮寄了《法定医疗期满通知书》,通知张某到快递站点沟通并确认法定医疗期满后的安排。张某于2016年5月14日签收但未去。2016年5月20日,某快递公司向张某邮寄了《法定医疗期满返回工作岗位通知书》,再次通知张某于2016年5月26日前到快递站点与公司协商返回工作岗位或另行安排岗位等事宜。并注明无正当理由逾期不到,公司将视为张某本人无法按时返岗,同时放弃与公司协商另行安排工作岗位等事宜。张某于2016年5月21日签收。2016年5月25日,张某及其妻子刘某到快递站点与公司协商,双方未协商一致。2016年5月26日,某快递公司在通知工会后,以张某的身体状况,医疗期满不能从事原工作,也不能从事公司另行安排的其他工作为由与其解除劳动合同并邮寄了《解除劳动合同通知》。张某向北京市顺义区劳动人事争议仲裁委员会申请仲裁,要求某快递公司支付2005年3月15日至2016年5月30日违法解除劳动关系赔偿金及代通知金。

法院认为,即使某快递公司主张的张某医疗期内医疗终结,不能从事原工作,也不能从事用人单位另行安排的工作的情况确实存在,某快递公司亦应当向劳动鉴定委员会提出参照工伤与职业病致残程度鉴定标准针对张某的劳动能力进行鉴定。某快递公司虽主张系张某的原因未进行劳动能力鉴定但并未提交充分证据予以佐证,法院对此上诉主张不予采信。综上,某快递公司在未提出劳动能力鉴定的情况下直接以张某不能从事原工作亦不能从事用人单位安排的其他工作为由解除劳动合同实为不妥。关于某快递公司主张其解除劳动合同合法的上诉理由,法院不予支持。一审法院认定某快递公司解除行为违法并判决支付违法解除赔偿金符合法律规定。[①]

① 北京市第三中级人民法院民事判决书,(2017)京03民终7403号。

3. 举证责任

因证明劳动者医疗期满，势必涉及计算工作年限的问题，根据《最高人民法院关于审理劳动争议案件适用法律问题的解释(一)》的规定，应当由用人单位负举证责任。至于证明对劳动者有明确告知医疗期满及通知其返岗的责任，则要求用人单位保存好书面通知的证据及已送达给劳动者本人的证据。

◇ 法条链接：

《最高人民法院关于审理劳动争议案件适用法律问题的解释(一)》

第44条 因用人单位作出的开除、除名、辞退、解除劳动合同、减少劳动报酬、计算劳动者工作年限等决定而发生的劳动争议，用人单位负举证责任。

二、劳动者不胜任工作

劳动者不能胜任工作，经过培训或者调整工作岗位，仍不能胜任工作，用人单位因此解除劳动合同的，应当支付经济补偿金。以该理由解除劳动关系需注意以下要点。

1. 劳动者被证明不能胜任工作

(1)不能完成岗位要求的工作量，而相同岗位的大部分员工能够完成；

(2)在本职工作中差错率相对较高；

(3)在不能量化的工作中，通过有效的绩效考核证明员工不能胜任。

可以看出，认定劳动者不能胜任工作，要以客观上劳动者的技能、知识、能力不足以完成工作为考量标准；而不是以劳动者主观上的消极、懈怠、敷衍为认定标准。

2. 经过培训或调岗的必要前置程序，具体选择培训还是调岗可以由用人单位决定

通常认为，调岗不能调往复杂程度更高的岗位。至于培训，虽法律没有特别的要求，但通常要有正规的培训过程及培训记录，否则一般不会被仲裁或法

院支持。经培训或调岗后,需再次证明劳动者不能胜任工作,如此才能与劳动者解除劳动合同。

3. 举证责任

(1)用人单位第一次证明劳动者不能胜任工作

针对可以量化的工作,可以通过书面的《岗位定额书》确定工作量或正确率。用人单位根据岗位情况设定合理的工作量或正确率,可以作为认定标准。相应的证据包括书面《岗位定额书》及劳动者存在不能完成工作量或正确率的事实证据。

针对不能量化的工作,应设立有效的绩效考核制度。相应的证据如下:实体上,首先,《劳动合同》《岗位说明书》等对工作内容进行了明确的约定。其次,绩效考核制度中考核指标参照普通劳动者工作 8 小时的完成量且具有客观性,并非主观性及随意性;考核方法具有合法性,并未涉及末位淘汰制度等。最后,劳动者存在绩效考核不能达标的事实证据,包括业绩记录、投诉记录、返工记录、工期延误记录等。程序上,考核制度经过民主程序的证据及考核制度进行过公示或告知的证据。

(2)用人单位证明已进行培训的前置程序

虽然法律对培训的具体内容及形式没有明确要求,但以上海为例,若要得到仲裁或法院的支持,用人单位提供的培训在形式及内容上,必须能够达到提高该不能胜任工作的劳动者工作能力和业务水平的目的。通常需要提供的证据包括《培训通知书》(注明培训的原因为不能胜任工作)且有劳动者的签收证据;《培训计划》(注明培训目标、内容、时间节点)且有劳动者的签收证据;培训签到、培训反馈、培训总结等。若劳动者拒绝培训,则需要提供培训缺勤或旷工的记录。

☞ 案例参考 41:员工拒绝用人单位安排的培训,用人单位依据《劳动合同法》第 40 条第 2 项的规定,可以认定为合法解除。

2012 年 5 月 14 日,喻某入职某航空公司,劳动合同中关于劳动报酬的方式为“按照公司岗级和薪酬管理办法定岗套薪”。根据某航空公司于2015年7月10日印发的《绩效考核办法》，年终绩效考核系数1.0对应定性为“合格”，0.90对应定性为“基本合格”，0.80对应定性为“不合格”。《绩效考核办法》中规定，考核结果良好及合格的，薪点不变；基本合格的，降低1个薪点；连续两年基本合格或一年不合格的，岗级降低到低一级岗位对应的岗级，薪点按照就近就低原则确定。2013年，喻某的绩效系数为0.95，考核结果为基本合格；2014年，喻某的绩效系数为1.0；2015年，喻某的绩效系数为0.8。某航空公司组织喻某进行培训，因为喻某拒绝配合而无法进行。2016年4月19日，某航空公司发出解除劳动合同通知书，称鉴于喻某连续4年考核情况，不能胜任现工作岗位，同时拒绝转岗，也拒绝公司组织的培训和考核，决定解除劳动合同。

法院认为，本案中，某航空公司是以喻某“连续4年考核情况不能胜任现工作岗位，同时拒绝转岗，也拒绝公司组织的培训和考核”而通知喻某第二天即解除劳动合同。某航空公司根据喻某近几年的工作表现和考核情况对其进行培训，并无不当，因喻某拒绝培训，无法确定喻某经过培训后能否胜任工作，在此情况下，某航空公司解除喻某的劳动合同属于合法解除。①

(3)用人单位证明已进行调岗的前置程序

用人单位在其经营自主权范围内，可以对不能胜任的劳动者进行调岗调薪。通常需要提供的证据包括《调整岗位通知书》(注明调岗的原因为不能胜任工作)且有劳动者的签收证据；新岗位的岗位说明及考核制度且有劳动者的签收证据；为该劳动者提供适应新岗位的必要措施的证据；调岗降薪的合理性证据。

① 广东省高级人民法院民事裁定书，(2017)粤民申4170号。

☞ 案例参考42：劳动者拒不执行用人单位调岗安排，用人单位依据《劳动合同法》第40条第2项的规定，可以认定为合法解除。

张某与A公司之间自2010年3月1日至2012年5月25日存在劳动关系，任财务部部长。公司认为张某自2010年2月至2012年5月在A公司工作期间，因工作失误，给公司带来一定的损失及公司形象受损，经总经理办公会议决定，调整张某的工作岗位至仓储运输部工作，于2012年5月8日，A公司作出人事调岗通知书，通知载明："由于工作需要，张某同志调任仓储运输部工作，特此通知。即日生效，立即进行财务交接工作。"张某对岗位调整提出异议，未按调岗通知执行。A公司于2012年5月18日召开全员会议，就张某未到岗工作的情况及影响予以说明。2012年5月21日，A公司与张某协商补签无固定期限劳动合同事宜，张某最终未在劳动合同上签字。2012年5月22日，张某与A公司法定代表人卢某发生纠纷，张某报警。此后，张某未再到A公司上班。2012年5月25日，A公司作出解除劳动关系通知书。

法院认为，关于张某主张的违法解除劳动合同赔偿金，综合本案证据来看，A公司与张某未签订书面劳动合同对张某的工作岗位予以明确约定，在张某原岗位工作出现失误的情况下，A公司根据实际工作情况对张某的工作岗位进行调整，属于用人单位行使用工自主权的范畴，在张某无充分理由拒绝接受岗位调整、双方未能协商一致的情况下，A公司以张某工作期间存在工作失误且拒不接受岗位调整为由提出解除与张某的劳动合同，并无不妥。一审法院判决A公司依法向张某支付解除劳动关系经济补偿金，处理正确。但因A公司未尽到提前通知义务，一审法院判决A公司依法向张某支付未提前通知解除劳动合同的代通知金，亦无不当。①

① 北京市第二中级人民法院民事判决书，(2016)京02民终7158号。

(4)用人单位第二次证明劳动者不能胜任工作

经过培训或调岗的前置程序后,需证明培训或调岗后再次考核,劳动者依然不能胜任工作及劳动者签收的证据。

三、客观情况发生重大变化

劳动合同订立时所依据的客观情况发生重大变化,致使劳动合同无法履行,经用人单位与劳动者协商,未能就变更劳动合同内容达成协议,用人单位因此解除劳动合同的,应当支付经济补偿金。以该理由解除劳动关系需注意以下要点。

1. 客观情况发生重大变化

《关于〈劳动法〉若干条文的说明》中对"客观情况"解释为,发生不可抗力或出现致使劳动合同全部或部分条款无法履行的其他情况,如企业迁移、被兼并、企业资产转移等,并且排除经济性裁员的客观情况。

◇ 法条链接:

《关于〈劳动法〉若干条文的说明》

第26条　有下列情形之一的,用人单位可以解除劳动合同,但是应当提前三十日以书面形式通知劳动者本人:

(一)劳动者患病或者非因工负伤,医疗期满后,不能从事原工作也不能从事由用人单位另行安排的工作的;

(二)劳动者不能胜任工作,经过培训或者调整工作岗位,仍不能胜任工作的;

(三)劳动合同订立时所依据的客观情况发生重大变化,致使原劳动合同无法履行,经当事人协商不能就变更劳动合同达成协议的。

本条第(一)项指劳动者医疗期满后,不能从事原工作的,由原用人单位另行安排适当工作之后,仍不能从事另行安排的工作的,可以解除劳动合同。

本条第(二)项中的"不能胜任工作",是指不能按要求完成劳动合同中约定的任务或者同工种，同岗位人员的工作量。用人单位不得故意提高定额标准，使劳动者无法完成。

本条中的“客观情况”指：发生不可抗力或出现致使劳动合同全部或部分条款无法履行的其他情况，如企业迁移、被兼并、企业资产转移等，并且排除本法第二十七条所列的客观情况。

2. 未能与劳动者就变更劳动合同内容达成协议

客观情况发生重大变化时，用人单位与劳动者进行沟通协商变更劳动合同是必经的程序，协商不成才能解除劳动合同。需要特别注意的是，对于试用期的员工，是不适合此种解除方式的，否则很可能被认定为违法解除。

☞ 案例参考43：协商变更劳动合同是必要的前置程序，而非协商解除劳动合同。

2013年4月27日，刘某入职A公司担任停车场收费员。随着收费系统更新换代，A公司将停车场收费口由人工收费改为自动收费。2015年8月31日，A公司认为停车场收费员岗位相应无设置需要，遂以签订劳动合同时依据的情形发生重大变更，无法继续履行为由，多支付刘某1个月工资，与刘某解除劳动关系。

法院认为，具体到本案，停车场收费从人工收费逐渐转变为智能系统自动收费体现了生产力的进步，是科学技术发展的趋势所在，虽然会客观上造成部分劳动者(比如，本案的收费员)失业的不利后果，但从社会整体效果来看，仍然属于对人力资源的有效节约。从促进社会发展、鼓励企业创新的角度，法院认为可以认定本案的情形属于劳动合同订立时所依据的客观情况发生重大变化致使劳动合同无法履行的情形。但需要说明的是，上述情形下，用人单位无权径行解除合同，而是应当严格执行《劳动合同法》的规定，与劳动者就原合同客观履行不能导致的劳动合同内容的变更进行协商，且这种协商应当是在保障原工资待遇和工作条件基础上的诚意洽商。而本案中，A公司陈述的洽商内容仅为如何与劳动者解除合同，这种洽商既违反了《劳动合同法》第40条的规定，也剥夺了劳动者劳动的基本权利，严重损害了劳动者的情感和合法权益。故法院认为，A公司的行为属于违法解除劳动合同，应当向刘某支付违法解除劳动关系赔偿金。①

◈ 法条链接：

《劳动合同法》

第21条　在试用期中，除劳动者有本法第三十九条和第四十条第一项、第二项规定的情形外，用人单位不得解除劳动合同。用人单位在试用期解除劳动合同的，应当向劳动者说明理由。

3. 举证责任

用人单位需举证证明企业确实出现了迁移、兼并、企业资产转移等客观情况。此外，用人单位必须对与劳动者的协商过程形成书面记录，作为证据保存。

第三节 经济性裁员之经济补偿金

一、基本情况

根据《劳动合同法》第41条，用人单位可以进行经济性裁员。经济性裁员的法定条件有以下几点。

1. 需要裁减人员20人以上或者裁减不足20人但占用人单位职工总数10%以上。

---

① 北京市第三中级人民法院民事判决书，(2016)京03民终7742号。

2. 具有法定情形包括:(1)依照企业破产法规定进行重整的;(2)生产经营发生严重困难的;(3)企业转产、重大技术革新或者经营方式调整,经变更劳动合同后,仍需裁减人员的;(4)其他因劳动合同订立时所依据的客观经济情况发生重大变化,致使劳动合同无法履行的。

3. 符合法定程序,通常按照5个步骤:(1)准备材料阶段:用人单位资产损益表、收支平衡表、税务表等财务、审计报表,以证明用人单位面临困难;准备初步裁员方案,包括被裁减人员名单、裁减时间、步骤、经济补偿办法等。(2)听取意见阶段:一般采取会议加公告的形式,至少在正式实施前30日之前完成。(3)报告行政部门阶段:报告不等于审批,至少在正式实施前30日之前完成。(4)修改完善阶段:根据劳动行政部门的意见与工会、职工的意见,对裁员方案进行修改与完善。(5)正式公布实施阶段。

4. 裁减对象限制。下列六类人员不得裁减:(1)从事接触职业病危害作业的劳动者未进行离岗前职业健康检查,或者疑似职业病病人在诊断或者医学观察期间的;(2)在本单位患职业病或者因工负伤并被确认丧失或者部分丧失劳动能力的;(3)患病或者非因工负伤,在规定的医疗期内的;(4)女职工在孕期、产期、哺乳期的;(5)在本单位连续工作满15年,且距法定退休年龄不足5年的;(6)法律、行政法规规定的其他情形。

此外,需要注意的是,根据《劳动合同法》第21条的规定,对于试用期的员工,也是不适用此种方式解除的。

5. 遵循"两个优先"的规定:优先保留及优先招用。优先保留,即裁员时优先留用下列劳动者:(1)与本单位订立较长期限的固定期限劳动合同的;(2)与本单位订立无固定期限劳动合同的;(3)家庭无其他就业人员,有需要扶养的老人或者未成年人的。优先招用:裁员后,用人单位在6个月内重新招用人员的,应当通知被裁减的人员,并在同等条件下优先招用被裁减的人员。

☞ 案例参考44：在经济性裁员情况下，用人单位仅仅未向劳动行政部门报告，并不属于违法解除。

王某于2011年8月31日入职某公司法餐厅,双方签订了3年期书面劳动合同,约定王某在法餐厅管事部担任服务员。2013年11月22日,某公司召开全体员工大会并张贴《公司因经营不善关闭法餐厅的通知》,表示由于餐厅亏损严重,无法继续经营,公司将于2013年12月8日关闭。2013年11月23日,某公司与王某协商解除劳动合同补偿问题,双方未能达成一致意见。2013年12月8日,某公司向王某送达《解除劳动合同通知书》。

二审法院认为,北京某会计师事务所有限责任公司出具的某公司财务报表审计报告显示,该公司在2012年、2013年存在严重亏损情形,某公司据此通过裁员等方式调整经营范围是用人单位自主经营管理权和用工自主权的适当行使,且公司虽未成立工会,但通过大会告知、与员工面谈等方式与劳动者进行了必要协商,已经尽到向劳动者作出说明的法定义务。另,某公司在对王某进行裁减前虽未向有关劳动行政部门报告,但考虑到向劳动行政部门报告裁减人员方案主要是便于行政管理,而非用人单位裁员的法定生效条件,并不直接影响用人单位与劳动者之间解除劳动合同的效力,不宜因此认定某公司系与王某违法解除劳动合同关系。故原审法院对王某关于要求某公司支付其违法解除劳动合同赔偿金的请求未予支持,并无不当。[①]

⟐ 法条链接:

《劳动合同法》

第41条　有下列情形之一,需要裁减人员二十人以上或者裁减不足二十人但占企业职工总数百分之十以上的,用人单位提前三十日向工会或者全体职工说明情况,听取工会或者职工的意见后,裁减人员方案经向劳动行政部门报

① 北京市第二中级人民法院民事判决书,(2014)二中民终字第08363号。

告,可以裁减人员:

(一)依照企业破产法规定进行重整的;

(二)生产经营发生严重困难的;

(三)企业转产、重大技术革新或者经营方式调整,经变更劳动合同后,仍需裁减人员的;

(四)其他因劳动合同订立时所依据的客观经济情况发生重大变化,致使劳动合同无法履行的。

裁减人员时,应当优先留用下列人员:

(一)与本单位订立较长期限的固定期限劳动合同的;

(二)与本单位订立无固定期限劳动合同的;

(三)家庭无其他就业人员,有需要扶养的老人或者未成年人的。

用人单位依照本条第一款规定裁减人员,在六个月内重新招用人员的,应当通知被裁减的人员,并在同等条件下优先招用被裁减的人员。

第42条　劳动者有下列情形之一的,用人单位不得依照本法第四十条、第四十一条的规定解除劳动合同:

(一)从事接触职业病危害作业的劳动者未进行离岗前职业健康检查,或者疑似职业病病人在诊断或者医学观察期间的;

(二)在本单位患职业病或者因工负伤并被确认丧失或者部分丧失劳动能力的;

(三)患病或者非因工负伤,在规定的医疗期内的;

(四)女职工在孕期、产期、哺乳期的;

(五)在本单位连续工作满十五年,且距法定退休年龄不足五年的;

(六)法律、行政法规规定的其他情形。

第四节 推定解雇之经济补偿金

一、基本情况

《劳动合同法》第 38 条规定了劳动者可以主动提出与用人单位解除劳动关系，但是仍然需要用人单位支付经济补偿金的特定情况，即推定解雇的法定情况包括以下几种：

（1）用人单位未按照劳动合同约定提供劳动保护或者劳动条件的。

（2）用人单位未及时足额支付劳动报酬的。

（3）未依法为劳动者缴纳社会保险费的。

（4）用人单位的规章制度违反法律、法规的规定，损害劳动者权益的。

（5）因用人单位以欺诈、胁迫、乘人之危手段，使劳动者在违背真实意思的情况下订立或者变更劳动合同；用人单位免除自己的法定责任、排除劳动者权利的；违反法律、行政法规强制性规定的，致使劳动合同无效的。

（6）法律、行政法规规定劳动者可以解除劳动合同的其他情形。

（7）用人单位以暴力、威胁或者非法限制人身自由的手段强迫劳动者劳动的，或者用人单位违章指挥、强令冒险作业危及劳动者人身安全，劳动者可以立即解除劳动合同，不需事先告知用人单位。

根据字面解释，即便用人单位并非恶意，只要晚发一天，少发一分工资，也可以被视作未及时足额支付劳动报酬；由于行政人员疏忽，忘记缴纳一个月社保，也可以被视为未依法为劳动者缴纳社会保险费；类似这些轻微情形，劳动者也有权随时解除劳动合同，并要求用人单位支付经济补偿金。因此，在《劳动合同法》实施之初，用人单位苦不堪言。但是，随着《劳动合同法》实施的不断深入，在地方司法审判的实践中，法院一方面直接援引推定解雇制度，另一方面开始有意识地填补立法中的缺陷,对用人单位并非恶意拖延的情形,不会直接支持劳动者的任意解除权。

法条链接:

《劳动合同法》

第38条 用人单位有下列情形之一的,劳动者可以解除劳动合同:

(一)未按照劳动合同约定提供劳动保护或者劳动条件的;

(二)未及时足额支付劳动报酬的;

(三)未依法为劳动者缴纳社会保险费的;

(四)用人单位的规章制度违反法律、法规的规定,损害劳动者权益的;

(五)因本法第二十六条第一款规定的情形致使劳动合同无效的;

(六)法律、行政法规规定劳动者可以解除劳动合同的其他情形。

用人单位以暴力、威胁或者非法限制人身自由的手段强迫劳动者劳动的,或者用人单位违章指挥、强令冒险作业危及劳动者人身安全的,劳动者可以立即解除劳动合同,不需事先告知用人单位。

二、疑难案例

《劳动合同法》第38条规定了劳动者可以解除劳动合同的情形,并且有权据此要求用人单位支付经济补偿金,这是在用人单位侵害了劳动者权益的情况下,对劳动者的一种保护。然而,在实践操作中,并非具有法定情形的劳动者就能主张推定解雇,仍有许多细节需要注意,下文将展示几种虽有法定解除情形但不构成推定解雇的案例。

☞ 案例参考45:即使用人单位存在推定解雇情形,若辞职理由不属于推定解雇情形的,不构成推定解雇。

徐某于2003年进入上海A公司工作,担任缝纫工。双方签订的最后一期劳动合同至2009年12月31日到期。该份劳动合同到期后，徐某继续在上海A公司工作。2010年11月6日，上海A公司要求徐某仅在制度工作日上班，不再安排加班，徐某不同意，之后便离开上海A公司未再上班。

法院认为，劳动者在仲裁庭时称因用人单位不安排其加班而离开公司，该陈述与用人单位的陈述一致，故法院认定劳动者当时因用人单位不安排加班而离职。虽然用人单位存在拖欠劳动者工资，未依法缴纳社会保险的情形，但劳动者并未基于该事由辞职，而用人单位是否安排员工加班属于用人单位的用工自主权，并不属于违法行为。劳动者辞职时并未行使推定解雇辞职权，而是行使任意辞职权。劳动者的辞职权属于形成权，一经行使即产生相应的法律后果。劳动者辞职时行使了任意辞职权，并不产生用人单位支付经济补偿金的法律后果，且该法律后果也不因劳动者之后主张的辞职理由而改变。故该用人单位无须支付劳动者经济补偿金。①

☞ 案例参考46：劳动者的辞职要与推定解雇情形具有关联性，并由劳动者承担举证责任，劳动者举证不能的，不认定为推定解雇。

李某于2002年7月进入上海某集团公司，上海某集团公司安排李某在山东工作。双方签订的最后一份劳动合同的期限为2008年10月22日至2011年10月21日。李某于2008年10月调回上海工作。2008年12月1日，李某填写了辞职报告书，在该辞职报告书中的辞职原因列出勾选项，分别为“待遇福利”“升迁前程”“工作环境”“升学进修”“家庭因素”“主管因素”“其他”。李某在辞职理由中勾选了“其他”项，且并未注明具体内容。李某于当日离开上海某集团公司。

李某认为以用人单位未为其缴纳社会保险为由而提出辞职，公司应支付解除劳动合同的经济补偿金。

两级法院经审理查明后认为，劳动者依法享有社会保险和福利的权利。在

---

① 上海市青浦区人民法院民事判决书，(2011)青民四(民)初字第584号。

劳动关系存续期间,用人单位负有为劳动者缴纳社会保险费的义务。虽然上海某集团公司确认存在未为李某缴纳社会保险的事实,但劳动者因用人单位的过错行使特别解除权(表现形式为辞职)后,要求用人单位支付经济补偿金的,该劳动者应当对作出辞职决定时向用人单位明示的理由承担举证责任。本案中,李某辞职时填写了辞职报告书,综观报告书的整个行文,无李某辞职系因公司未为其缴纳社会保险的客观记载。从辞职报告书的格式分析,该报告书提供给劳动者勾选的离职理由有“待遇福利”“升迁前程”“工作环境”“升学进修”“家庭因素”“主管因素”“其他”项,“其他”项旁边要求注明理由。既然辞职报告中有“待遇福利”一栏可供勾选,待遇福利应包含社会保险缴纳的内容,但李某未勾选该栏。李某在离职原因处勾选“其他”项,也未注明具体理由。另外,上海某集团公司还设置了申请人对现在任职部门的建议及对公司经营方式的建议栏目,李某在两项建议栏中,均填写“无”。

综上,法院认定,该辞职报告书虽为上海某集团公司提供的格式化报告书,但其内容的设置充分保障了劳动者表达其真实意思的权利,但李某填写辞职报告书时,字里行间并无流露对上海某集团公司不满的情绪,更无关于离职系因上海某集团公司未为其缴纳社会保险的陈述,故李某在庭审中主张的离职原因为上海某集团公司未为其缴纳社会保险,法院不予采信。因李某并未基于推定解雇的情形行使辞职权,李某要求上海某集团公司支付解除劳动合同经济补偿金的请求,不符合法律规定,法院不予支持。①

☞ 案例参考 47:劳动者辞职理由要与《劳动合同法》列举的具体推定解雇情形相对应,没有列举的,不构成推定解雇。

黄某于 2004 年 11 月 4 日进入印刷公司工作。双方签订的最后一期合同约定的期限为 2010 年 1 月 1 日至 2012 年 12 月 31 日,并约定黄某所在岗位执

---

① 上海市第二中级人民法院民事判决书,(2010)沪二中民三(民)终字第 635 号。

行综合计算工时制，印刷公司确实由于生产经营需要，应当与黄某协商确定加班事宜。2012 年 3 月 12 日，黄某向印刷公司邮递了一份解除劳动合同通知书，以印刷公司未按国家法律规定为其缴纳住房公积金，以及不按法律规定公示综合工时制在劳动部门的备案文件的行为侵犯了其合法权益为由，向印刷公司提出解除劳动合同，并要求印刷公司支付经济补偿金。

法院认为，用人单位没有给劳动者缴纳公积金并不构成《劳动合同法》规定的推定解雇情形，劳动者以此为由辞职依法并不享有要求用人单位支付解除劳动合同经济补偿金的权利。劳资双方在劳动合同中约定执行综合工时制，即使用人单位存在未公布综合工时制批文的情况，也仅属于执行该制度的瑕疵，并不对劳动者的权益造成实质性的侵害。劳动者并未提供证据证明用人单位存在强制加班或存在不提供劳动条件的情形。劳动者以上述理由辞职，并不属于《劳动合同法》第 38 条所规定的情形，故对劳动者要求的支付解除劳动合同经济补偿金的要求，法院不予支持。①

☞ 案例参考 48：推定解雇情形存在，劳动者以此辞职时，考虑到用人单位是否恶意，非恶意的不认定为推定解雇。

严某曾于 2002 年 2 月 7 日进入物业公司工作。2007 年 4 月 16 日，双方签订劳动合同，约定合同期限为 2007 年 4 月 1 日至 2008 年 3 月 31 日，严某月工资为 1300 元（不包括个人所得税和社保个人负担部分）。2009 年 10 月 30 日，严某提交辞职申请书，要求自 2009 年 11 月 26 日辞职，辞职理由为物业公司原总经理给予严某不公平待遇，不涨工资、工作量大。物业公司同意严某的辞职，但认为严某的辞职理由不符合事实。

劳动者严某认为，用人单位在 2007 年 8 月一次性多扣除了 2007 年 4 月至 8 月的社保费 813.50 元，用人单位在年底发放的 998.87 元并不是补发的社保

① 上海市青浦区人民法院民事判决书，(2012) 青民四(民) 初字第 1297 号。

费，而是年假调休的钱。因此辞职起诉单位要求返还，并要求支付经济补偿金。用人单位认为，单位确实在2007年8月多扣了劳动者社保费813.50元，但已在年底补发998.87元，其中包括了多扣的813.50元。

法院经审查后认为，用人单位确认在2007年8月多扣了劳动者的社保费813.50元，用人单位表示已在年底补发，劳动者认为补发的并不是多扣除的社保费。劳动者的工资条中并未注明该补发的款项为多扣除的社保费，用人单位应对该补发款项的性质承担举证责任，现用人单位无法提供证据证明该款项为补发多扣的社保费，应承担举证不能的后果。故用人单位应支付劳动者多扣的社保费813.50元。但是用人单位因认识错误而扣款，并无故意克扣的故意，故用人单位无须支付补偿金。①

◇ 法条链接：

《上海市高级人民法院关于适用〈劳动合同法〉若干问题的意见》

9.劳动者以用人单位未"及时、足额"支付劳动报酬及"未缴纳"社保金为由解除合同的，"及时、足额"支付及"未缴纳"情形的把握。

用人单位依法向劳动者支付劳动报酬和缴纳社保金，是用人单位的基本义务。但是，劳动报酬和社保金的计算标准，在实际操作中往往比较复杂。而法律规定的目的就是要促使劳动合同当事人双方都诚信履行，无论用人单位还是劳动者，其行使权利、履行义务都不能违背诚实信用的原则。如果用人单位存在有悖诚信的情况，从而拖延支付或拒绝支付的，才属于立法所要规制的对象。因此，用人单位因主观恶意而未"及时、足额"支付劳动报酬或"未缴纳"社保金的，可以作为劳动者解除合同的理由。但对确因客观原因导致计算标准不清楚、有争议，导致用人单位未能"及时、足额"支付劳动报酬或未缴纳社保金的，不能作为劳动者解除合同的依据。

① 上海市青浦区人民法院民事判决书，(2010)青民四民(初)字第698号。

劳动者以存在《劳动合同法》第三十八条规定的其他情形为由主张解除劳动合同的，应当遵循合法、合理、公平的原则，参照前款精神处理。

第五节 劳动合同终止之经济补偿金

《劳动合同法》第 44 条、第 46 条及《最高人民法院关于审理劳动争议案件适用法律问题的解释(一)》第 48 条规定了劳动合同终止，劳动者可以主张经济补偿金的法定情形，主要包括以下几点：

(1)除用人单位维持或者提高劳动合同约定条件续订劳动合同，劳动者不同意续订的情形外，固定期限劳动合同期满的；

(2)用人单位被依法宣告破产的；

(3)用人单位被吊销营业执照、责令关闭、撤销或者用人单位决定提前解散的；

(4)因用人单位经营期限届满不再继续经营导致劳动合同不能继续履行的。

总体来说，因劳动合同终止可以主张经济补偿金的法定情形(2)至情形(4)可以统一理解为用人单位一方主体消失。无论用人单位主体消失的原因具体为何，但因其作为劳动合同的一方当事人无法再履行权利承担义务，因而需要向劳动者支付经济补偿金。

关于因劳动合同终止可以主张经济补偿金的法定情形(1)，要点如下：

(1)劳动合同期满终止，用人单位是否必须提前通知。《劳动合同法》并没有规定用人单位提前通知终止的义务，但是如北京地区，是有明确规定的。若劳动合同期限届满前，用人单位终止劳动合同时，未提前 30 日通知劳动者，以劳动者上月日平均工资为标准，每延迟 1 日支付劳动者 1 日工资的赔偿金。但未提前通知，期满终止本身仍然有效。

◈ 法条链接：

《北京市劳动合同规定》

第40条　劳动合同期限届满前，用人单位应当提前30日将终止或者续订劳动合同意向以书面形式通知劳动者，经协商办理终止或者续订劳动合同手续。

第47条　用人单位违反本规定第四十条规定，终止劳动合同未提前30日通知劳动者的，以劳动者上月日平均工资为标准，每延迟1日支付劳动者1日工资的赔偿金。

(2)劳动合同到期终止的，只需要从2008年1月1日起算经济补偿金。因为劳动合同到期终止需要支付经济补偿金是2008年1月1日起实施的《劳动合同法》的新规定，不能追溯到2008年以前。

☞ 案例参考49：劳动合同到期后一段时间，劳动者以劳动合同到期，用人单位未与其续订劳动合同为由申请离职，是否可以主张经济补偿金？

陈某于2008年4月10日与某证券公司签订了劳动合同，劳动合同期限至2011年4月30日。陈某与某证券公司的劳动合同到期后，双方没有续签劳动合同，但陈某继续在某证券公司工作。2012年7月17日，陈某以劳动合同到期为由申请辞职，某证券公司出具了离职证明，证明陈某系某证券公司上海分公司投资银行部员工，于2008年4月10日进入公司工作，2012年6月11日与公司解除劳动关系，并已办理了离职手续。

二审法院认为，劳动合同期满后，劳动者仍在原用人单位工作，原用人单位未表示异议，视为双方以原条件继续履行劳动合同。一方提出终止劳动关系的，人民法院应当支持。本案中，陈某与某证券公司签订的《岗位聘任协议》所约定的服务期限至2011年4月30日，此后陈某继续在某证券公司工作，而某证券公司未与其续签劳动合同,故应视为双方同意以原条件继续履行劳动合同。2012年6月7日,陈某以劳动合同到期为由申请离职,某证券公司最终于2012年6月11日进行了审批,故应认定双方的劳动关系于2012年6月11日解除。因陈某未提供证据证明其系因某证券公司未依约给付项目奖励而离职的,故法院对陈某提出的某证券公司应向其支付经济补偿金的请求不予支持。①

案例解读:根据《最高人民法院关于审理劳动争议案件适用法律问题的解释(一)》第34条的规定,劳动合同期满后,视为陈某与某证券公司已按照原条件继续履行劳动合同。陈某若打算以劳动合同终止为由主张经济补偿金,就需要有符合《劳动合同法》第44条及第46条规定的法定情形,而本案中显然并不存在如此情形,因而法院并未支持其主张经济补偿金的诉求。

法条链接:

《劳动合同法》

第44条　有下列情形之一的,劳动合同终止:

(一)劳动合同期满的;

(二)劳动者开始依法享受基本养老保险待遇的;

(三)劳动者死亡,或者被人民法院宣告死亡或者宣告失踪的;

(四)用人单位被依法宣告破产的;

(五)用人单位被吊销营业执照、责令关闭、撤销或者用人单位决定提前解散的;

(六)法律、行政法规规定的其他情形。

第46条　有下列情形之一的,用人单位应当向劳动者支付经济补偿:

(一)劳动者依照本法第三十八条规定解除劳动合同的;

① 上海市第二中级人民法院民事判决书,(2014)沪二中民三(民)终字第933号。

（二）用人单位依照本法第三十六条规定向劳动者提出解除劳动合同并与劳动者协商一致解除劳动合同的；

（三）用人单位依照本法第四十条规定解除劳动合同的；

（四）用人单位依照本法第四十一条第一款规定解除劳动合同的；

（五）除用人单位维持或者提高劳动合同约定条件续订劳动合同，劳动者不同意续订的情形外，依照本法第四十四条第一项规定终止固定期限劳动合同的；

（六）依照本法第四十四条第四项、第五项规定终止劳动合同的；

（七）法律、行政法规规定的其他情形。

《最高人民法院关于审理劳动争议案件适用法律问题的解释（一）》

第 34 条第 1 款　劳动合同期满后，劳动者仍在原用人单位工作，原用人单位未表示异议的，视为双方同意以原条件继续履行劳动合同。一方提出终止劳动关系的，人民法院应予支持。

第 48 条　劳动合同法施行后，因用人单位经营期限届满不再继续经营导致劳动合同不能继续履行，劳动者请求用人单位支付经济补偿的，人民法院应予支持。

第六节　经济补偿金的计算方式

在明确了应当支付经济补偿金的情形之后，还需要了解经济补偿金是如何计算的。经济补偿金的计算是根据劳动者在用人单位的工作年限确定相应月数的劳动者本人工资的过程，即经济补偿金＝月数×月工资。

一、劳动者的工作年限全部在《劳动合同法》实施后的情形

在此种情况下，计算劳动者的经济补偿金时，直接根据《劳动合同法》实施后确定的计算规则确定“月数及本人工资标准”。

1. 月数的确定

(1)按劳动者在本单位工作的年限,每满1年支付1个月工资;

(2)6个月以上不满1年的,按1年计算;不满6个月的,支付半个月工资;

(3)劳动者月工资高于用人单位所在直辖市、设区的市级人民政府公布的本地区上年度职工月平均工资3倍的,向其支付经济补偿的年限最高不超过12年。

2. 月工资的确定

劳动者在劳动合同解除或者终止前12个月的平均工资基数计算标准如下。

(1)实际工作不足12个月,按实际工作的月数计算平均工资。

(2)平均工资不得低于当地最低工资标准。

(3)月工资高于用人单位所在直辖市、设区的市级人民政府公布的本地区上年度职工月平均工资3倍的,经济补偿的标准按职工月平均工资3倍的数额支付。

(4)月工资应以扣除个税、社保及住房公积金之前的应得工资标准为准。

(5)大多数地区计算平均工资时,将离职前12个月内发放的所有工资性收入,包括津贴、补贴、奖金(无论是否为按月发放)、加班费等全部货币性收入均计算在内。但上海地区有明确的裁判口径,计算经济补偿金时剔除加班费。

(6)一般认为,病假期间无须排除。不过,实践中对此也有争议,认为病假期间非劳动者的正常工作状态,理应排除。

法条链接:

《劳动合同法》

第47条　经济补偿按劳动者在本单位工作的年限,每满一年支付一个月工资的标准向劳动者支付。六个月以上不满一年的,按一年计算;不满六个月的,向劳动者支付半个月工资的经济补偿。

劳动者月工资高于用人单位所在直辖市、设区的市级人民政府公布的本地区上年度职工月平均工资三倍的，向其支付经济补偿的标准按职工月平均工资三倍的数额支付，向其支付经济补偿的年限最高不超过十二年。

本条所称月工资是指劳动者在劳动合同解除或者终止前十二个月的平均工资。

《劳动合同法实施条例》

第27条　劳动合同法第四十七条规定的经济补偿的月工资按照劳动者应得工资计算，包括计时工资或者计件工资以及奖金、津贴和补贴等货币性收入。劳动者在劳动合同解除或者终止前12个月的平均工资低于当地最低工资标准的，按照当地最低工资标准计算。劳动者工作不满12个月的，按照实际工作的月数计算平均工资。

《上海高院民事法律适用问答(2013年第1期)》

5.关于劳动争议案件中确定经济补偿金计算基数时是否需要将加班工资包括在内的问题

有的法院反映，一些用人单位加班已成为常态，劳动者的劳动报酬一般由最低工资和加班费组成，如在确定经济补偿金计算基数时不将加班费计算在内，则可能导致用人单位支付的经济补偿金过低的问题。我们认为，第一、经济补偿从性质上看系用人单位与劳动者解除或终止劳动关系后，为弥补劳动者损失或基于用人单位所承担的社会责任而给予劳动者的补偿，故经济补偿金应以劳动者的正常工作时间工资为计算基数。第二，加班工资系劳动者提供额外劳动所获得的报酬，不属于正常工作时间内的劳动报酬。第三，从原劳动部《关于贯彻〈中华人民共和国劳动法〉若干问题的意见》第55条和《劳动合同法实施条例》第27条规定来看，也应认为经济补偿金不包含加班费。综上，我们认为在计算经济补偿金计算基数时不应将加班工资包括在内。

如有证据证明用人单位恶意将本应计入正常工作时间工资的项目计入加班工资，以达到减少正常工作时间工资和经济补偿金计算标准的，则应将该部分“加班工资”计入经济补偿金的计算基数。

二、劳动者的工作年限跨越《劳动合同法》实施前后的情形

此种情况下，不可避免地需要了解一下《劳动合同法》实施之前对经济补偿金的相关规定。

1.《劳动合同法》实施之前，需要支付经济补偿金的情形

(1)由用人单位提出，双方协商一致解除劳动合同。对应《劳动合同法》第36条及第46条第2项。

(2)劳动者患病或者非因工负伤，经劳动鉴定委员会确认不能从事原工作，也不能从事用人单位另行安排的工作，用人单位解除劳动合同的。对应《劳动合同法》第40条第1项及第46条第3项。

(3)劳动者不能胜任工作，经过培训或者调整工作岗位仍不能胜任工作，用人单位解除劳动合同的。对应《劳动合同法》第40条第2项及第46条第3项。

(4)劳动合同订立时所依据的客观情况发生重大变化，致使原劳动合同无法履行，经当事人协商不能就变更劳动合同达成协议，用人单位解除劳动合同的。对应《劳动合同法》第40条第3项及第46条第3项。

(5)用人单位濒临破产进行法定整顿期间或者生产经营状况发生严重困难，必须裁减人员的。对应《劳动合同法》第41条第1项、第2项及第46条第4项。

(6)用人单位以暴力、威胁或者非法限制人身自由的手段强迫劳动的，劳动者解除劳动合同的。对应《劳动合同法》第38条第2款及第46条第1项。

(7)用人单位未按照劳动合同约定支付劳动报酬或者提供劳动条件，劳动者解除劳动合同的。对应《劳动合同法》第38条第1款第1项、第2项及第46条第1项。

(8)用人单位克扣或者无故拖欠劳动者工资，劳动者解除劳动合同的。对

应《劳动合同法》第 38 条第 1 款第 2 项及第 46 条第 1 项。

(9)用人单位拒不支付劳动者延长工作时间工资报酬,劳动者解除劳动合同的。对应《劳动合同法》第 38 条第 1 款第 2 项及第 46 条第 1 项。

(10)用人单位低于当地最低工资标准支付劳动者工资,劳动者解除劳动合同的。对应《劳动合同法》第 38 条第 1 款第 2 项及第 46 条第 1 项。

通过比较可知,《劳动合同法》实施以前用人单位需要支付经济补偿金的情形均已在《劳动合同法》中予以体现。

法条链接:

《违反和解除劳动合同的经济补偿办法》[①]

第 5 条　经劳动合同当事人协商一致,由用人单位解除劳动合同的,用人单位应根据劳动者在本单位工作年限,每满一年发给相当于一个月工资的经济补偿金,最多不超过十二个月。工作时间不满一年的按一年的标准发给经济补偿金。

第 6 条　劳动者患病或者非因工负伤,经劳动鉴定委员会确认不能从事原工作、也不能从事用人单位另行安排的工作而解除劳动合同的,用人单位应按其在本单位的工作年限,每满一年发给相当于一个月工资的经济补偿金,同时还应发给不低于六个月工资的医疗补助费。患重病和绝症的还应增加医疗补助费,患重病的增加部分不低于医疗补助费的百分之五十,患绝症的增加部分不低于医疗补助费的百分之百。

第 7 条　劳动者不能胜任工作,经过培训或者调整工作岗位仍不能胜任工作,由用人单位解除劳动合同的,用人单位应按其在本单位工作的年限,工作时间每满一年,发给相当于一个月工资的经济补偿金,最多不超过十二个月。

① 本法规已于 2017 年 11 月 24 日被《人力资源社会保障部关于第五批宣布失效和废止文件的通知》废止,但对《劳动合同法》实施以前的工作年限,应参考该规定支付经济补偿金。

第8条 劳动合同订立时所依据的客观情况发生重大变化，致使原劳动合同无法履行，经当事人协商不能就变更劳动合同达成协议，由用人单位解除劳动合同的，用人单位按劳动者在本单位工作的年限，工作时间每满一年发给相当于一个月工资的经济补偿金。

第9条 用人单位濒临破产进行法定整顿期间或者生产经营状况发生严重困难，必须裁减人员的，用人单位按被裁减人员在本单位工作的年限支付经济补偿金。在本单位工作的时间每满一年，发给相当于一个月工资的经济补偿金。

《劳动法》

第24条 经劳动合同当事人协商一致，劳动合同可以解除。

第26条 有下列情形之一的，用人单位可以解除劳动合同，但是应当提前三十日以书面形式通知劳动者本人：

（一）劳动者患病或者非因工负伤，医疗期满后，不能从事原工作也不能从事由用人单位另行安排的工作的；

（二）劳动者不能胜任工作，经过培训或者调整工作岗位，仍不能胜任工作的；

（三）劳动合同订立时所依据的客观情况发生重大变化，致使原劳动合同无法履行，经当事人协商不能就变更劳动合同达成协议的。

第27条 用人单位濒临破产进行法定整顿期间或者生产经营状况发生严重困难，确需裁减人员的，应当提前三十日向工会或者全体职工说明情况，听取工会或者职工的意见，经向劳动行政部门报告后，可以裁减人员。

用人单位依据本条规定裁减人员，在六个月内录用人员的，应当优先录用被裁减的人员。

第28条 用人单位依据本法第二十四条、第二十六条、第二十七条的规定解除劳动合同的，应当依照国家有关规定给予经济补偿。

《最高人民法院关于审理劳动争议案件适用法律若干问题的解释》[①]

第15条　用人单位有下列情形之一,迫使劳动者提出解除劳动合同的,用人单位应当支付劳动者的劳动报酬和经济补偿,并可支付赔偿金:

(一)以暴力、威胁或者非法限制人身自由的手段强迫劳动的;

(二)未按照劳动合同约定支付劳动报酬或者提供劳动条件的;

(三)克扣或者无故拖欠劳动者工资的;

(四)拒不支付劳动者延长工作时间工资报酬的;

(五)低于当地最低工资标准支付劳动者工资的。

2.《劳动合同法》新增的需要支付经济补偿金的情形

(1)用人单位未依法为劳动者缴纳社会保险费,劳动者解除劳动合同的;

(2)用人单位的规章制度违反法律、法规的规定,损害劳动者权益,劳动者解除劳动合同的;

(3)因用人单位以欺诈、胁迫、乘人之危手段,使劳动者在违背真实意思的情况下订立或者变更劳动合同,致使劳动合同无效,劳动者解除劳动合同的;

(4)用人单位免除自己的法定责任、排除劳动者权利,致使劳动合同无效,劳动者解除劳动合同的;

(5)用人单位订立劳动合同违反法律、行政法规强制性规定,致使劳动合同无效,劳动者解除劳动合同的;

(6)用人单位违章指挥、强令冒险作业危及劳动者人身安全,劳动者解除劳动合同的;

(7)除用人单位维持或者提高劳动合同约定条件续订劳动合同,劳动者不同意续订的情形外,固定期限劳动合同期满的;

---

① 该司法解释于2001年4月30日实施,现已失效。《最高人民法院关于审理劳动争议案件适用法律问题的解释(一)》自2021年1月1日起施行。

(8)用人单位被依法宣告破产的；

(9)用人单位被吊销营业执照、责令关闭、撤销或者用人单位决定提前解散的；

(10)因用人单位经营期限届满不再继续经营导致劳动合同不能继续履行。

3.《劳动合同法》实施前，月数及月工资标准的确定规则

(1)月数的确定

①根据劳动者在本单位工作年限，每满 1 年计发 1 个月工资。

②不满 1 年的按 1 年的标准计发。

③下列情形，支付经济补偿金的月数不超过 12 个月：

a. 由用人单位提出，双方协商一致解除劳动合同的；

b. 劳动者不胜任工作，经过培训或者调整工作岗位仍不能胜任工作，用人单位解除劳动合同的；

c. 以暴力、威胁或者非法限制人身自由的手段强迫劳动，致使劳动者解除劳动合同的；

d. 未按约定支付劳动报酬或者提供劳动条件致使劳动者解除劳动合同的。

(2)月工资的确定

企业正常生产情况下，劳动者解除合同前 12 个月的月平均工资。

4.《劳动合同法》实施前后，经济补偿金计算方式的差异

(1)月数的确定

①《劳动合同法》实施前，没有不满 6 个月支付半个月的做法；

②《劳动合同法》实施前设定不超过 12 个月的考量因素为劳动合同解除的具体原因，而《劳动合同法》实施后设定不超过 12 个月的考量因素仅为劳动者月工资数额有没有超过 3 倍封顶的设定。

(2)月工资的确定

《劳动合同法》实施后，设定了劳动者月工资最高值，即用人单位所在直辖

市、设区的市级人民政府公布的本地区上年度职工月平均工资的 3 倍。《劳动合同法》实施前无此限制，仅对特别情形下月工资的最低标准进行了限制。

◈ 法条链接：

《违反和解除劳动合同的经济补偿办法》

第 5 条　经劳动合同当事人协商一致，由用人单位解除劳动合同的，用人单位应根据劳动者在本单位工作年限，每满一年发给相当于一个月工资的经济补偿金，最多不超过十二个月。工作时间不满一年的按一年的标准发给经济补偿金。

第 7 条　劳动者不能胜任工作，经过培训或者调整工作岗位仍不能胜任工作，由用人单位解除劳动合同的，用人单位应按其在本单位工作的年限，工作时间每满一年，发给相当于一个月工资的经济补偿金，最多不超过十二个月。

5. 经济补偿金是否分段计算问题

根据《劳动合同法》第 97 条的规定，对工作年限跨越《劳动合同法》实施前后的，确立了分段计算的规则，只是各地实践操作中在月数及月工资的确定上存在不同。

随着《违反和解除劳动合同的经济补偿办法》于 2017 年 11 月 24 日被废止，不少观点认为分段计算时代已经终结，但是对具有明确地方性规定的地区来说，裁判口径不尽相同。

(1)上海地区，根据《上海市高级人民法院关于适用〈劳动合同法〉若干问题的意见》的规定：

①《劳动合同法》与 2008 年 1 月 1 日之前施行的相关法律、法规(以下简称以前规定)均规定应当支付经济补偿金的情况，且劳动者的月平均工资不高于上年度本市职工月平均工资 3 倍的，经济补偿金的计算基数按劳动者在劳动合同解除或终止前 12 个月的月平均工资确定。

②《劳动合同法》规定应当支付经济补偿金的情形，且不属于以前规定中“经济补偿金总额不超过劳动者十二个月的工资收入”情形的，经济补偿年限自用工之日起计算。《劳动合同法》规定应当支付经济补偿金的情形，但属于以前规定中“经济补偿金总额不超过劳动者十二个月的工资收入”情形的，劳动者在《劳动合同法》施行前的经济补偿年限按照以前规定计算；劳动者在《劳动合同法》施行后的工作年限在计算经济补偿年限时并入计算。

③符合《劳动合同法》规定3倍封顶的情形，实施封顶计算经济补偿年限自《劳动合同法》施行之日起计算，《劳动合同法》施行之前的工作年限仍按以前规定的标准计算经济补偿金。

总体来说，上海地区是适用分段计算的，《违反和解除劳动合同的经济补偿办法》对于其生效时间内计算经济补偿金的规则仍发生效力。

☞ 案例参考50：上海地区经济补偿金实行分段计算。

李某于2004年6月16日至A公司工作，双方签订了多份劳动合同，最后一份劳动合同为自2014年6月16日起的无固定期限劳动合同，约定李某担任“B信息科技有限公司（双方均确认该公司全称为北京××有限公司，系A公司的子公司）大区总经理”一职，劳动合同另约定A公司有权在适当时机调整李某的工作岗位和工作内容。自2019年3月26日起，李某担任B公司副总经理，负责销售工作，2019年年薪包括基本年薪476,000元及业绩年薪204,000元。

2020年3月，因疫情原因，A公司先是与李某协商欲将李某调岗至下属另一子公司任长益华东区销售总监职位，在李某未同意的情况下，双方还曾就解除劳动合同事宜进行了协商，但最终因补偿金的数额未能达成一致而协商未成。后A公司又给予李某两个选择：一是仍担任长益华东区销售总监，如能达成指标年薪可达72万元；二是担任B公司销售支持部总监，月工资为26,300元。李某向A公司详细解释了其不同意去上述两个岗位的理由。但同日，A

公司又决定将李某调岗至上海办公室负责人，月工资标准为15,000元。

法院认为，如果之前双方协商调岗的过程中A公司还能算得上是秉承诚实信用原则，那在最终作出调岗决定时，A公司却并未在之前给予李某的两个岗位中选择其一，而是让李某担任上海办公室负责人，并将李某原本每年68万元的薪资调整至每月15,000元(每年18万元)。该调岗降薪幅度巨大，明显不具有合理性，有惩罚性之嫌疑。在李某多次向A公司表达了对公司调岗降薪行为的异议并要求公司按原标准补足工资后，A公司对李某的诉求置之不理，未作出任何合理解释，法院难以认定公司最后的调岗降薪系出于善意。故本案李某以A公司未足额发放工资为由，依据《劳动合同法》第38条的规定解除劳动合同，理由成立，A公司应当支付李某解除劳动合同的经济补偿金。

关于经济补偿金的计算方式，根据《劳动合同法》第97条第3款之规定：本法实施之日存续的劳动合同在本法施行后解除或终止，依照本法第46条规定应当支付经济补偿的，经济补偿年限自本法施行之日起计算；本法施行前按照当时有关规定，用人单位应当向劳动者支付经济补偿的，按照当时有关规定执行。又根据《上海市劳动合同条例》第31条第3项的规定：有下列情形之一的，劳动者可以随时通知用人单位解除劳动合同：用人单位未按照劳动合同约定支付劳动报酬或者提供劳动条件的；该条例第42条第1款第2项规定：有下列情形之一的，用人单位应当根据劳动者在本单位的工作年限，每满一年给予劳动者本人一个月工资收入的经济补偿：劳动者依据本条例第31条第2项、第3项规定解除劳动合同的；该条例第45条第2款规定：本条例第42条中的本单位工作年限，满6个月不满1年的，按1年计算。故李某主张的经济补偿金应分段计算，在2008年1月1日劳动合同法实施之前，按照《上海市劳动合同条例》的相关规定，经济补偿金为(476,000元+102,000元)÷12个月×4个月=192,666.67元；《劳动合同法》实施以后，经济补偿金应按《劳动合同法》第47条的规定，按本市上年度职工月平均工资的3倍、年限最高不超过12年计算，即 9580 元 ×3 ×12 = 344, 880 元；两项合计为 537, 546. 67 元。[①]

(2)北京地区。根据《北京市高级人民法院、北京市劳动争议仲裁委员会关于劳动争议案件法律适用问题研讨会会议纪要》的规定，月数的确定分段计算，月工资标准不分段计算。

(3)广东省。根据《广东省高级人民法院、广东省劳动人事争议仲裁委员会关于劳动人事争议仲裁与诉讼衔接若干意见》的规定，原劳动部《违反和解除劳动合同的经济补偿办法》废止后，经济补偿月数上限、工作年限不满 6 个月，经济补偿计发月数、经济补偿的计发基数问题统一适用《劳动合同法》第 47 条的规定，即《劳动合同法》实施前应当支付经济补偿金的仍需支付，只不过经济补偿金不再需要分段计算了。

◈ 法条链接：

《劳动合同法》

第 97 条第 3 款　本法施行之日存续的劳动合同在本法施行后解除或者终止，依照本法第四十六条规定应当支付经济补偿的，经济补偿年限自本法施行之日起计算；本法施行前按照当时有关规定，用人单位应当向劳动者支付经济补偿的，按照当时有关规定执行。

《上海市高级人民法院关于适用〈劳动合同法〉若干问题的意见》

二十一、关于经济补偿金“分段计算”的问题

根据《劳动合同法》第九十七条的规定，《劳动合同法》施行之日存续的劳动合同，在《劳动合同法》施行后解除或终止的，其经济补偿金的具体计算方法如下：

(一)《劳动合同法》与 2008 年 1 月 1 日之前施行的相关法律法规的规定

① 上海市第一中级人民法院民事判决书，(2021)沪 01 民终 8098 号。

(以下简称"以前规定")均规定应当支付经济补偿金的情况,且劳动者的月平均工资不高于上年度本市职工月平均工资三倍的,经济补偿金的计算基数按劳动者在劳动合同解除或终止前十二个月的月平均工资确定。

(二)《劳动合同法》规定应当支付经济补偿金的情形,且不属于以前规定中"经济补偿金总额不超过劳动者十二个月的工资收入"情形的,经济补偿年限自用工之日起计算。《劳动合同法》规定应当支付经济补偿金的情形,但属于以前规定中"经济补偿金总额不超过劳动者十二个月的工资收入"情形的,劳动者在《劳动合同法》施行前的经济补偿年限按照以前规定计算;劳动者在《劳动合同法》施行后的工作年限在计算经济补偿年限时并入计算。

(三)符合《劳动合同法》规定三倍封顶的情形,实施封顶计算经济补偿年限自《劳动合同法》施行之日起计算,《劳动合同法》施行之前的工作年限仍按以前规定的标准计算经济补偿金。

(四)根据《劳动合同法实施条例》第二十五条的规定,用人单位违反《劳动合同法》的规定解除或终止劳动合同,依法支付劳动者赔偿金,赔偿金的计算年限自用工之日起计算。如劳动者在劳动合同被违法解除或终止前十二个月的月平均工资高于上年度本市职工月平均工资三倍的,根据《劳动合同法》第八十七条规定,应当按照第四十七条第二款规定的经济补偿标准计算。

《北京市高级人民法院、北京市劳动争议仲裁委员会关于劳动争议案件法律适用问题研讨会会议纪要》

25.《劳动合同法》施行之日存续的劳动合同,在《劳动合同法》施行后解除或者终止,依照《劳动合同法》第四十六条的规定应当支付经济补偿的,2007年12月31日前的经济补偿依照《劳动法》及其配套规定计算,2008年1月1日后的经济补偿依照《劳动合同法》的规定计算。

经济补偿金的基数为劳动者在劳动合同解除或者终止前十二个月的平均工资,不再分段计算。

……

《广东省高级人民法院、广东省劳动人事争议仲裁委员会关于劳动人事争议仲裁与诉讼衔接若干意见》

10. 原劳动部《违反和解除劳动合同的经济补偿办法》废止后，经济补偿月数上限、工作年限不满六个月经济补偿计发月数、经济补偿的计发基数问题统一适用《劳动合同法》第四十七条的规定。

根据《劳动合同法》第九十七条第三款的规定，《劳动合同法》施行之日存续的劳动合同在该法施行后解除或终止的，依照《劳动合同法》第四十六条规定用人单位应当支付经济补偿的，补偿年限从该法施行之日起计算。在《劳动合同法》施行前，按照当时的规定用人单位应当支付经济补偿的，仍适用当时规定。

三、经济补偿金如何计税

劳动者的月平均工资在本地区上年度职工月平均工资3倍以内，不受12年经济补偿封顶的限制情况下，就可能存在超过当地上年职工平均工资3倍数额以上的情况，这部分经济补偿金是要纳税的。

◇ 法条链接：

《财政部、国家税务总局关于个人所得税法修改后有关优惠政策衔接问题的通知》

五、关于解除劳动关系、提前退休、内部退养的一次性补偿收入的政策

（一）个人与用人单位解除劳动关系取得一次性补偿收入（包括用人单位发放的经济补偿金、生活补助费和其他补助费），在当地上年职工平均工资3倍数额以内的部分，免征个人所得税；超过3倍数额的部分，不并入当年综合所得，单独适用综合所得税率表，计算纳税。

……

第七章

劳动争议常见具体诉求之六：赔偿金

第一节 赔偿金的支付情形

本章介绍的赔偿金，是指在用人单位违法解除或终止劳动合同后的一种惩罚性赔偿。因为用人单位存在违反《劳动合同法》规定的行为，造成劳动者失业，因而需要对用人单位处以惩罚性赔偿，也就是说，《劳动合同法》中规定的，因劳动者主动提出的解除或终止劳动合同的情形下，用人单位均无须支付赔偿金。用人单位应当支付赔偿金的情形可以分为两类：违法解除劳动合同及违法终止劳动合同。

一、违法解除劳动合同

违法解除劳动合同又可以分为两类：解除理由违法和解除程序违法。

1. 解除理由违法

(1)劳动者并不存在《劳动合同法》第 39 条规定的情形，而用人单位单方解除劳动合同的；

(2)用人单位依照《劳动合同法》第 40 条及第 41 条，即因非员工过错解雇及经济性裁员时，没有满足相应的要求，仍然单方解除劳动合同的情形；

(3)劳动者存在以下《劳动合同法》第 42 条规定的情形，用人单位仍然依照《劳动合同法》第 40 条及第 41 条作出单方解除劳动合同的：

①从事接触职业病危害作业的劳动者未进行离岗前职业健康检查,或者疑似职业病病人在诊断或者医学观察期间的;

②在本单位患职业病或者因工负伤并被确认丧失或者部分丧失劳动能力的;

③患病或者非因工负伤,在规定的医疗期内的;

④女职工在孕期、产期、哺乳期的;

⑤在本单位连续工作满15年,且距法定退休年龄不足5年的;

⑥法律、行政法规规定的其他情形。

✪ 法条链接:

《劳动合同法》

第39条　劳动者有下列情形之一的,用人单位可以解除劳动合同:

(一)在试用期间被证明不符合录用条件的;

(二)严重违反用人单位的规章制度的;

(三)严重失职,营私舞弊,给用人单位造成重大损害的;

(四)劳动者同时与其他用人单位建立劳动关系,对完成本单位的工作任务造成严重影响,或者经用人单位提出,拒不改正的;

(五)因本法第二十六条第一款第一项规定的情形致使劳动合同无效的;

(六)被依法追究刑事责任的。

第40条　有下列情形之一的,用人单位提前三十日以书面形式通知劳动者本人或者额外支付劳动者一个月工资后,可以解除劳动合同:

(一)劳动者患病或者非因工负伤,在规定的医疗期满后不能从事原工作,也不能从事由用人单位另行安排的工作的;

(二)劳动者不能胜任工作,经过培训或者调整工作岗位,仍不能胜任工作的;

(三)劳动合同订立时所依据的客观情况发生重大变化,致使劳动合同无法履行,经用人单位与劳动者协商,未能就变更劳动合同内容达成协议的。

第41条第1款　有下列情形之一，需要裁减人员二十人以上或者裁减不足二十人但占企业职工总数百分之十以上的，用人单位提前三十日向工会或者全体职工说明情况，听取工会或者职工的意见后，裁减人员方案经向劳动行政部门报告，可以裁减人员：

（一）依照企业破产法规定进行重整的；

（二）生产经营发生严重困难的；

（三）企业转产、重大技术革新或者经营方式调整，经变更劳动合同后，仍需裁减人员的；

（四）其他因劳动合同订立时所依据的客观经济情况发生重大变化，致使劳动合同无法履行的。

第42条　劳动者有下列情形之一的，用人单位不得依照本法第四十条、第四十一条的规定解除劳动合同：

（一）从事接触职业病危害作业的劳动者未进行离岗前职业健康检查，或者疑似职业病病人在诊断或者医学观察期间的；

（二）在本单位患职业病或者因工负伤并被确认丧失或者部分丧失劳动能力的；

（三）患病或者非因工负伤，在规定的医疗期内的；

（四）女职工在孕期、产期、哺乳期的；

（五）在本单位连续工作满十五年，且距法定退休年龄不足五年的；

（六）法律、行政法规规定的其他情形。

2. 解除程序违法

（1）用人单位单方解除劳动合同，没有事先将理由通知工会。

根据《最高人民法院关于审理劳动争议案件适用法律问题的解释（一）》第47条的规定，仅存在此种类型的解除程序违法时，劳动者主张赔偿金，人民法院应予支持，除非用人单位在劳动者起诉前已经补正了相关程序。

法条链接：

《劳动合同法》

第43条 用人单位单方解除劳动合同，应当事先将理由通知工会。用人单位违反法律、行政法规规定或者劳动合同约定的，工会有权要求用人单位纠正。用人单位应当研究工会的意见，并将处理结果书面通知工会。

《最高人民法院关于审理劳动争议案件适用法律问题的解释(一)》

第47条 建立了工会组织的用人单位解除劳动合同符合劳动合同法第三十九条、第四十条规定，但未按照劳动合同法第四十三条规定事先通知工会，劳动者以用人单位违法解除劳动合同为由请求用人单位支付赔偿金的，人民法院应予支持，但起诉前用人单位已经补正有关程序的除外。

(2)根据《劳动合同法》第40条的规定解除劳动合同，用人单位没有提前30日以书面形式通知劳动者本人或者额外支付劳动者一个月工资。

需要特别注意的是，仅存在此种类型的解除程序违法，并不构成违法解除，劳动者不能仅以此为由主张赔偿金，只需用人单位额外支付劳动者一个月工资。

但是，如果用人单位存在此类解除程序违法的同时又存在解除理由违法的情形，劳动者在主张赔偿金的同时，额外要求用人单位支付一个月工资的请求不会被支持。

法条链接：

《上海市高级人民法院关于适用〈劳动合同法〉若干问题的意见》

8. 用人单位因“违法解除或终止合同”需向劳动者支付赔偿金的适用范围

根据《劳动合同法》第四十八条的适用前提，是劳动合同应当履行而实际上已经不再继续履行，不包括劳动合同本来就符合解除和终止条件的情况，即用人单位在不具备合法解除或终止条件的情况下解除合同。因此,如果依法已经具备解除或终止的条件,只是用人单位在办理解除或终止的程序上存在瑕疵的,不属于本条规定的范围。如用人单位在已经具备解除条件的情况下,只是存在未提前30天通知劳动者等程序瑕疵的,则用人单位应当通过支付相应的"代通金"等方式加以补正,但无须支付赔偿金。

《广东省中山市中级人民法院关于审理劳动争议案件若干问题的参考意见》

9.4【解约程序瑕疵的处理】用人单位解除劳动合同本身符合法律规定,仅存在未提前三十日书面通知劳动者的程序性瑕疵,劳动者以用人单位违法解除劳动合同为由请求用人单位继续履行劳动合同或支付赔偿金情形的,用人单位除应当继续承担未提前一个月书面通知解除合同应付的一个月工资外,对劳动者主张用人单位违法解除劳动合同等其余主张不应支持。

《深圳市中级人民法院关于审理劳动争议案件的裁判指引》

75.用人单位违法解除或终止劳动合同,应依据《劳动合同法》第八十七条及《劳动合同法实施条例》第二十五条的规定支付赔偿金。但劳动者同时以用人单位未提前三十日通知解除劳动合同为由请求额外支付一个月工资的,不予支持。

二、违法终止劳动合同

根据《劳动合同法》第45条的规定,劳动合同期满,存在《劳动合同法》第42条规定的6种情形之一的,劳动合同应当续延至相应的情形消失时终止。但是,本法第42条第2项规定丧失或者部分丧失劳动能力劳动者的劳动合同的终止,按照国家有关工伤保险的规定执行。违法终止劳动合同即指没有依法顺延劳动合同期限。

此外,关于停工留薪期,虽然《劳动合同法》并未直接规定应当顺延劳动合同期限,但《工伤保险条例》第33条规定,职工因工作遭受事故伤害或者患职业病需要暂停工作接受工伤医疗，在停工留薪期内，原工资福利待遇不变，由所在单位按月支付。可以理解为停工留薪期劳动合同应当顺延，部分地区如广州市还有地方性规定进行了明确的说明。

◈ 法条链接：

《劳动合同法》

第45条　劳动合同期满，有本法第四十二条规定情形之一的，劳动合同应当续延至相应的情形消失时终止。但是，本法第四十二条第二项规定丧失或者部分丧失劳动能力劳动者的劳动合同的终止，按照国家有关工伤保险的规定执行。

《广州市劳动争议仲裁委员会、广州市中级人民法院关于劳动争议案件研讨会会议纪要》

28.劳动者发生工伤后，请求用人单位支付停工留薪期间未签订书面劳动合同的双倍工资的，应分不同情况处理：

劳动者发生工伤，入职超过一个月未签订劳动合同，且过错在用人单位的，用人单位应当支付包括停工留薪期在内的双倍工资；

劳动者入职不满一个月发生工伤，尚未签订劳动合同，因劳动合同的主要内容尚不能确定，导致客观上无法签订，签订劳动合同的期限应顺延至停工留薪期结束，对于劳动者主张停工留薪期间未签订书面劳动合同的双倍工资差额的，不予支持。

三、赔偿金的计算方式

根据《劳动合同法》第47条及第87条的规定，可知赔偿金的计算方式为二倍的经济补偿金标准。用公式表现为：赔偿金＝2×经济补偿金＝2×月数×月工资。

1. 月数

虽然《劳动合同法》实施之前，并没有本章讨论的赔偿金的相关规定，赔偿金的概念是自《劳动合同法》实施之后才提出的，但是，根据《劳动合同法实施条例》第25条的规定，计算赔偿金的年限应当自实际用工之日起计算。举例来说，如果劳动者的实际开始工作时间为2002年，计算赔偿金的工作年限也从2002年开始起算。

需要注意的是，因为《劳动合同法》第87条明确规定，赔偿金的计算要依照《劳动合同法》第47条经济补偿标准的二倍计算，而第47条设置了3倍封顶的规定，即当劳动者月工资高于用人单位所在直辖市、设区的市级人民政府公布的本地区上年度职工月平均工资3倍的，向其支付经济补偿的年限最高不超过12年，此种情况下，计算赔偿金的月数最多也不超过12个月。

另外，根据《最高人民法院关于审理劳动争议案件适用法律问题的解释（一）》第46条的规定，若劳动者非因本人原因被安排至新用人单位工作，且原用人单位未支付经济补偿的，计算经济补偿金或赔偿金时的工作年限应合并计算，也就是说，在上家单位的工作时间也应计入。

☞ 案例参考51：计算违法解除赔偿金时，关联公司之间的工作年限应合并计算。

谷某系非农业户口。2011年1月18日，谷某与B餐饮公司签订劳动合同，劳动合同期间为2011年1月18日至2014年1月17日。B餐饮公司同意交付谷某劳动合同文本复印件并证明与原件一致，谷某同意。谷某主张其于2002年5月23日起至A公司工作，地点在北京市宣武区珠市口西大街临25号，因修建地铁要拆迁，A公司于2010年10月8日停业，全部职工都被安排到B餐饮公司，2010年10月8日至2010年12月16日筹备期间其不上班，A公司店长张某1与其约定一天领取20元生活补助费，但少支付了780元，其在B餐饮公司工作至2011年11月15日，B餐饮公司违法与其解除劳动关系。谷某主张A公司和B餐饮公司是同一法定代表人谭某，是同一家公司，而且所有鱼头店均为同一主体，其从2002年5月23日起与B餐饮公司建立劳动关系。B餐饮公司主张其与A公司是相互独立的主体，谷某在A公司的工作情况与B餐饮公司无关，B餐饮公司成立于2011年1月10日，谷某是B餐饮公司自主招聘的，其与谷某建立劳动关系的期间是2011年1月10日至2011年11月15日，因为工作不饱和，B餐饮公司在2011年10月、11月经营较差，需要进行工作调整，B餐饮公司口头提出让谷某离开。

二审法院认为，关于谷某在A公司的工作年限能否计入B餐饮公司，《劳动合同法实施条例》第10条规定，劳动者非因本人原因从原用人单位被安排到新用人单位工作的，劳动者在原用人单位的工作年限合并计算为新用人单位的工作年限。本案中，谷某主张其自2002年5月23日至2010年10月在A公司工作，并提交北京市西城区大栅栏街道总工会的证明、北京市西城区大栅栏街道百顺社区居民委员会的证明、会员证及暂住证佐证，B餐饮公司虽均不予认可，主张谷某系其公司自主招聘，与A公司不存在转接关系，但并未提供有效证据佐证。现有证据显示，B餐饮公司和A公司的法定代表人相同，两家公司的工资发放表的格式及表头内容一致，其中显示的2010年店长张某1、财务主管张某2及出纳肖某均一致，B餐饮公司亦认可三人在其公司任职，而张某2于2011年为A公司办理有关工商年检及注销登记等事宜，故上述二公司存在密切的关联关系，且北京市西城区大栅栏街道总工会亦证明A公司于2010年10月迁址到B餐饮公司。故，原审法院综合上述证据，对谷某于2002年5月23日至2010年10月在A公司工作以及其自2010年10月从A公司被安排到B餐饮公司工作之主张予以采信，是为正确。B餐饮公司以工作不饱和、经营差、需要进行工作调整为由口头提出让谷某离开，违反了法律规定，应当承担违法解除劳动合同的法律责任。根据《最高人民法院关于审理劳动争议案件适用法律若干问题的解释（四）》第5条“劳动者非因本人原因从原用人单位被安排到新用人单位工作，原用人单位未支付经济补偿，劳动者依照劳动合同法第

38条规定与新用人单位解除劳动合同，或者新用人单位向劳动者提出解除、终止劳动合同，在计算支付经济补偿或赔偿金的工作年限时，劳动者请求把在原用人单位的工作年限合并计算为新用人单位工作年限的，人民法院应予支持”之规定，当计算违法解除劳动关系赔偿金时，应将谷某在A公司的工作年限合并计算，另结合谷某解除劳动关系前12个月平均工资为1613.1元之事实，原审法院判决B餐饮公司支付谷某违法解除劳动关系赔偿金30,648.9元，是为正确，法院予以维持。①

2.月工资

对于赔偿金月工资标准的确定，因为经济补偿金存在3倍封顶的规定，因此赔偿金同样适用3倍封顶的规定，也就是说，当劳动者月工资高于用人单位所在直辖市、设区的市级人民政府公布的本地区上年度职工月平均工资3倍的，向其支付经济补偿的标准按职工月平均工资3倍的数额支付。当然，若不超过3倍，仍按照劳动者在劳动合同解除或者终止前12个月的平均工资。

法条链接：

《劳动合同法》

第47条　经济补偿按劳动者在本单位工作的年限，每满一年支付一个月工资的标准向劳动者支付。六个月以上不满一年的，按一年计算；不满六个月的，向劳动者支付半个月工资的经济补偿。

劳动者月工资高于用人单位所在直辖市、设区的市级人民政府公布的本地区上年度职工月平均工资三倍的，向其支付经济补偿的标准按职工月平均工资三倍的数额支付，向其支付经济补偿的年限最高不超过十二年。

本条所称月工资是指劳动者在劳动合同解除或者终止前十二个月的平均

① 北京市第二中级人民法院民事判决书，(2014)二中民终字第01708号。

工资。

第87条　用人单位违反本法规定解除或者终止劳动合同的，应当依照本法第四十七条规定的经济补偿标准的二倍向劳动者支付赔偿金。

《劳动合同法实施条例》

第25条　用人单位违反劳动合同法的规定解除或者终止劳动合同，依照劳动合同法第八十七条的规定支付了赔偿金的，不再支付经济补偿。赔偿金的计算年限自用工之日起计算。

《上海市高级人民法院关于适用〈劳动合同法〉若干问题的意见》

二十一、关于经济补偿金“分段计算”的问题

……

（四）根据《劳动合同法实施条例》第二十五条的规定，用人单位违反《劳动合同法》的规定解除或终止劳动合同，依法支付劳动者赔偿金，赔偿金的计算年限自用工之日起计算。如劳动者在劳动合同被违法解除或终止前十二个月的月平均工资高于上年度本市职工月平均工资三倍的，根据《劳动合同法》第八十七条规定，应当按照第四十七条第二款规定的经济补偿标准计算。

《最高人民法院关于审理劳动争议案件适用法律问题的解释（一）》

第46条　劳动者非因本人原因从原用人单位被安排到新用人单位工作，原用人单位未支付经济补偿，劳动者依据劳动合同法第三十八条规定与新用人单位解除劳动合同，或者新用人单位向劳动者提出解除、终止劳动合同，在计算支付经济补偿或赔偿金的工作年限时，劳动者请求把在原用人单位的工作年限合并计算为新用人单位工作年限的，人民法院应予支持。

用人单位符合下列情形之一的，应当认定属于“劳动者非因本人原因从原用人单位被安排到新用人单位工作”：

（一）劳动者仍在原工作场所、工作岗位工作，劳动合同主体由原用人单位变更为新用人单位；

（二）用人单位以组织委派或任命形式对劳动者进行工作调动；

（三）因用人单位合并、分立等原因导致劳动者工作调动；

（四）用人单位及其关联企业与劳动者轮流订立劳动合同；

（五）其他合理情形。

第二节 无须支付赔偿金的情形

《劳动合同法》第39条规定了在劳动者具有过错的情形下，用人单位可以直接解除劳动合同，并且在此情况下无须支付任何经济补偿金或赔偿金。

一、试用期间被证明不符合录用条件

根据《劳动合同法》第39条，劳动者在试用期间被证明不符合录用条件的，用人单位可以单方解除劳动合同。但是，若要合法地适用该项规定，单方解除劳动合同，必须满足如下要点。

1. 试用期的约定应有效

（1）同一用人单位与同一劳动者只能约定一次试用期；

（2）以完成一定工作任务为期限的劳动合同或劳动合同期限不满3个月的，不得约定试用期；

（3）非全日制用工双方当事人不得约定试用期；

（4）劳动合同期限在3个月以上不满1年的，试用期不得超过1个月；

（5）劳动合同期限在1年以上不满3年的，试用期不得超过2个月；

（6）3年以上固定期限和无固定期限的劳动合同，试用期不得超过6个月。

☞ 案例参考52：劳动合同仅约定试用期的，试用期不成立，该期限为劳动合同期限。

高某于2015年10月8日进入某公司工作，同日，双方签订劳动合同，约定试用期为2015年10月8日至2016年1月7日，高某从事设计助理工作，另在劳动合同附件中约定高某每月基本工资3000元，全勤奖500元、福利津贴500元、手机费500元，工作时间为9时至18时，迟到10分钟以内扣款10元，迟到30分钟以内扣款30元，迟到60分钟以内扣款60元，迟到60分钟以上按旷工处理，双方还就其他事项作了约定。2015年11月30日，某公司以高某工作能力和工作态度不符合公司要求，试用期不符合录用条件为由解除劳动合同。高某实际工作至2015年11月30日，工资结算至2015年10月31日。2015年12月3日，高某申请劳动仲裁要求恢复劳动关系并支付相应工资。

一审法院认为，根据法律规定，劳动合同仅约定试用期的，试用期不成立，该期限为劳动合同期限，现双方于2015年10月8日签订的劳动合同只约定试用期，视为试用期不成立，双方劳动合同期限即为2015年10月8日至2016年1月7日。现某公司以高某不符合录用条件为由解除高某劳动合同，缺乏法律依据。

二审法院认为，依据《劳动合同法》第19条第4款之规定，试用期包含在劳动合同期限内。劳动合同仅约定试用期的，试用期不成立，该期限为劳动合同期限。经查，双方于2015年10月8日签订的劳动合同只约定了试用期，故该试用期不成立，双方劳动合同期限即为2015年10月8日至2016年1月7日。某公司以高某试用期不符合录用条件为由解除与高某的劳动合同，法院不予采纳。原审法院认定某公司构成违法解除，并无不当。某公司要求不恢复与高某2015年12月1日至2016年1月7日劳动关系的上诉请求，法院不予支持。高某实际工作至2015年11月30日，工资结算至2015年10月31日，故某公司应支付高某2015年11月的工资。某公司构成违法解除，还应支付高某仲裁诉讼期间的工资。某公司要求不支付高某2015年12月3日至2016年1月7日工资的上诉请求，法院不予支持。[①]

① 上海市第一中级人民法院民事判决书，(2016)沪01民终11250号。

◈ 法条链接：

《劳动合同法》

第19条　劳动合同期限三个月以上不满一年的,试用期不得超过一个月;劳动合同期限一年以上不满三年的,试用期不得超过二个月;三年以上固定期限和无固定期限的劳动合同,试用期不得超过六个月。

同一用人单位与同一劳动者只能约定一次试用期。

以完成一定工作任务为期限的劳动合同或者劳动合同期限不满三个月的,不得约定试用期。

试用期包含在劳动合同期限内。劳动合同仅约定试用期的,试用期不成立,该期限为劳动合同期限。

第70条　非全日制用工双方当事人不得约定试用期。

2. 试用期约定应明确

实践中,若未采取书面形式约定试用期,往往会被认定为没有约定试用期,那么用人单位在此期间以劳动者不符合录用条件解除劳动合同,属于违法解除。

☞ 案例参考53：无法证明约定过试用期的，不能以“试用期内不符合录用条件”作为解除依据。

2020年7月19日,胡某入职A公司,月工资为2万元,实际工作至2020年7月27日,其间,仅7月25日休息一天。胡某主张A公司违法解除劳动关系,A公司主张系因胡某试用期不符合录用条件,故而解除与其的劳动关系,但A公司未能就此提交证据。双方一致认可,A公司曾与胡某结算工资,A公司以月工资80%的标准结算胡某6天试用工资,1天周日加班工资共计5885.05元,胡某在该支出凭证上标注A公司单方面按试用期工资结算,双方因对工资标准发生争议,故而胡某并未实际领取该工资。庭审中,双方对是否存在试用期及试用期工资标准各执一词,A公司主张曾口头与胡某约定试用期为3个月,试用期工资按照2万元的80%计算，胡某予以否认，但均未提交证据予以佐证。

一审法院认为，发生劳动争议，当事人对自己提出的主张，有责任提供证据。关于试用期，A公司主张与胡某口头约定试用期及试用期工资标准，但其并未提交证据予以佐证，且胡某不予认可，故一审法院对A公司主张的试用期及其工资标准，均不予采纳。根据双方一致认可的月工资2万元的标准核算，A公司应支付胡某2020年7月19日至2020年7月27日工资5517.24元，胡某过高的诉讼请求，一审法院不予支持。关于解除劳动关系一节，A公司主张系因胡某在试用期不符合录用条件，故与其解除劳动关系。但A公司既不能证实双方曾约定试用期，也不能证明已向胡某明确告知录用条件，更未提供证据佐证胡某不符合该录用条件，因此，对胡某要求支付违法解除劳动关系赔偿金的请求，一审法院予以支持。

二审法院认为，当事人对自己提出的诉讼请求所依据的事实或者反驳对方诉讼请求所依据的事实，应当提供证据加以证明，但法律另有规定的除外。在作出判决前，当事人未能提供证据或者证据不足以证明其事实主张的，由负有举证证明责任的当事人承担不利的后果。劳动者提供劳动，有权取得工资，工资应当以货币形式按月支付给劳动者本人，不得克扣或者无故拖欠劳动者的工资。同时，因用人单位作出的开除、除名、辞退、解除劳动合同、减少劳动报酬、计算劳动者工作年限等决定而发生的劳动争议，用人单位负举证责任。本案中，胡某于2020年7月19日入职A公司，月工资2万元，实际工作至2020年7月27日。A公司上诉主张应按试用期工资标准计算工资，但未提供充分证据证明双方曾约定试用期及试用期工资标准，故此上诉理由因缺乏事实依据，法院不予采信。一审法院依照双方一致认可的工资标准，结合胡某工作时间，确定A公司应付胡某的工资金额，经核算，数额并无不当，法院予以维持。关于违法解除劳动合同赔偿金，A公司上诉称因胡某在试用期内不符合录用条件，A公司依法解除与胡某的劳动关系，但A公司并未提供充分证据证明双方曾约定试用期，也未提供充分证据证明其曾明确告知胡某录用条件或胡某不符合录用条件，应承担相应的举证不利后果。故此上诉理由，缺乏事实依据，法院不予采信。[①]

◈ 法条链接：

《武汉市中级人民法院关于审理劳动争议案件若干问题纪要》

19. 用人单位与劳动者未订立书面劳动合同，用人单位以双方口头约定有试用期且劳动者在试用期内不符合录用条件为由解除或终止劳动关系的，应视为用人单位违法解除劳动关系，可以根据劳动者的具体请求，依法责令用人单位承担支付劳动者双倍工资、经济补偿或赔偿金的责任。

3. 违法约定试用期的法律责任

根据《劳动合同法》第83条的规定，违法约定的试用期已经履行的，以试用期满月工资为标准，乘以超期的月数，支付赔偿金。注意区分，此处赔偿金不同于违法解除劳动合同的赔偿金含义及计算规则。另外，试用期已经支付的工资不能折抵赔偿金，且不需要再补齐工资差额。

◈ 法条链接：

《劳动合同法》

第83条　用人单位违反本法规定与劳动者约定试用期的，由劳动行政部门责令改正；违法约定的试用期已经履行的，由用人单位以劳动者试用期满月工资为标准，按已经履行的超过法定试用期的期间向劳动者支付赔偿金。

《广州市劳动争议仲裁委员会、广州市中级人民法院关于劳动争议案件研讨会会议纪要》

29. 用人单位与劳动者约定的试用期违反法律规定，且已经实际履行的，用

---

① 北京市第二中级人民法院民事判决书，(2021)京02民终7310号。

人单位应当依照《劳动合同法》第八十三条规定向劳动者支付赔偿金，无需再行支付超过法定试用期间的工资差额。

4. 用人单位应举证证明劳动者不符合录用条件

一般情况下，需要用人单位与劳动者之间约定录用条件或者用人单位书面告知劳动者录用条件，并有效举证才能够以劳动者试用期不符合录用条件为由解除劳动合同。实践中，如上海等一些地区也认可，即便没有明确的录用条件，但仍可以从劳动者的思想品德、劳动态度、实际工作能力、身体情况等方面综合评价劳动者是否符合录用条件。

☞ 案例参考 54：一般情况下，录用条件应当客观、具体，且经劳动者确认。

2016 年 11 月 18 日，李某进入某公司工作，双方签订期限为 2016 年 11 月 28 日至 2019 年 11 月 27 日的劳动合同，其中试用期为 2016 年 11 月 28 日至 2017 年 3 月 27 日，约定李某从事营销经理工作，双方还就其他事项作了约定。在职期间，李某每月工资为 23,000 元，某公司支付其工资至 2016 年 12 月 28 日。

2016 年 12 月 21 日，某公司向李某出具试用期解除劳动关系通知书，主要内容为："鉴于您在试用期内的实际表现不符合录用条件，我们遗憾地通知您：公司将于 2016 年 12 月 28 日解除与您的劳动关系。请于以上日期的 12 时前联系人事行政部门办理离职手续，以便您及时领取退工证明。您从 2016 年 12 月 1 日至 2016 年 12 月 28 日的工资及报销共计 19,151.25 元（壹万玖仟壹佰伍拾壹园贰角伍分），将于 2017 年 1 月 15 日当天发放到您在公司登记的工资账户上。"该通知书下方员工签收处有李某签字，落款日期为 2016 年 12 月 28 日。双方一致确认李某实际于 2016 年 12 月 21 日签收该通知书。

一审法院认为，案件争议焦点为某公司以李某试用期不符合录用条件为由解除劳动合同是否合法有据。关于李某是否存在试用期不符合录用条件的情形，根据某公司提供的新员工试用期（期满）评估表，其上并无李某本人签字，李某亦明确予以否认,现某公司未提供其他证据进一步证明李某存在试用期不符合录用条件的情形,故一审法院对某公司该项抗辩不予采信。

二审本院认为,本案的争议焦点是某公司以李某试用期不符合录用条件为由解除劳动合同是否合法。试用期是用人单位和劳动者相互选择和考察的期限。为平衡双方利益,避免用人单位滥用权利,《劳动合同法》第37条、第39条规定,劳动者在试用期内只要提前3日通知用人单位即可解除劳动合同,而用人单位在试用期内解除劳动合同的,则须证明该劳动者不符合录用条件。关于录用条件,用人单位一般应在劳动者入职时就为劳动者设定客观、具体的条件作为考核标准,而非采用主观、抽象的条件作为标准,且该考核标准应由劳动者确认。只有这样,才能在双方发生争议时,由仲裁机构和法院来评判劳动者是否符合用人单位的录用条件。本案中,某公司并未在李某入职时让李某确认有关录用条件的考核标准,提供的评估表上的评估内容较为抽象,在双方对此发生争议时,法院无法根据李某未签字确认的评估表来判断李某是否不符合录用条件。故原审法院认定某公司以李某试用期不符合录用条件为由解除劳动合同的行为缺乏依据,应承担违法解除的赔偿责任,并无不当。[①]

☞ 案例参考55:虽未制定明确的录用条件,但是当劳动者的思想品德、劳动态度、实际工作能力、身体情况等方面可以被客观地记录及评价时,也可以作为判断是否符合录用条件的依据。

蔡某于2016年2月22日进入某公司工作,担任市场总监一职。双方签订了一份期限为2016年2月22日至2019年2月21日的劳动合同书,其中约定蔡某试用期为6个月,自2016年2月22日至2016年8月21日,月工资为基本工资12,000元、岗位津贴4800元、加班工资5000元,各项交通、通信、餐费补贴700元,总计22,500元。某公司通过银行转账形式支付蔡某工资至2016年

① 上海市第一中级人民法院民事判决书,(2017)沪01民终12752号。

5月31日。2016年6月29日，某公司以邮件形式向蔡某发出《终止雇佣关系通知》，其中载明："鉴于你在试用期内的工作情况，公司认为你不适合继续担任市场部总监的职位，现决定即日起双方终止雇佣关系。"蔡某系上海市城镇户籍人员，某公司于2016年3月1日为蔡某办理了招工备案登记手续，并于2016年6月30日为蔡某办理了退工备案登记手续。嗣后，蔡某向上海市普陀区劳动人事争议仲裁委员会提起仲裁申请，要求某公司恢复自2016年7月1日起的劳动关系、支付2016年6月工资22,500元、拖欠2016年6月工资的经济补偿金22,500元。

一审法院认为，试用期内，用人单位和劳动者均可以从多方面、诸角度评判对方是否符合自身的要求，并对此拥有一定的选择权；同时，用人单位在试用期内对员工的评价，应该是在员工所任岗位要求的基础上进行的综合性评价，包括但不限于劳动态度、规章制度的遵守与履行、团队合作精神、主要负责人的评价、对下属的管理能力和管理方式等。当然必须指出的是，试用期间被证明不符合录用条件的判断应当以用人单位在试用期内对劳动者客观的记录和评价作为评价标准之一。从蔡某的自述来看，陈某由其管理，辅助蔡某的工作，但蔡某对2016年6月陈某外出的情况并未提供相应的证据予以说明，蔡某缺乏证据证明其作为市场部总监对其管理的员工尽到了管理职责；从某公司提供的考勤记录来看，蔡某亦缺乏证据证明其履行了《考勤、请假及加班管理规定》的要求，上述事实均系在蔡某试用期内对蔡某履职情况客观的记录，理应作为评断蔡某是否符合录用条件的标准，蔡某主张"未制定岗位职责就不存在不符合岗位职责"和"上下班即使存在迟到早退也不属于工作能力范畴"的上述辩称意见缺乏依据，难以采纳。综上所述，一审法院认为，某公司作为用人单位提供的上述证据足以证明其解除劳动合同决定的合理性、合法性，某公司的第一项诉讼请求并无不妥，依法确定某公司无须自2016年7月1日起恢复双方劳动关系。

二审法院认为，蔡某作为试用期员工，在工作初期已处于懒散、不守纪律状态，且对下属管理亦未尽责，一审法院就某公司与蔡某解除劳动关系的合法性已作了详尽阐述,法院予以认同,不再重复,故蔡某要求恢复双方劳动关系,法院不予支持。①

◈ **法条链接:**

《广州市劳动争议仲裁委员会、广州市中级人民法院关于劳动争议案件研讨会会议纪要》

30.劳动合同试用期间,用人单位已在招聘员工时明确告知录用条件,且有证据证实劳动者确不符合相关条件的情况下,可依照《劳动合同法》第三十九条第(一)项的规定解除劳动合同。

5.用人单位的解除权要在试用期内行使

根据原劳动部办公厅针对《关于如何确定试用期内不符合录用条件可以解除劳动合同的请示》的复函中规定,对试用期内不符合录用条件的劳动者,企业可以解除劳动合同;若超过试用期,则企业不能以试用期内不符合录用条件为由解除劳动合同。

二、严重违反用人单位的规章制度

用人单位的用工自主权,最常见的体现方式就是通过规章制度管理劳动者。劳动者严重违反用人单位规章制度的,用人单位可以作出单方解除劳动合同的处理。但是,若要合法地适用该项规定,必须注意以下要点。

1.规章制度内容合法、合理

作为解除劳动合同依据的规章制度条款,必须明确劳动者在何种表现下,用人单位会作出相应的处理结果。该规定既不能违反法律、行政法规的强制性规定,又必须符合一般人能够理解并接受的程度,具有合理性。

① 上海市第二中级人民法院民事判决书,(2017)沪02民终8679号。

2. 规章制度制定程序合法

（1）经过民主程序制定：一般情况下，都需要由职工代表大会或全体职工集体协商、讨论、完善，但规章制度内容的最终决定权还是在用人单位手中。

（2）经过公示告知程序：规章制度之于劳动者来说，即是适用于用人单位内部的“法律”，但要发挥规章制度的指引、评价、教育、预测和强制作用，需要用人单位事先履行公示或告知劳动者的义务，否则对劳动者不产生约束力。一般公示或告知的方式是向每一名劳动者送达纸质版的规章制度并签收、通过电子邮件向全体劳动者发送、张贴在用人单位的公共场所进行公示、组织劳动者学习培训并参加考试等。用人单位需要对上述过程保存书面证据。

◈ 法条链接：

《劳动合同法》

第 4 条　用人单位应当依法建立和完善劳动规章制度，保障劳动者享有劳动权利、履行劳动义务。

用人单位在制定、修改或者决定有关劳动报酬、工作时间、休息休假、劳动安全卫生、保险福利、职工培训、劳动纪律以及劳动定额管理等直接涉及劳动者切身利益的规章制度或者重大事项时，应当经职工代表大会或者全体职工讨论，提出方案和意见，与工会或者职工代表平等协商确定。

在规章制度和重大事项决定实施过程中，工会或者职工认为不适当的，有权向用人单位提出，通过协商予以修改完善。

用人单位应当将直接涉及劳动者切身利益的规章制度和重大事项决定公示，或者告知劳动者。

3. 劳动者的行为严重违反用人单位规章制度

《最高人民法院关于审理劳动争议案件适用法律问题的解释（一）》第 44 条规定，用人单位需要收集充分的违纪证据用以支持解除理由。在本环节的认

定上,用人单位的举证责任较重,需要同时满足如下要求:

(1)固定具体违纪行为:用人单位需要通过相应的证据将劳动者的具体违纪行为固定下来,通常的证据为书证、物证、证人证言、视听资料等。

(2)违纪行为是严重违反规章制度的行为:通常用人单位的规章制度中会明确说明哪些行为属于严重违反规章制度的行为。但是,是否属于严重违纪行为,实践中并非完全按照用人单位规章制度的规定来判断,还是需要结合实际情况对规章制度的合理性进行判断。

☞ 案例参考56:客观上具有严重违反用人单位规章制度的行为,但是劳动者具有合理理由解释的,亦不宜认定为合法解除。

史某于2011年9月8日入职某公司,工作岗位为项目助理工程师,2017年4月26日,某公司解除与史某的劳动关系。史某要求某公司支付违法解除劳动合同赔偿金80,000元。

法院认为,本案的焦点为某公司解除与史某的劳动合同是否合法。本案中,某公司主张史某严重违反公司规章制度,某公司解除与史某的劳动合同属合法解除,无须支付经济赔偿金。为此某公司提交了《违纪处罚单》、《解除劳动合同通知书》、考勤表及签卡申请单、电话录音等。《违纪处罚单》载明:"该雇员(史某)在任职期间制造虚假考勤记录即不打下班卡而提供虚假的外出出差申请单,经与相应项目经理与该雇员核实,证据确实。违反了雇员手册附件《雇员的职业操守与处罚守则》第7条之第6项,经决定予以解雇。"《解除劳动合同通知书》解雇原因载明:制造虚假考勤记录、打卡不上班。史某则向一审法院提交了沙井医院的病历和医疗收费收据。从双方提交的证据可以看出史某在3月30日确实与项目经理安排一起出差,后史某因感冒未能成行,史某同日去沙井医院进行了诊治。电话录音也显示项目经理知道史某感冒的情形。史某不当之处主要是未及时请假和取消出差申请单。史某违反规章制度的行为事出有因,尚不足以认定为严重违反规章制度,某公司以此为由解雇史某明显不当，一审认定属违法解除是适当的，也符合法律规定。①

◈ 法条链接：

《最高人民法院关于审理劳动争议案件适用法律问题的解释（一）》

第44条　因用人单位作出的开除、除名、辞退、解除劳动合同、减少劳动报酬、计算劳动者工作年限等决定而发生的劳动争议，用人单位负举证责任。

4. 用人单位将解除劳动合同的理由通知工会

通知工会，是用人单位单方解除劳动合同关系的必要程序。若未能在解除前通知工会，至少也需要在向人民法院提起诉讼前补正该程序。

◈ 法条链接：

《劳动合同法》

第43条　用人单位单方解除劳动合同，应当事先将理由通知工会。用人单位违反法律、行政法规规定或者劳动合同约定的，工会有权要求用人单位纠正。用人单位应当研究工会的意见，并将处理结果书面通知工会。

《最高人民法院关于审理劳动争议案件适用法律问题的解释（一）》

第47条　建立了工会组织的用人单位解除劳动合同符合劳动合同法第三十九条、第四十条规定，但未按照劳动合同法第四十三条规定事先通知工会，劳动者以用人单位违法解除劳动合同为由请求用人单位支付赔偿金的，人民法院应予支持，但起诉前用人单位已经补正有关程序的除外。

5. 向劳动者送达解除劳动合同通知书

实践中，用人单位需要就该通知书送达了劳动者的事实承担举证责任。通

① 广东省深圳市中级人民法院民事判决书，(2018)粤03民终555号。

常的送达方式为通过 EMS 快递发送书面解除劳动合同通知书或者电子邮件送达劳动者。

6. 引申问题:劳动者严重违反劳动纪律,用人单位能否单方解除劳动合同

☞ 案例参考 57:劳动者严重违反劳动纪律,用人单位亦可解除劳动合同。

文某于 2007 年 4 月 17 日入职某工程公司,任职营业部部长兼品管部部长。双方签订了从 2012 年 4 月 1 日起的无固定期限劳动合同,该合同约定文某每月正常工作时间的工资为 6980 元,某工程公司另外支付浮动奖金、生活津贴 200 元;该合同第 12 条第 2 项还约定,"公司视当年业绩决定是否发放年终奖。若发放年终奖则根据其全年评价计发,但前提是发放时仍是在籍员工"。

2015 年 10 月 9 日,某工程公司召开副科长以上中、高层管理人员会议,通报境外母公司某株式会社股权转让事宜。2015 年 10 月 10 日,文某参与联名向某工程公司递交《诉求书》,上面载明广大员工因知悉集团的股份被全部转让,向某工程公司提出支付经济补偿,重新签订劳动合同并保证工资、职务不降低和工龄津贴支付及递增方式保持不变的三大诉求。2015 年 10 月 12 日上午 9 时左右,某工程公司向全体员工发出《关于员工诉求书的答复》,对员工提出的诉求逐一作出答复,并对经济补偿金、劳动关系的解除及工龄问题提出方案,但包括文某在内的员工签名表示不同意某工程公司在该答复中提出的方案。10 月 13 日,某工程公司向全体员工发出《关于呼吁员工复工的通知》,载明某工程公司呼吁员工尽快复工,对于当日 17 时之前复工的视为正常出勤,逾期不复工的视为旷工,旷工满 3 日将按照重大违纪行为处理,给予解除劳动合同并不支付经济补偿金。2015 年 10 月 14 日,某工程公司向全体员工发出《致全体员工的公告》,载明截至 2015 年 10 月 14 日 17 时之前,包括文某在内的 5 名员工未按通告要求进行选择,也没有到岗履行正常的工作职责,在 2015 年 10 月 12 日至 10 月 14 日持续旷工满 3 日,且该 5 人身为公司中、高层领导,未能以身作则履行工作职责,情节恶劣,某工程公司决定对该 5 人作出违纪解除劳动关

系处理。同日，某工程公司向文某发出《解除劳动关系通知》，以文某在2015年10月12日至10月14日持续旷工满3日为由，依据劳动法及公司规章制度，决定对文某作出违纪解除劳动关系处理，且不支付任何经济补偿金。文某即时办理了离职交接手续。双方确认文某离职前12个月的月平均工资为16,530.89元。

本案争议的焦点是某工程公司解除与文某的劳动合同是否合法的问题。二审法院认为，文某等员工联名向某工程公司提出诉求本属合法行为，但在某工程公司对员工诉求予以积极回应并且不存在违反法律规定损害劳动者权益的情况下，文某等员工应当履行劳动合同约定，完成劳动生产任务，不得违反劳动纪律，破坏企业正常生产秩序和公共秩序。综合审查全案证据，足以认定文某在2015年10月12日至2015年10月14日参加了停工，且在某工程公司多次呼吁复工的情况下未在指定的时间前回到劳动岗位恢复正常工作，即使履行了部分工作职责，其行为在实质上已经构成严重违反劳动纪律，属于《劳动法》第25条第2项规定的情形，用人单位可以根据该规定解除劳动合同。文某主张其行为属于集体协商行为，法院不予采纳。①

案例评析：虽然《劳动合同法》第39条并没有规定用人单位可以以劳动者严重违反劳动纪律为由解除劳动合同，但对于一些被普遍认可的劳动纪律，应当为劳动者所知悉和遵守。即便这些劳动纪律没有规定在用人单位的规章制度中，也构成劳动者的一项专门的劳动纪律。

法条链接：

《劳动法》

第25条　劳动者有下列情形之一的，用人单位可以解除劳动合同：

（一）在试用期间被证明不符合录用条件的；

① 广东省广州市中级人民法院民事判决书，（2016）粤01民终13558号。

（二）严重违反劳动纪律或者用人单位规章制度的；

（三）严重失职，营私舞弊，对用人单位利益造成重大损害的；

（四）被依法追究刑事责任的。

《上海市高级人民法院关于适用〈劳动合同法〉若干问题的意见》

11. 用人单位要求劳动者承担合同责任的处理

劳动合同的履行应当遵循依法、诚实信用的原则。劳动合同的当事人之间除了规章制度的约束之外，实际上也存在很多约定的义务和依据诚实信用原则而应承担的合同义务。如《劳动法》第三条第二款关于“劳动者应当遵守劳动纪律和职业道德”等规定，就是类似义务的法律基础。因此，在规章制度无效的情况下，劳动者违反必须遵守的合同义务，用人单位可以要求其承担责任。劳动者以用人单位规章制度没有规定为由提出抗辩的，不予支持。但在规范此类行为时，应当仅对影响劳动关系的重大情况进行审核，以免过多干涉用人单位的自主管理权。

《深圳市中级人民法院关于审理劳动争议案件的裁判指引》

89. 劳动者严重违反劳动纪律，用人单位可以依据《劳动法》第二十五条的规定解除劳动合同。

《广东省中山市中级人民法院关于审理劳动争议案件若干问题的参考意见》

9.5【旷工解约的认定】对劳动者无正当理由未办理请假手续，用人单位规章制度已有规定的，按相关规定执行；用人单位规章制度无规定而劳动者擅自离岗连续超过五日或者六个月内累计超过十日，用人单位据此以劳动者严重违反劳动纪律为由解除劳动合同的，可予支持。

三、劳动者被依法追究刑事责任

根据《劳动合同法》第39条第6项的规定，劳动者被依法追究刑事责任的，用人单位可以单方解除劳动合同。原劳动部发布的《关于贯彻执行〈中华人民共和国劳动法〉若干问题的意见》第 28 条规定，劳动者涉嫌违法犯罪被有关机关收容审查、拘留或逮捕的，用人单位在劳动者被限制人身自由期间，可与其暂时停止劳动合同的履行。

由此可知，劳动者在被限制人身自由期间，用人单位不能直接单方解除劳动合同，仅可暂停履行劳动合同。法律明文规定劳动者被收容审查、拘留或逮捕的，可以暂停履行劳动合同，但对于拘传、取保候审、监视居住等强制措施，能否暂停履行劳动合同，并未有明确规定。对此，可以根据相应的强制措施对劳动者完成工作任务的影响程度，决定是否可以暂停劳动合同的履行。

那么，如何认定劳动者被依法追究刑事责任呢？根据原劳动部办公厅印发的《关于〈劳动法〉若干条文的说明》第 25 条的规定，“被依法追究刑事责任”具体指：①被人民检察院免予起诉的。②被人民法院判处刑罚（刑罚包括主刑：管制、拘役、有期徒刑、无期徒刑、死刑；附加刑：罚金、剥夺政治权利、没收财产）的。③被人民法院依据《刑法》第 32 条免予刑事处分的。

☞ 案例参考 58：劳动者在被刑事拘留期间，用人单位解除劳动合同的系违法解除。

冯某原系兰州银行某支行行长。在担任行长期间，A 公司、B 公司（两家公司法定代表人均为曹某某）曾向兰州银行某支行贷款数千万元，涉及骗取银行贷款犯罪，兰州银行股份有限公司曾于 2016 年 1 月向公安机关报案。2016 年 5 月 17 日，冯某被刑事拘留。2016 年 5 月 31 日，兰州市公安局经侦支队给兰州银行股份有限公司发出通报：冯某触犯刑法，涉嫌违法发放贷款罪。2016 年 6 月 11 日至 2016 年 9 月 20 日被取保候审。9 月 21 日继续执行刑事拘留，现在押于兰州市第一看守所。2016 年 7 月 29 日，兰州银行股份有限公司以冯某担任某支行行长期间，严重失职，给兰州银行股份有限公司造成重大损害为由，作出《关于解除冯某劳动关系的决定》，并于当日向冯某送达，冯某收到该决定后，向兰州市劳动人事争议仲裁委员会提出仲裁申请。

一审法院经审理后认为,根据原劳动部下发的《关于贯彻执行〈中华人民共和国劳动法〉若干问题的意见》第28条、第29条,劳动者涉嫌违法犯罪被有关机关收容审查、拘留或逮捕的,用人单位在劳动者被限制人身自由期间,可与其暂时停止劳动合同的履行。暂时停止履行劳动合同期间,用人单位不承担劳动合同规定的相应义务。劳动者经证明被错误限制人身自由的,暂时停止履行劳动合同期间劳动者的损失,可由其依据《国家赔偿法》要求有关部门赔偿。劳动者被依法追究刑事责任的,用人单位可依据《劳动法》第25条解除劳动合同。故本案冯某现虽因涉嫌刑事犯罪被采取限制人身自由的强制措施,但该种情形不是用人单位可以解除劳动合同的条件,如冯某被生效判决确定构成刑事犯罪,兰州银行股份有限公司自然可解除劳动合同。综上所述,兰州银行股份有限公司对冯某作出的《关于解除冯某劳动关系的决定》程序不合法,应予撤销。一审判决认定事实清楚,适用法律正确,二审维持原判。[①]

◇ 法条链接:

《关于贯彻执行〈中华人民共和国劳动法〉若干问题的意见》

28. 劳动者涉嫌违法犯罪被有关机关收容审查、拘留或逮捕的,用人单位在劳动者被限制人身自由期间,可与其暂时停止劳动合同的履行。

暂时停止履行劳动合同期间,用人单位不承担劳动合同规定的相应义务。劳动者经证明被错误限制人身自由的,暂时停止履行劳动合同期间劳动者的损失,可由其依据《国家赔偿法》要求有关部门赔偿。

《关于〈劳动法〉若干条文的说明》

第25条　劳动者有下列情形之一的,用人单位可以解除劳动合同:

(一)在试用期间被证明不符合录用条件的;

(二)严重违反劳动纪律或者用人单位规章制度的;

① 甘肃省兰州市中级人民法院民事判决书,(2019)甘01民终4051号。

（三）严重失职，营私舞弊，对用人单位利益造成重大损害的；

（四）被依法追究刑事责任的。

……

本条中“被依法追究刑事责任”，具体指：①被人民检察院免予起诉的；②被人民法院判处刑罚（刑罚包括：主刑：管制、拘役、有期徒刑、无期徒刑、死刑；附加刑：罚金、剥夺政治权利、没收财产）的；③被人民法院依据刑法第32条免予刑事处分的。

第三节 劳动合同法中的赔偿责任

根据《劳动合同法》，除本章已经讨论的用人单位在违法解除或者终止劳动合同时，需要依法向劳动者支付赔偿金的情形外，还设定了劳动关系当事人当违反法律规定或给对方造成损失时，需要向对方支付一定金额赔偿的法律责任。其中，以用人单位作为赔偿主体的情况居多，劳动者只有存在故意或者重大过失给用人单位造成损失的情况下才会承担相应的赔偿责任。实践中，应用较多的有如下几种情形。

一、违法约定试用期的赔偿责任

根据《劳动合同法》第83条的规定，用人单位违反本法规定与劳动者约定试用期的，由劳动行政部门责令改正；违法约定的试用期已经履行的，由用人单位以劳动者试用期满月工资为标准，按已经履行的超过法定试用期的期间向劳动者支付赔偿金。

举例来说，李某在甲公司签订了1年期限的劳动合同，约定6个月的试用期，试用期工资为4000元，转正后工资为5000元。然而，依照《劳动合同法》的规定，李某最多只需要履行2个月的试用期。若李某实际履行了6个月的试用期，那么甲公司需要支付李某20,000元的赔偿金（4个月×5000

元 =20,000 元)。

二、未依法支付劳动报酬、经济补偿等的法律责任

根据《劳动合同法》第 85 条的规定,用人单位有下列情形之一的,由劳动行政部门责令限期支付劳动报酬、加班费或者经济补偿;劳动报酬低于当地最低工资标准的,应当支付其差额部分;逾期不支付的,责令用人单位按应付金额 50% 以上 100% 以下的标准向劳动者加付赔偿金:

(1)未按照劳动合同的约定或者国家规定及时足额支付劳动者劳动报酬的;

(2)低于当地最低工资标准支付劳动者工资的;

(3)安排加班不支付加班费的;

(4)解除或者终止劳动合同,未依照本法规定向劳动者支付经济补偿的。

这条规定就是通常所说的“加付赔偿金”的条款。在《劳动合同法》实施之前,目前已经失效的《违反和解除劳动合同的经济补偿办法》也有类似规定:用人单位克扣、无故拖欠工资的或者拒不支付加班费的,或者发放工资低于当地最低工资标准的,除补发差额以外,还应当支付相当于补足部分 25% 的经济补偿金;用人单位违反规定不支付经济补偿金的,除补发以外,还按该经济补偿金数额的 50% 支付额外经济补偿金。

从 2008 年 1 月 1 日开始实施的《劳动合同法》第 85 条可以看出,《劳动合同法》将“两类加付的经济补偿金”统一更名为“赔偿金”;加付比例也从“25% 及 50%”变更为“50% 至 100%”。更重要的是,《劳动合同法》确立了此类赔偿金的支付,需要履行“劳动行政部门处理”的前置程序,即若劳动者没有在提起劳动仲裁及诉讼程序前,履行向劳动行政部门举报处理的前置程序,劳动仲裁委及法院都会驳回相应的请求。

三、扣押劳动者身份证等证件的法律责任

根据《劳动合同法》第 84 条的规定,用人单位扣押劳动者居民身份证等证件的,或是以担保或者其他名义向劳动者收取财物的,由劳动行政部门责令限

期退还劳动者本人并处以相应罚款。

实践中，不少用人单位为了保护自身利益，招聘员工时会要求重要岗位如财务人员等或者掌握用人单位财产的劳动者如司机等提供担保或是风险抵押金，甚至要求本地户籍的亲友提供“人保”，这些都是违反法律规定的操作，用人单位将有被处罚及赔偿的风险。

四、不为劳动者办理离职手续的法律责任

根据《劳动合同法》第89条的规定，用人单位违反本法规定未向劳动者出具解除或者终止劳动合同的书面证明，由劳动行政部门责令改正；给劳动者造成损害的，应当承担赔偿责任。

实践中，因用人单位拒绝出具劳动者的离职手续，造成劳动者无法正常开始新的劳动关系的，用人单位需要按照所在地的失业金标准向劳动者赔偿损失。

法条链接：

《劳动合同法》

第83条　用人单位违反本法规定与劳动者约定试用期的，由劳动行政部门责令改正；违法约定的试用期已经履行的，由用人单位以劳动者试用期满月工资为标准，按已经履行的超过法定试用期的期间向劳动者支付赔偿金。

第84条　用人单位违反本法规定，扣押劳动者居民身份证等证件的，由劳动行政部门责令限期退还劳动者本人，并依照有关法律规定给予处罚。

用人单位违反本法规定，以担保或者其他名义向劳动者收取财物的，由劳动行政部门责令限期退还劳动者本人，并以每人五百元以上二千元以下的标准处以罚款；给劳动者造成损害的，应当承担赔偿责任。

劳动者依法解除或者终止劳动合同，用人单位扣押劳动者档案或者其他物品的，依照前款规定处罚。

第85条　用人单位有下列情形之一的，由劳动行政部门责令限期支付劳动报酬、加班费或者经济补偿;劳动报酬低于当地最低工资标准的,应当支付其差额部分;逾期不支付的,责令用人单位按应付金额百分之五十以上百分之一百以下的标准向劳动者加付赔偿金:

(一)未按照劳动合同的约定或者国家规定及时足额支付劳动者劳动报酬的;

(二)低于当地最低工资标准支付劳动者工资的;

(三)安排加班不支付加班费的;

(四)解除或者终止劳动合同,未依照本法规定向劳动者支付经济补偿的。

第89条　用人单位违反本法规定未向劳动者出具解除或者终止劳动合同的书面证明,由劳动行政部门责令改正;给劳动者造成损害的,应当承担赔偿责任。

第八章

劳动争议常见具体诉求之七：违约金

劳动关系中，因为劳动者往往相较于用人单位处于弱势地位，所以《劳动合同法》等相关法律、法规中更多地对用人单位设定了法定义务，一旦用人单位侵害了劳动者的合法权益，劳动者可以依据《劳动合同法》中的规定，向用人单位主张自身的合法权益。但是，这并不意味着《劳动合同法》等法律、法规就不保护用人单位的合法权益，《劳动合同法》第22条及第23条即是此类规定的集中体现。

第一节 服务期

一、基本情况

服务期是指用人单位为劳动者提供专项培训费用，对其进行专业技术培训，并约定劳动者必须在用人单位服务的最低年限。劳动者违反服务期相关约定的，应当按照约定向用人单位支付违约金。用人单位与劳动者可以对违约金具体数额进行约定，但是最高不得超过尚未履行部分分摊的培训费用。计算方式为：违约金 = 服务期尚未履行部分 ÷ 约定的服务期限 × 约定计算的培训费总额。

◇ 法条链接：

《劳动合同法》

第22条　用人单位为劳动者提供专项培训费用，对其进行专业技术培训的，可以与该劳动者订立协议，约定服务期。

劳动者违反服务期约定的，应当按照约定向用人单位支付违约金。违约金的数额不得超过用人单位提供的培训费用。用人单位要求劳动者支付的违约金不得超过服务期尚未履行部分所应分摊的培训费用。

用人单位与劳动者约定服务期的，不影响按照正常的工资调整机制提高劳动者在服务期期间的劳动报酬。

二、举证责任

1. 用人单位举证存在有效的服务期约定

(1)用人单位得以根据《劳动合同法》第22条向劳动者主张违约金的前提是，必须有服务期的约定，且该约定是有效的。而服务期约定有效的前提是，用人单位为劳动者提供专项培训费用，对其进行专业技术培训。

“专业技术培训”在司法实务中如何举证，并没有明晰的规定。但是通常认为，普通的上岗培训、劳动安全培训、日常业务培训等都不属于专业技术培训。

(2)用人单位主张的违约金数额不能超过用人单位提供的培训费用。约定中超过的部分当然无效，但不影响其他部分的效力。用人单位要求劳动者支付的违约金不得超过服务期尚未履行部分所应分摊的培训费用。《劳动合同法实施条例》第16条规定了培训费用包括有凭证的培训费用、培训期间的差旅费用及其他因培训产生的直接费用。实践中，对于具有有效票据的培训费用支出容易认可，但是没有票据的培训费用，则由法院根据合理性、支出原因、员工的认可程度酌情认定。

☞ 案例参考59：用人单位为劳动者提供专业技术培训，劳动者在服务期内因自身原因离职的，应向用人单位支付违约金。

郭某于2016年10月8日入职D公司，岗位为化学工程师，双方签订固定期限的劳动合同，合同有效期限为3年，自2016年10月8日起至2019年10月7日止，其中试用期6个月，试用期自2016年10月8日起至2017年4月7日止。2019年9月19日，双方签订劳动合同续签协议，期限为3年，自2019年10月8日起至2022年10月7日止。2016年10月26日，郭某与D公司签订培训协议，该协议约定以下主要内容：(1)本协议所指的培训，包括但不限于专项岗位培训、专业技术培训、职业技能培训、出国培训、委托培训、研讨会、国内外参观和考察、外派工作、在职进修等多种形式；(2)培训内容为化学工程师产品相关知识的培训；(3)培训时间暂定为2016年11月1日至2017年5月21日；(4)培训费用包括培训费、资料费、会务费、学历教育费用、考试费、交通费、往返机票(经济舱)、食宿费及相关签证、办理出国手续工本费等合理费用；(5)培训费用4万元以上对应服务年限为5年，本次培训预估花费为58,735.76元；(6)郭某应当履行的服务年限为2017年5月21日至2022年5月20日；(7)违约责任章节中约定，郭某在培训结束后离职，但尚未达到本协议规定的服务年限，郭某应向D公司赔偿部分培训费用(以全部培训费用为基数，根据本协议规定的服务期与已完成服务的期限的比例按递减的计算方式赔偿)。2017年6月16日，郭某与D公司再次签订培训协议，将2016年10月26日签订的培训协议中约定的培训内容变更为化学工艺工程师(OBH/WWT)专业技术培训，培训期限变更为2016年11月1日至2017年4月30日，培训花费为172,324.699元，郭某应当履行的服务年限变更为2017年5月1日至2022年5月1日。郭某在上述两份培训协议上均签名确认，在共计培训费用172,324.699元的清单上签名并写明“确认费用属实”。根据D公司提供的加盖翻译有限公司印章的郭某制作培训报告翻译件，显示郭某培训包含 OBH 对材料的影响、OBH 系统的一般辅助系统以及化学功能系统、设施安装等化学工艺以及化学实验领域的内容。郭某向 D 公司提交的培训申请表中涉及培训课程为表面处理工艺，培训日期为 2017 年 2 月 1 日至同年 2 月 21 日。2019 年 11 月 15 日，郭某因个人原因提出离职，双方解除劳动关系。D 公司遂向常州市新北区劳动人事争议仲裁委员会提起劳动争议仲裁，要求裁决郭某支付培训费 84,698.77 元。

二审法院认为，本案争议焦点为郭某所接受的培训是否专业技术培训。首先，从培训内容来看，D 公司与培训机构、郭某签署的跨国公司培训协议表明郭某所受培训涉及表面处理工艺、化学实验室、防腐处理以及废水处理的相关知识，郭某所作培训报告显示培训涉及的数据、流程等均为化学工艺的专项实验，具有较强的专业性；其次，从培训目的来看，根据郭某二审陈述及其所提交证据，D 公司安排郭某至国外培训系为引进新设备、建设新生产线作准备，提前派遣员工至海外熟悉设备和掌握生产线操作，目的为使郭某能胜任更高层次、更加专业的工作；再次，从培训对象来看，案涉培训并非针对全体劳动者，而是经用人单位确定的郭某等人；最后，从培训时间和费用来看，郭某海外培训时长 6 个月，虽 D 公司未就案涉培训产生有凭证的培训费用，但根据培训后 D 公司与郭某确认的费用清单，包括交通费、住宿费、健康保险等各项费用支出合计 17 万余元。综上，法院认为郭某所接受培训为专业技术培训。对郭某称其所受培训不属于专业技术培训的主张，法院不予采信。郭某于案涉培训结束后与 D 公司约定了服务期，但于服务期未届满前离职，违反服务期约定，根据《劳动合同法》第 22 条第 2 款，应当按照约定向用人单位支付违约金。一审法院以双方认可的费用 172,324.699 元为基数，根据培训协议约定的服务期与已完成服务期限的比例，按递减计算方式计算郭某应向 D 公司支付违约金共计 84,698.77 元，符合法律规定，法院依法予以确认。[①]

① 江苏省常州市中级人民法院民事判决书，(2021)苏 04 民终 1716 号。

◈ 法条链接：

《劳动合同法实施条例》

第16条　劳动合同法第二十二条第二款规定的培训费用，包括用人单位为了对劳动者进行专业技术培训而支付的有凭证的培训费用、培训期间的差旅费用以及因培训产生的用于该劳动者的其他直接费用。

2. 用人单位举证劳动者有违反服务期约定的行为

因服务期约定的是劳动者在用人单位工作的最低年限，劳动者的违约行为通常表现为服务期未履行完毕时，因劳动者致使双方的劳动合同解除或终止。

(1)因劳动者的原因劳动合同解除

①劳动者单方解除劳动合同：劳动者提前30日通知用人单位解除劳动合同的，是典型的违反服务期约定的行为。

②用人单位单方解除劳动合同：《劳动合同法实施条例》第26条第2款规定的以下5种情形，虽然由用人单位提出解除劳动合同，但是因为劳动者存在过错，所以劳动者被解除劳动合同仍然需要承担向用人单位支付违约金的责任：①劳动者严重违反用人单位的规章制度的；②劳动者严重失职，营私舞弊，给用人单位造成重大损害的；③劳动者同时与其他用人单位建立劳动关系，对完成本单位的工作任务造成严重影响，或者经用人单位提出，拒不改正的；④劳动者以欺诈、胁迫的手段或者乘人之危，使用人单位在违背真实意思的情况下订立或者变更劳动合同的；⑤劳动者被依法追究刑事责任的。

(2)因劳动者的原因劳动合同终止

当用人单位与劳动者约定的劳动合同期限短于约定的服务期时，根据《劳动合同法实施条例》第17条的规定，劳动合同期限自动续延至服务期满，除非双方另行达成约定。因此，在此种情况下劳动者主张劳动合同终止的，也需要向用人单位承担违约金责任。

需要特别注意的是，一般认为，对劳动者服务期的约定，是赋予用人单位的权利，基于民事权利均可以由权利人放弃的原则，在劳动合同期满后，用人单位可以单方放弃或者与劳动者另行约定放弃对劳动者剩余服务期的要求。

⊕ 法条链接：

《劳动合同法实施条例》

第17条　劳动合同期满，但是用人单位与劳动者依照劳动合同法第二十二条的规定约定的服务期尚未到期的，劳动合同应当续延至服务期满；双方另有约定的，从其约定。

第26条　用人单位与劳动者约定了服务期，劳动者依照劳动合同法第三十八条的规定解除劳动合同的，不属于违反服务期的约定，用人单位不得要求劳动者支付违约金。

有下列情形之一，用人单位与劳动者解除约定服务期的劳动合同的，劳动者应当按照劳动合同的约定向用人单位支付违约金：

（一）劳动者严重违反用人单位的规章制度的；

（二）劳动者严重失职，营私舞弊，给用人单位造成重大损害的；

（三）劳动者同时与其他用人单位建立劳动关系，对完成本单位的工作任务造成严重影响，或者经用人单位提出，拒不改正的；

（四）劳动者以欺诈、胁迫的手段或者乘人之危，使用人单位在违背真实意思的情况下订立或者变更劳动合同的；

（五）劳动者被依法追究刑事责任的。

《劳动合同法》

第38条　用人单位有下列情形之一的，劳动者可以解除劳动合同：

（一）未按照劳动合同约定提供劳动保护或者劳动条件的；

（二）未及时足额支付劳动报酬的；

（三）未依法为劳动者缴纳社会保险费的；

（四）用人单位的规章制度违反法律、法规的规定，损害劳动者权益的；

（五）因本法第二十六条第一款规定的情形致使劳动合同无效的；

（六）法律、行政法规规定劳动者可以解除劳动合同的其他情形。

用人单位以暴力、威胁或者非法限制人身自由的手段强迫劳动者劳动的，或者用人单位违章指挥、强令冒险作业危及劳动者人身安全的，劳动者可以立即解除劳动合同，不需事先告知用人单位。

《上海市高级人民法院关于适用〈劳动合同法〉若干问题的意见》

6. 劳动合同期满而约定的服务期未到期的处理

服务期是用人单位以给付一定培训费用为代价，要求接受对价的劳动者为用人单位相应提供服务的约定。用人单位依约支付相应对价后，即已完全履行自己的合同义务，是否要求劳动者履行提供服务则成为用人单位的权利。基于民事权利都可以放弃的原则，在劳动合同期满后，用人单位放弃对剩余服务期要求的，应当准许。

此时，劳动合同可以终止，但用人单位不得向劳动者追索服务期的赔偿责任；用人单位继续提供工作岗位并要求劳动者履行服务期约定的，双方当事人应当继续履行。继续履行合同期间，用人单位不提供工作岗位的，视为其放弃对剩余服务期的要求，劳动合同终止。

三、疑难案例

实践中，关于服务期还存在许多争议问题，比如，除了违约金以外劳动者是否需要返还工资奖金？在北京、上海、广州这些地区，用人单位为劳动者办理本地户籍是否可以约定服务期？这些问题将通过以下案例来进行解答。

1. 劳动者违反服务期约定，是否需要返还工资、奖金等福利待遇

☞ 案例参考60：劳动者违反服务期的约定，除承担违约金责任外，培训期间的工资、奖金及其他福利无须返还。

张某于2005年8月24日入职某医院，从事护士岗位工作。2015年7月6

日至9月6日，某医院安排张某前往北京护理学会进修培训，某医院为此向北京护理学会支付培训费5200元；并支付张某培训期间的工资、奖金及各种福利待遇共计9994元。某医院主张2017年4月30日，张某因个人原因提出离职，双方劳动关系于当日解除，张某对此无异议。某医院主张因张某接受进修培训未满5年即申请离职，故请求张某返还上述期间的进修培训费、工资、奖金及其他福利，并就上述主张向法院出具《协议书》佐证。《协议书》落款处有“张某”字样的签名，并载有“……乙方（张某）出现下列情况之一者，甲方（某医院）有权要求乙方承担已向进修学习单位支付的学习进修费用，同时乙方应向甲方返还进修学习期间甲方向其支付的全部工资、奖金及其他福利：……学习、进修结束回医院服务不满五年者……”的表述。张某对某医院的上述主张持有异议，对《协议书》的真实性不持异议，并主张其仅同意按照参加培训后的工作年限返还某医院部分进修培训费。

一审法院认为，当事人应当依法主张权利，且就其主张的事实有责任出具证据加以证明。根据《劳动合同法》第22条“用人单位为劳动者提供专项培训费用，对其进行专业技术培训的，可以与该劳动者订立协议，约定服务期。劳动者违反服务期约定的，应当按照约定向用人单位支付违约金。违约金的数额不得超过用人单位提供的培训费用。用人单位要求劳动者支付的违约金不得超过服务期尚未履行部分所应分摊的培训费用”之规定，张某应按照服务期尚未履行部分所应分摊比例返还某医院相应培训费用，无须返还工资、奖金及其他福利。

二审法院认为，某医院安排张某于2015年7月6日至9月6日进修培训，为此支付培训费5200元，因双方约定张某自进修结束回医院工作的服务期为5年，而张某于2017年4月30日即因个人原因离职，故张某应向某医院支付违约金。原审法院根据查明的事实，判决张某向某医院返还相应的培训费，处理正确，法院予以维持。关于某医院上诉要求张某返还培训期间的工资、奖金及其他福利的主张，因某医院与张某的该项约定违反了《劳动合同法》第25条

“除本法第二十二条和第二十三条规定的情形外，用人单位不得与劳动者约定由劳动者承担违约金”的规定，故张某无须返还某医院2015年7月6日至9月6日的全部工资、奖金及其他福利。①

2. 用人单位为劳动者办理本地户口可否约定服务期

关于此问题，实践中有不同观点：

（1）上海、广东省中山市：用人单位提供办理本市户口作为特殊待遇与劳动者约定服务期和违约责任的，有效。

（2）北京地区：此种情况下，因违约金的规定违反了法律的强制性规定，无效；但给用人单位造成损失的，用人单位可以要求劳动者承担赔偿责任。

☞ 案例参考61：北京地区，用人单位不能以为劳动者办理本地户口为由，约定服务期及违约金，但是可以要求劳动者赔偿因此给单位造成的损失。

周某于2012年7月9日入职某公司，双方签订了劳动合同。周某曾于2012年6月1日向某公司出具《承诺书》，《承诺书》载明“本人周某，特向公司申请占用公司2012年度应届毕业生落户指标1个，并为本人办理户口进京手续，本人知晓公司每年为应届毕业生解决北京户口的名额稀缺，且此名额仅提供给承诺长期在公司服务的员工使用。经慎重考虑，本人确认自己适合在公司长期工作。本人承诺，自本人户口进京5年内不会主动辞职，如果本人未完成此承诺，本人愿意赔偿给公司造成的应届毕业生落户名额损失，该损失双方核定为人民币10万元，此金额按本人实际履行的承诺服务年限，以每年20%的比例逐年递减”。2012年11月9日，周某落户北京。2014年6月23日，周某向某公司提出辞职，并提交辞职申请。2014年6月25日某公司向周某发出关

① 北京市第二中级人民法院民事判决书，（2018）京02民终4323号。

于支付离职赔偿金的通知，要求周某在办理离职手续之前根据《承诺书》的约定向某公司支付赔偿金60,000元，2014年6月27日，周某向某公司支付60,000元赔偿金办理完离职手续后，提起劳动仲裁要求某公司返还该赔偿金，北京市西城区劳动人事争议仲裁委员会支持了周某诉讼请求。某公司不服，提起一审诉讼，一审法院判决某公司无须返还周某的60,000元。周某不服提起二审。

原审法院经审理认为，根据法律规定，用人单位为其招用的劳动者办理了本市户口，双方据此约定了服务期及违约金，由于该约定违反法律规定，因此用人单位以双方约定为依据要求劳动者支付违约金的，不应予以支持，但确因劳动者违反了诚实信用原则，给用人单位造成损失的，劳动者应当予以赔偿。本案中，周某明知进京户口指标系重要的稀缺资源，并认可在服务期届满前违反诚实信用原则单方提出辞职会给某公司造成相应经济损失10万元，故周某在其承诺的服务期届满前离职，应当按照《承诺书》的约定向某公司赔偿经济损失。诉讼中，某公司向法院提供员工离职损益分析，证明周某因不满服务期向公司提出辞职，给某公司造成重大经济损失，且周某在提出离职时，已经自愿将提前离职给某公司造成经济损失的60,000元赔偿金支付给某公司，已经履行承诺书所规定的义务，故周某在离职后再要求某公司返还60,000元离职赔偿金，缺乏事实及法律依据，现某公司起诉要求无须向周某返还离职赔偿金60,000元的诉讼请求，理由充分，予以支持。

法院认为，用人单位为其招用的劳动者办理了本市户口，双方据此约定了服务期和违约金，用人单位以双方约定为依据要求劳动者支付违约金，不应予以支持。确因劳动者违反了诚实信用原则，给用人单位造成损失的，劳动者应当予以赔偿。综合本案实际情况，进京户口指标属稀缺资源，周某在占用公司户口指标，解决北京户口后，其辞职行为确实会给用人单位在人才引进及招录同岗位人员方面带来隐性损失。基于诚实信用原则，某公司在周某提出辞职时依据《承诺书》中约定的损失数额要求周某支付离职赔偿金60,000元，并无不当。周某在离职时将此款支付某公司，后又要求某公司予以返还，理由不充分，法院对其此项上诉请求，不予支持。[①]

◇ 法条链接：

《上海市高级人民法院关于审理劳动争议案件若干问题的解答》

7.用人单位为其引进的部分非本市户籍人员办理本市户籍，可约定其为特殊待遇

当事人通过书面合同约定，明确将用人单位为引进人员办理本市户口作为特殊待遇，并据此设定服务期和违约责任的，劳动争议处理机构可予确认。

服务期期限和违约金数额应当合理确定，审理中发现所设定的服务期期限和违约金数额不合理的，可以根据当事人的具体违约原因、违约程度酌情调整。

《广东省中山市中级人民法院关于审理劳动争议案件若干问题的参考意见》

6.5【特殊待遇条款的认定】用人单位为其引进的部分非本市户籍人员办理本市户籍，可约定其为特殊待遇当事人通过书面合同约定，明确将用人单位为引进人员办理本市户口作为特殊待遇，并据此设定服务期和违约责任的，可予确认。

所设定的服务期期限和违约金数额不合理的，可根据当事人的具体违约原因、违约程度酌情调整。

《北京市高级人民法院、北京市劳动争议仲裁委员会关于劳动争议案件法律适用问题研讨会会议纪要》

33.用人单位为其招用的劳动者办理了本市户口，双方据此约定了服务期和违约金，用人单位以双方约定为依据要求劳动者支付违约金的，不应予以支持。确因劳动者违反了诚实信用原则，给用人单位造成损失的，劳动者应当予以赔偿。

① 北京市第二中级人民法院民事判决书，(2016)京02民终2857号。

第二节 竞业限制

一、基本情况

竞业限制,是指用人单位和知悉本单位商业秘密或者其他对本单位经营有重大影响的劳动者约定,在终止或解除劳动合同后的一定期限内,不得在生产同类产品、经营同类业务或有其他竞争关系的用人单位任职,也不得自己生产与原单位有竞争关系的同类产品或经营同类业务。

竞业限制是用人单位通过约定对劳动者择业自由的限制,且劳动者违反竞业限制义务时,用人单位可以要求劳动者支付违约金。因此,法律对其也进行了一定程度的规制。

围绕竞业限制产生的争议主要分为两大类:(1)用人单位可以要求违反了竞业限制义务的劳动者按照双方之间的违约金规定,向用人单位支付违约金,并继续履行竞业限制义务;(2)劳动者履行了竞业限制义务,可以要求用人单位支付竞业限制的经济补偿。

◈ 法条链接:

《劳动合同法》

第23条 用人单位与劳动者可以在劳动合同中约定保守用人单位的商业秘密和与知识产权相关的保密事项。

对负有保密义务的劳动者,用人单位可以在劳动合同或者保密协议中与劳动者约定竞业限制条款,并约定在解除或者终止劳动合同后,在竞业限制期限内按月给予劳动者经济补偿。劳动者违反竞业限制约定的,应当按照约定向用人单位支付违约金。

第24条　竞业限制的人员限于用人单位的高级管理人员、高级技术人员和其他负有保密义务的人员。竞业限制的范围、地域、期限由用人单位与劳动者约定，竞业限制的约定不得违反法律、法规的规定。

在解除或者终止劳动合同后，前款规定的人员到与本单位生产或者经营同类产品、从事同类业务的有竞争关系的其他用人单位，或者自己开业生产或者经营同类产品、从事同类业务的竞业限制期限，不得超过二年。

二、举证责任

1.用人单位主张劳动者支付违约金

(1)用人单位举证存在有效的竞业限制约定

①竞业限制的人员限于用人单位的高级管理人员、高级技术人员和其他负有保密义务的人员。

举证劳动者负有保密义务分为两种情况：其一，对于法定负有保密义务的劳动者，只需证明其具有相应的职位或身份。例如，《公司法》第148条规定，公司的董事、高级管理人员不得擅自披露公司秘密。对于公司的董事、高级管理人员的保密义务属于法定义务，只需证明相应任职情况。当然，对于此类劳动者的保密义务通过书面约定固定下来，可以更好地明确保密的范围及违约责任等。其二，对于约定负有保密义务的劳动者，根据《劳动合同法》第23条的规定，由用人单位与劳动者在劳动合同中进行约定。用人单位需证明与劳动者进行过此类约定。

②竞业限制的期限不得超过2年(自劳动合同解除或终止之日开始计算)，超过2年的部分是无效的。

(2)劳动者有违反竞业限制约定的行为

①举证劳动者入职的其他用人单位或者自己开业经营的单位与本单位是生产或者经营同类产品、从事同类业务的竞争关系。实践中，一般首先参照两用人单位的营业执照中的经营范围；辅以目标公司的业务介绍、客户群体等来

确认。

②劳动者加入此类用人单位的证据通常有与新用人单位签订的劳动合同、入职登记表、工资发放记录、个税及社保公积金的缴纳记录、考勤记录、证人证言等。此外,代表新用人单位对外签订业务合同,被记录于官网、宣传册、项目宣传等载体,新用人单位的名片、电子邮箱,出入共同客户从事业务的视听资料等证据,不仅可以证明劳动者加入了竞争对手,还可以证明劳动者从事了竞争业务。

(3)竞业限制约定中约定了劳动者支付违约金的条款

因为主张违反竞业限制义务的违约金是法律赋予用人单位的权利,基于民事权利可由权利人放弃的原则,若用人单位未在竞业限制约定中明确可以向劳动者主张违约金条款的,视为用人单位放弃自己的权利。用人单位在劳动者违反竞业限制约定后主张劳动者支付违约金,不会被人民法院或仲裁机构支持。

至于违约金的数额,一般以双方之间的约定为准。但根据《民法典》第585条的规定,若约定的违约金低于造成的损失,当事人可以请求人民法院或者仲裁机构予以增加;约定的违约金过分高于造成的损失的,当事人可以请求人民法院或者仲裁机构予以适当减少。因此,若约定的违约金数额明显不合理,人民法院或仲裁机构可以予以调整。

2. 劳动者主张用人单位支付竞业限制经济补偿

劳动者的举证责任则比较简单,需证明存在有效的竞业限制约定,通常表现为书面劳动合同中的竞业限制条款或者离职时另行签订的竞业限制协议书,以及劳动者证明自己遵守了竞业限制约定,未从事相关竞业限制工作。符合以上两点,劳动者可以向用人单位主张竞业限制补偿金。

三、竞业限制约定解除的情形

1. 劳动者主张解除竞业限制约定

根据《最高人民法院关于审理劳动争议案件适用法律问题的解释(一)》第38条的规定,劳动者主张解除竞业限制约定需要满足如下条件:

(1)劳动合同解除或终止后,用人单位3个月未支付经济补偿;

(2)因用人单位原因导致3个月未支付经济补偿;

(3)劳动者通知用人单位解除。

《最高人民法院关于审理劳动争议案件适用法律问题的解释(一)》在设定以上解除条件时,考虑到合同法的基本原理,因用人单位没有履行向劳动者支付对价的义务,构成根本违约,因而赋予劳动者解除竞业限制约定的权利。但是,如果劳动者故意注销自己的银行账户或者卡号,导致用人单位无法向劳动者支付经济补偿,此时用人单位并无过错,劳动者无法行使解除权。

关于"劳动者通知用人单位解除"这一条件,因法律并未强调此程序要件,因此是否属于必要条件在各地区的司法实践中具有争议,但从规避风险角度考虑,建议履行通知这一程序。

此外,需要注意的是,这里的3个月,不要求必须是连续的,可以是累计3个月。

关于劳动者解除竞业限制约定的情形,深圳地区有特别规定,需要加以注意:《深圳经济特区和谐劳动关系促进条例》第20条规定,用人单位未依法支付经济补偿的,劳动者可在用人单位违反约定之日起30日内要求用人单位一次性支付经济补偿;劳动者未在30日内要求一次性支付的,可以通知用人单位解除竞业限制协议。

深圳地区认为,根据《立法法》第82条的规定,经济特区根据授权可对法律、行政法规、地方性法规作变通规定。既然特区条例可以对法律等作出变通规定,那么对于司法解释也应当可以作出变通规定。而特区条例对劳动者保护力度更大,两者相冲突时,应当优先适用特区条例。

因此深圳地区在劳动者解除竞业限制约定的问题上,规定只要用人单位未依法支付经济补偿达30日,劳动者即可通知用人单位解除竞业限制协议。

◈ 法条链接：

《最高人民法院关于审理劳动争议案件适用法律问题的解释(一)》

第38条　当事人在劳动合同或者保密协议中约定了竞业限制和经济补偿,劳动合同解除或者终止后,因用人单位的原因导致三个月未支付经济补偿,劳动者请求解除竞业限制约定的,人民法院应予支持。

《深圳经济特区和谐劳动关系促进条例》

第20条　对负有保密义务的劳动者,用人单位可以在劳动合同或者保密协议中与劳动者约定竞业限制条款,并约定在解除或者终止劳动合同后,在竞业限制期限内按月给予劳动者经济补偿。

用人单位未按照前款规定支付经济补偿的,劳动者自用人单位违反约定之日起三十日内,可以要求用人单位一次性支付尚未支付的经济补偿,并继续履行协议;劳动者未在三十日内要求一次性支付的,可以通知用人单位解除竞业限制协议。

《深圳市中级人民法院关于审理劳动争议案件的裁判指引》

106.用人单位与劳动者约定竞业限制的,应当在竞业限制期限内依法给予劳动者经济补偿。用人单位未按约定支付经济补偿的,劳动者自用人单位违反约定之日起三十日内可要求用人单位一次性支付尚未支付的经济补偿,并继续履行竞业限制协议;劳动者未在三十日内要求一次性支付的,可通知用人单位解除竞业限制协议或支付已履行竞业限制义务期间的经济补偿。

劳动者在职期间违反竞业限制义务,用人单位依据双方约定要求劳动者支付违约金的,应予支持。

当事人主张双方约定的违约金过高请求调整的,人民法院可依法予以调整。

107.《深圳经济特区企业技术秘密保护条例》及《深圳经济特区和谐劳动关系条例》关于竞业限制的有关规定与最高人民法院《关于审理劳动争议案件适用法律若干问题的解释(三)》相应规定不一致的,优先适用深圳经济特区条例的相关规定。

2. 用人单位主张解除竞业限制约定

主流观点认为，用人单位可以随时解除竞业限制约定。因为竞业限制制度最主要的目的是保护用人单位的合法权益，以保护企业的商业秘密与知识产权。而竞业限制经济补偿是对劳动者择业自由限制作出的补偿，劳动者在职期间并不存在择业自由受限的情况。因此，在劳动合同解除或终止前，用人单位即解除了与劳动者竞业限制的约定，因未对劳动者择业自由造成影响，因而无须额外向劳动者支付3个月的竞业限制经济补偿。

而《最高人民法院关于审理劳动争议案件适用法律问题的解释（一）》第39条规定，用人单位要求解除竞业限制协议时，应当额外支付劳动者3个月的竞业限制经济补偿，是指劳动者的择业自由已经受到限制，劳动者在劳动合同解除或终止后实际履行了竞业限制义务，用人单位在此期间解除竞业限制约定的，不能即时消除对劳动者择业自由的影响。因而需要用人单位额外支付劳动者3个月的竞业限制经济补偿。

◈ 法条链接：

《最高人民法院关于审理劳动争议案件适用法律问题的解释（一）》

第39条　在竞业限制期限内，用人单位请求解除竞业限制协议时，人民法院应予支持。

在解除竞业限制协议时，劳动者请求用人单位额外支付劳动者三个月的竞业限制经济补偿的，人民法院应予支持。

四、疑难案例

竞业限制对一些技术型企业以及高级管理人员来说尤为重要，双方应尽可能地将竞业限制期限、竞业限制补偿金、违约金等权利和义务约定明确以减少纠纷。下文将重点以北京、上海、广州、深圳地区为例,探讨一些竞业限制中的争议问题。

1. 劳动者在职期间,违反竞业限制义务是否需要支付违约金

(1)北京地区对此问题持如下观点:

①劳动者的竞业限制义务自入职起即需劳动者履行,且不限于用人单位与劳动者的书面约定。劳动者的竞业限制义务除了直接源于用人单位与劳动者之间的约定,还具有法定成分。其一,劳动者在职期间的竞业限制,是劳动者与用人单位建立劳动关系的前提和基础,属于劳动合同的附随义务,源于诚实信用原则,无须另行约定。其二,在职期间竞业限制义务是劳动法社会属性的应有之义。劳动者在职期间应当遵守职业道德,不得损害用人单位利益。其三,从现有法律规定分析,虽然《劳动合同法》第23条及第24条仅规定了离职后劳动者竞业限制义务,但并未禁止在职期间约定劳动者竞业限制义务。且从常识和劳动法原则可以推断,劳动者在职期间违反竞业限制义务,相较于离职后违反竞业限制义务,主观恶性更为严重,对用人单位造成的不良影响也更为突出,是法律所不能允许之行为。

②劳动者在职期间违反竞业限制义务,是否需要支付违约金取决于用人单位与劳动者之间是否存在约定。用人单位可以与劳动者约定在职期间违反竞业限制义务的违约金条款。但若未约定该违约金条款,用人单位不得主张在职期间的违约金。

根据《民法典》第585条规定:"当事人可以约定一方违约时应当根据违约情况向对方支付一定数额的违约金,也可以约定因违约产生的损失赔偿额的计算方法。"因此违约金的性质属于约定责任,并非法定责任。在双方当事人没有约定的情况下,不能适用违约金条款。若不存在违约金的约定,则在职期间劳动者违反竞业限制义务,无须支付违约金。

③即便在职期间没有支付违约金的约定,但给用人单位造成损失的,可以向劳动者主张赔偿责任。

《民法典》第577条规定："当事人一方不履行合同义务或者履行合同义务不符合约定的，应当承担继续履行、采取补救措施或者赔偿损失等违约责任。"《劳动合同法》第90条规定："劳动者违反本法规定解除劳动合同，或者违反劳动合同中约定的保密义务或者竞业限制，给用人单位造成损失的，应当承担赔偿责任。"结合劳动者在职期间从用人单位所获得的劳动报酬及劳动者的主观过错程度、行为持续时间、行为性质后果、用人单位合法权益受侵害程度等情节，兼顾公平原则，酌定赔偿金额。

☞ 案例参考62：北京地区，劳动者违反在职期间约定的竞业限制义务，即使没有约定违约金，也应当赔偿损失。

张某于2011年1月入职某公司，担任外联项目经理，月工资为4730元，工资支付至2016年2月，双方签有《员工聘用合同》，约定张某每年负责完成编辑出版四期《对外投资》刊物，并获得外国驻华使馆正式授权完成编辑制作十本该国投资特刊，并载明："……5. 乙方有下列情形之一的，甲方可以解除聘用合同并无需给予任何补偿……（4）严重失职，营私舞弊，在工作时间或利用公司资源谋取私利或从事与公司竞争性业务，对甲方单位利益造成损害的……"某公司得知张某在公司任职期间同时担任竞争公司法定代表人，且两家公司从事相同的对外投资咨询服务，根据《员工聘用合同》，张某违反了与某公司的竞业禁止约定，给某公司造成损失，应当承担赔偿责任。某公司将张某及竞争公司诉至一审法院，案由为不正当竞争纠纷，诉讼请求为：（1）判令张某与竞争公司立即停止侵权业务、停止对公司的不正当竞争行为；（2）判令张某与竞争公司在《北京晚报》《中国日报》刊登声明以消除对公司的不良影响；（3）判令张某与竞争公司赔偿公司的经济损失和合理支出共计50万元。经审理后，一审法院作出判决：驳回某公司的全部诉讼请求，并载明，张某在某公司任职期间同时担任竞争公司的法定代表人，且竞争公司从事与某公司相同的对外投资咨询服务，对此张某违反了与某公司的竞业禁止约定，某公司可另行主张。某公司不服,提起二审。

法院认为,综合双方当事人诉辩意见及法院查明的事实,本案二审争议焦点有四:一是张某在职期间是否负有竞业限制义务;二是张某是否违反了竞业限制义务;三是张某是否应当支付违约金;四是张某是否应当赔偿某公司损失及损失数额如何认定。

关于张某在职期间是否负有竞业限制义务。法院认为,现有法律并未对在职期间劳动者竞业限制义务作出明确规定,本案参照适用《劳动合同法》第 23 条及第 24 条,并结合劳动合同约定、劳动者职业道德及诚实信用原则,法院综合认定双方约定的竞业限制条款具有法律效力。张某作为某公司员工,其在某公司工作期间,负有竞业限制约定义务和法定义务之并存。在劳动关系存续期间,劳动关系的两个相对方均应相互尊重、互守诚信。用人单位应对劳动者尽保护义务,劳动者应对用人单位尽忠实义务。劳动者的忠实义务是诚实信用原则和劳动者职业道德的自然延伸。一方面,劳动者在职期间的竞业限制,是劳动者与用人单位建立劳动关系的前提和基础,属于劳动合同的附随义务,源于诚实信用原则,无须另行约定。另一方面,在职期间竞业限制义务是劳动法社会属性的应有之义。劳动者在职期间应当遵守职业道德,不得损害用人单位利益。从现有法律规定分析,虽然《劳动合同法》第 23 条及第 24 条仅规定了离职后劳动者竞业限制义务,但并未禁止在职期间约定劳动者竞业限制义务。从常识和劳动法原则可以推断,劳动者在职期间违反竞业限制义务,相较于离职后违反竞业限制义务,主观恶性更为严重,对用人单位造成的不良影响也更为突出,是法律所不能允许之行为。另外,应当指出,《劳动合同法》第 23 条及第 24 条严格限制竞业限制条款的适用对象、范围、期限及用人单位需要支付经济补偿金等规定,其立法宗旨在于保护离职后劳动者的基本生存权或就业选择权。而在职期间的劳动者,用人单位负有保护义务,劳动者生存权得以保障和维续,故不应当对在职期间竞业限制约定要求过于严苛,应当充分尊重用人单位自主经营权和当事人意思自治。就在职期间的劳动者而言,无论是否公司高级管理人员，都应恪守劳动合同约定的义务。且在用人单位已经充分保障劳动者就业机会、薪资待遇、工作场所等权利情况下，若对在职期间竞业限制未约定经济补偿金作否定评价，则与法律所追求的公平、诚信的价值理念相悖。故对于张某的抗辩意见，法院均不予采纳。综上，某公司主张张某在职期间负有竞业限制义务具有合同依据和法律依据，法院予以支持。

关于张某是否违反了竞业限制义务。法院认为，虽然张某对于邮件往来及投资刊物等某公司二审提交的新证据均不予认可，但法院认为上述证据能够与其他证据形成完整证据链条，对认定本案待证事实具有关键影响。且二审期间，法院要求张某本人出庭陈述基本案情事实，张某无正当理由拒不出庭，且未作出合理解释，亦未提交任何其他反驳证据。《最高人民法院关于适用〈中华人民共和国民事诉讼法〉的解释》第110条规定，人民法院认为有必要的，可以要求当事人本人到庭。负有举证证明责任的当事人拒绝到庭、拒绝接受询问，待证事实又欠缺其他证据证明的，人民法院对其主张的事实不予认定。故，法院对公司二审期间提交的证据真实性、关联性和证明目的予以确认。张某在职期间担任竞争公司法定代表人，且两家公司经营范围相同或有所重合，存在同业竞争关系。在张某未提交充分证据证明其未实际参与竞争公司经营管理情况下，某公司主张张某严重失职、营私舞弊，在工作时间或利用公司资源谋取私利，且从事与某公司竞争性业务具有高度盖然性，法院认定张某已经违反了竞业限制义务。

关于张某是否应当支付违约金。本案张某与某公司签订的《员工聘用合同》仅将违反竞业限制约定作为解除劳动合同的条件，并未约定违约金。《合同法》第114条规定："当事人可以约定一方违约时应当根据违约情况向对方支付一定数额的违约金，也可以约定因违约产生的损失赔偿额的计算方法。"因此违约金的性质属于约定责任，并非法定责任。在双方当事人没有约定的情况下，不能适用违约金条款。所以本案某公司要求张某承担违约金责任无合同依据和法律依据。一审法院认定事实正确，法院予以维持。

关于张某是否应当赔偿公司损失。《合同法》第107条规定："当事人一方不履行合同义务或者履行合同义务不符合约定的，应当承担继续履行、采取补救措施或者赔偿损失等违约责任。"《劳动合同法》第90条规定："劳动者违反本法规定解除劳动合同，或者违反劳动合同中约定的保密义务或者竞业限制，给用人单位造成损失的，应当承担赔偿责任。"上文已述，张某已然违反了在职期间竞业限制约定义务和法定义务。本部分争议焦点在于张某是否给某公司造成了损失。

法院对此认为，劳动者在职期间因为违反竞业限制义务给用人单位造成的实际损失不仅包括有形损失也包括无形损失。具体到本案，一方面，张某从事与某公司具有竞争性业务之行为势必与某公司经营业务发生冲突，造成某公司同类商业机会的丧失及潜在客户的减少，从而导致某公司同类经营业务逐渐减损。另一方面，张某在职期间违反忠实义务，使得某公司支付的劳动报酬未获得与之相称的应有对价，这亦会造成某公司的相应经济损失，故某公司上诉主张张某赔偿其经济损失具有事实和法律依据。一审法院对此判决有误，且结果显失公平，法院予以纠正。就张某应当赔偿的损失数额，正如上文分析的，在职期间竞业行为造成的损失具有无形性，难以用证据予以精确量化证明，因此需要综合多方面因素考虑予以酌定。法院认为，赔偿损失应当考虑主、客观两方面因素。客观方面，在损失难以量化的情形下可将劳动者从事竞业限制行为所获得的收入、劳动者服务的竞业企业因劳动者竞业限制行为所获得的收入、劳动者违反竞业限制期间所获得的工资收入等客观情况纳入赔偿的考虑因素；主观方面，应当将劳动者的过错情况纳入赔偿的考虑因素。本案中，张某明知劳动合同约定了竞业限制义务，亦公然担任竞争公司的法定代表人从事同业竞争业务，且以竞争公司的名义与客户进行业务交易，利用某公司的资源谋取私利，主观上具有违反竞业限制义务的直接故意。劳动法倡导建立和谐稳定、公平诚信的劳动关系，并引导社会和个人树立敬业、诚信、友善核心价值观。张某之行为不仅违反了双方劳动合同约定，亦是对劳动者最基本的忠实义务和职业操守的违背，超出了用人单位的容忍限度。鉴于张某主观过错明显，应作惩罚性处置，纳入损失数额考量因素，以发挥司法指引教育功能。

综上，法院根据已查实的竞争公司从4本投资特刊中获得的广告赞助费，结合张某在职期间从某公司所获得的劳动报酬及张某主观过错程度、行为持续时间、行为性质后果、公司合法权益受侵害程度等情节，兼顾公平原则，酌定张某赔偿某公司损失30万元。[①]

（2）深圳地区对此问题所持观点基本同北京地区：

①劳动者在职期间的竞业限制义务，是劳动者忠诚义务的题中之义。只要双方建立了劳动关系，就应当履行竞业限制义务。

②劳动者在职期间违反竞业限制义务，应当依照用人单位与劳动者的约定，向用人单位支付违约金。

《深圳市中级人民法院关于审理劳动争议案件的裁判指引》第106条明确规定：劳动者在职期间违反竞业限制义务，用人单位依据双方约定要求劳动者支付违约金的，应予支持。在《深圳市中级人民法院关于审理劳动争议案件的裁判指引》的说明中对此也有较为明确的解释：《劳动合同法》对劳动者在在职期间违反竞业限制义务是否可以约定违约金没有明确规定。我们认为，劳动者在在职期间遵守竞业限制义务是劳动合同附随的忠实义务，《劳动合同法》第23条并未禁止双方约定在职期间的竞业限制义务及相应的违约金。且按照举轻以明重的原则，离职后违反竞业限制义务尚需支付违约金，在职期间违反该义务情节更恶劣，更应当支付违约金。

☞ 案例参考63：深圳地区，劳动者在职期间应遵守竞业限制义务。

2012年2月18日，方某入职A公司并签订劳动合同，最后一份劳动合同

① 北京市第三中级人民法院民事判决书，（2018）京03民终955号。

的期限为2016年2月18日至2019年2月18日。双方曾签订一份《保密协议书》,该协议书第3.5条约定:“甲方(方某)承诺,其在乙方(A公司)任职期间,非经乙方事先同意,不得在与乙方生产同类型产品或经营同类业务且有竞争关系或者其他利害关系的其他单位内任职,或者自己生产、经营与乙方有竞争关系的同类产品或业务,前款所称职务包括但不限于董事、监事、经理、职员、代理人、顾问等。”另外,《保密协议书》第8.1条约定:“甲方如违反本协议,应当向乙方支付违约金20万元,乙方有权不以预告立即解除与甲方的聘用关系。”保密费为每年2400元。A公司主张方某在职期间未经公司同意在方某妻子吴某所注册成立的某竞争公司担任监事一职,并作为竞争公司经理的名义通过其掌握的A公司的业务开展竞争公司的业务,违反了双方签订的《保密协议书》的相关规定,应当支付违约金。一审法院判令方某于判决生效之日起5日内一次性支付A公司违约金100,000元。方某不服,上诉至二审法院。

本案争议焦点是双方当事人所签订的《保密协议书》是否有效的问题。双方的《保密协议书》约定,上诉人方某承诺,其在被上诉人A公司任职期间,非经被上诉人A公司事先同意,不得在与被上诉人A公司生产同类型产品或经营同类业务且有竞争关系或者其他利害关系的其他单位内任职,或者自己生产、经营与A公司有竞争关系的同类产品或业务,前款所称职务包括但不限于董事、监事、经理、职员、代理人、顾问。如上诉人方某违反上述约定,应当向被上诉人A公司支付违约金20万元,被上诉人A公司有权不以预告立即解除与上诉人方某的聘用关系。

二审法院认为,上述约定不违反法律、行政法规的强制性规定,系当事人的真实意思表示,合法有效,理由如下:

第一,劳动者的忠诚义务要求劳动者在职期间应当履行竞业限制义务,该义务无须双方的明示约定,只要双方建立了劳动关系,劳动者就必须承担该项义务。

第二,允许双方当事人就劳动者在职期间违反竞业限制义务约定违约金符合《劳动合同法》的立法目的。《劳动合同法》对竞业限制加以规定，明确用人单位在一定条件下有权限制劳动者的再就业范围，其目的在于保护用人单位的技术秘密和商业秘密，防止和避免劳动者对用人单位技术秘密和商业秘密的潜在威胁。由于劳动者在职期间掌握用人单位的技术秘密和商业秘密更加便捷和实时，因此，相较于离职后劳动者违反竞业限制义务，劳动者在在职期间从事竞争业务对用人单位技术秘密和商业秘密的损害更加巨大，其行为的主观恶性也更加严重。根据"举轻以明重"的立法原则，对离职后劳动者违反竞业限制行为，法律尚允许约定违约金，那么对于更加严重的劳动者在职期间违反竞业限制行为，就更需要通过有效的途径加以禁止和惩罚。

第三，从《劳动合同法》第 23 条规定的字面理解，并未禁止双方就在职期间竞业限制义务约定违约金。从上述法律规定的文字表述来看，对于在职期间和离职后的负有保密义务的劳动者，均允许约定竞业限制条款并约定违约金，只是对于离职后负有竞业限制义务的劳动者，强调用人单位必须支付经济补偿。因此，双方就劳动者违反在职期间竞业限制义务约定违约金并不违反《劳动合同法》第 25 条的禁止性规定。

综上，上诉人方某在职期间违反竞业限制义务，原审判决根据双方的约定，酌定上诉人方某支付违反《保密协议书》违约金 100,000 元，符合法律规定，法院依法予以维持。①

◈ 法条链接：

《深圳市中级人民法院关于审理劳动争议案件的裁判指引》

106. 用人单位与劳动者约定竞业限制的，应当在竞业限制期限内依法给予劳动者经济补偿。用人单位未按约定支付经济补偿的，劳动者自用人单位违反约定之日起三十日内可要求用人单位一次性支付尚未支付的经济补偿，并继续

① 广东省深圳市中级人民法院民事判决书，(2017)粤 03 民终 12968 号。

履行竞业限制协议;劳动者未在三十日内要求一次性支付的,可通知用人单位解除竞业限制协议或支付已履行竞业限制义务期间的经济补偿。

劳动者在职期间违反竞业限制义务,用人单位依据双方约定要求劳动者支付违约金的,应予支持。

当事人主张双方约定的违约金过高请求调整的,人民法院可依法予以调整。

(3)上海地区的观点基本同北京地区。

☞ 案例参考64:上海地区,劳动者违反在职期间竞业限制义务的应承担违约责任。

2010年1月1日,余某进入某公司担任销售经理工作。2010年1月18日双方签署劳动合同、薪资确认单,载明余某的岗位为销售经理,工资组成中包括保密费2000元。2013年2月28日,余某离开某公司。2015年11月13日,某公司调取竞争公司的工商登记材料,发现余某参与投资设立该公司,并担任股东、监事职务。2016年6月28日,某公司申请仲裁,要求余某支付竞业禁止违约金152,000元。2016年6月30日,该仲裁委以某公司的请求事项超过仲裁时效为由决定不予受理。某公司不服,诉至一审法院。一审法院查明:2010年12月22日,工商出具企业名称预先核准通知书,同意预先核准包括余某在内的投资人出资的企业名称为竞争公司。2011年8月22日,竞争公司经工商登记注册成立,股东潘某、余某,经营范围与公司类似,截至庭审时,竞争公司仍存续。一审法院认为余某的行为违反了双方签订的竞业限制约定,并因此产生了不利于某公司的后果,其行为已经构成违约,某公司有权根据约定要求余某支付违约金。余某提出保密协议中约定的违约金数额显失公平、缺乏合理性。关于违约金的数额,考虑余某的收入水平、违约过错程度、实际产生的不利后果,并依据公平、诚实信用之原则,调整违约金为108,000元。据此一审法院判决:

余某应于判决生效之日起10日内支付某公司违反竞业限制的违约金108,000元。余某不服,上诉至二审法院。

二审法院认为,《劳动合同法》规定了劳动者的保密义务和竞业限制义务,余某与某公司的劳动合同也约定了余某在任职期间以及离职的保密期间应当遵守竞业限制的规则。余某在某公司担任销售经理,属于涉密人员,在职期间理应负有竞业限制义务和保密义务,而保密义务与竞业限制义务是相辅相成的,余某在职期间自行经营与某公司存在竞争关系的业务,开办经营同类业务的公司,侵犯了某公司的商业秘密权,违反了《劳动合同法》规定的劳动者的保密义务以及竞业限制义务,也违反了双方劳动合同的相关约定,理应承担相应的违约责任。余某主张无补偿则无竞业限制义务,自己的行为未对某公司产生不利后果,故不应承担违约责任,缺乏事实和法律依据,法院不予支持。①

2. 用人单位主张发放的劳动报酬中已经包含竞业限制经济补偿能否得到支持

根据《劳动合同法》及《最高人民法院关于审理劳动争议案件适用法律问题的解释(一)》的规定,竞业限制经济补偿是在劳动合同解除或终止之后由用人单位支付的。深圳地区明确规定,双方约定劳动者在职期间的工资中包含竞业限制经济补偿的,该约定无效,用人单位仍需在劳动者劳动合同解除或终止后,按月支付竞业限制经济补偿。其他地区对此问题则具有争议,一般认为若要得到支持,用人单位须将竞业限制补偿金与劳动者正常工作期间的工资待遇明确加以区分,否则很难替代劳动合同解除或终止之后,用人单位支付竞业限制经济补偿的义务。

① 上海市第二中级人民法院民事判决书,(2017)沪02民终2695号。

☞ 案例参考65：若未进行明确划分，用人单位主张工资中已包含竞业限制补偿金的不予支持。

龚某于2017年8月23日入职某科技公司，从事物联网系统销售工作，同日，双方签署《劳动合同》及《员工保密协议》。《劳动合同》约定：期限是2017年8月23日至2020年9月30日；龚某试用期工资为每月4800元、转正后为每月6000元，其中含竞业限制补偿款每月1200元；合同终止或解除后两年内，龚某不得自营或协助他人经营与某科技公司同类行业及产品的各项业务。《员工保密协议》除约定离职后两年内龚某应履行竞业限制义务、每月工资已含竞业限制补偿金等内容外，还明确了保密内容与范围。在职期间，某科技公司按期支付龚某工资，其间某科技公司未交付工资明细。2020年1月2日，双方解除劳动关系，某科技公司出具的《解除劳动合同通知书》中未言及竞业限制事宜。当月至次年4月龚某的社保记录无缴费信息。2021年1月7日，龚某申请仲裁，要求某科技公司支付竞业限制补偿金，某科技公司表示已发工资中包含每月1200元的竞业限制补偿金，仲裁委支持龚某部分请求。后双方均不服，先后诉至一审法院。

法院认为，法律确有明文规定用人单位应在劳动者离职后按月给付竞业限制补偿金，但没有排除双方约定在职期间发放等其他给付形式，前提是在职期间给付竞业限制补偿金的，应与劳动者其他待遇显著区分。本案系争《劳动合同》虽有约定在职月工资包含竞业限制补偿金，但合同没有特别明示，实际履行过程中亦未作出名目与数额的明确划分，导致现无法将补偿金与工资作出区分，故不能认定被告已尽竞业限制补偿金支付义务，2020年1月3日至2021年2月19日的竞业限制补偿金，被告当予补付。[①]

① 上海市杨浦区人民法院民事判决书，(2021)沪0110民初9313号。

☞ 案例参考66：劳动者在职期间，用人单位发放的竞业限制补偿金有被认定为劳动报酬的风险。

王某于2013年12月16日入职北京某公司，担任副总工作，工资为“月基本工资17,500元+绩效奖金”。双方签有《保密与竞业限制协议》，其中该协议第4条约定：竞业限制范围双方同意在本协议期间及期满或终止后的2年内……第6条补偿约定：甲方同意就乙方离职后所承担的保密义务、竞业限制义务，向其支付保密和竞业限制补偿金，包含在甲方支付乙方每月的工资报酬内。乙方认可：甲方在支付乙方每月的工资报酬时，已考虑了乙方离职后需要承担的保密及竞业限制义务，已随同每月工资一并发放，故无须在乙方离职时（后）另外支付保密及竞业限制费用。2015年8月13日，双方解除劳动关系。双方劳动关系解除后，北京某公司主张竞业限制补偿金已随工资发放，不应再予支付。王某否认北京某公司上述主张，并表示一直在履行竞业限制义务。后王某向仲裁委员会提出仲裁申请。仲裁委支持了王某其他的请求，但是驳回了王某关于竞业限制补偿金的仲裁请求。双方不服，向一审法院起诉。王某向一审法院提出支付2015年8月14日至2017年6月19日竞业限制补偿金550,000元等诉讼请求。

一审法院认为，虽然双方的《保密与竞业限制协议》约定竞业限制补偿金随工资一并发放，但此与法律规定的发放形式不符，且王某对此不予认可，故北京某公司仍负有支付义务。

二审法院认为，关于竞业限制补偿金。《最高人民法院关于审理劳动争议案件适用法律若干问题的解释（一）》第36条规定：“当事人在劳动合同或者保密协议中约定了竞业限制，但未约定解除或者终止劳动合同后给予劳动者经济补偿，劳动者履行了竞业限制义务，要求用人单位按照劳动者在劳动合同解除或者终止前十二个月平均工资的30%按月支付经济补偿的，人民法院应予支持。前款规定的月平均工资的30%低于劳动合同履行地最低工资标准的，按照劳动合同履行地最低工资标准支付。”第37条规定：“当事人在劳动合同或者保密协议中约定了竞业限制和经济补偿,当事人解除劳动合同时,除另有约定外,用人单位要求劳动者履行竞业限制义务,或者劳动者履行了竞业限制义务后要求用人单位支付经济补偿的,人民法院应予支持。"第39条规定:"在竞业限制期限内,用人单位请求解除竞业限制协议的,人民法院应予支持。在解除竞业限制协议的,劳动者请求用人单位额外支付劳动者三个月的竞业限制经济补偿的,人民法院应予支持。"

北京某公司与王某签订的《保密与竞业限制协议》约定竞业限制补偿金随工资一并发放,但此约定与法律规定的发放形式不符,且王某对此不予认可,故北京某公司仍负有支付义务。一审法院认定并无不妥,法院予以维持。[①]

法条链接:

《深圳市中级人民法院关于审理劳动争议案件的裁判指引》

108. 双方约定劳动者在职期间的工资中包含竞业限制经济补偿的,该约定无效。用人单位在劳动者离职后的竞业限制期内仍负有支付竞业限制经济补偿的义务。

《深圳市中级人民法院关于〈审理劳动争议案件的裁判指引〉的说明》

32. 第一百零八条是关于竞业限制补偿金是否可包含在工资中的问题。

《劳动合同法》第二十三条第二款规定,用人单位支付竞业限制经济补偿应当在竞业限制期内按月支付,以避免用人单位利用其优势地位将本属于工资的部分款项约定为竞业限制经济补偿,侵害劳动者合法权益,故双方约定工资中包括竞业限制经济补偿的,约定无效。最高人民法院民一庭负责人在就最高人民法院《关于审理劳动争议案件适用法律若干问题的解释(四)》答记者问时表明最高法院对该问题也持此种观点。

① 北京市第三中级人民法院民事判决书,(2018)京03民终389号。

3. 没有约定支付劳动者履行竞业限制义务的经济补偿条款的，竞业限制约定是否有效

虽然，法律赋予用人单位限制劳动者择业自由的权利，但也要求用人单位对劳动者付出相应的对价。实践中，由于各种原因造成双方的约定中只要求劳动者履行竞业限制义务但未约定用人单位支付经济补偿的情况时有存在。根据《最高人民法院关于审理劳动争议案件适用法律问题的解释(一)》第 36 条的规定可知，即便缺少用人单位支付对价的条款，但并不意味着竞业限制约定当然无效。若劳动者履行了竞业限制义务，仍可以要求用人单位按照劳动者在劳动合同解除或者终止前 12 个月平均工资的 30% 按月支付经济补偿，若劳动者月平均工资的 30% 低于劳动合同履行地最低工资标准，按照劳动合同履行地最低工资标准支付。此种情况以劳动者切实履行了竞业限制义务为前提。

那么，劳动者能否以双方缺少支付对价的必要条款为由，自由选择是否履行竞业限制义务呢？主流观点认为，因支付经济补偿条款并非竞业限制义务约定的必要条款，竞业限制约定并不因为缺少了支付对价的条款而当然无效，劳动者仍需要履行双方约定的竞业限制义务，主张用人单位支付对价的依据同上。

☞ 案例参考 67：即使未约定竞业限制补偿金，劳动者履行了竞业限制义务的，用人单位仍需支付竞业限制补偿金。

2015 年 5 月 4 日，于某入职北京某公司，岗位为网站运营推广。双方于 2015 年 5 月 4 日签订劳动合同，约定合同终止日期为 2018 年 5 月 30 日，于某月工资标准为 7000 元，试用期月工资为 5600 元。双方于 2016 年 12 月 30 日解除劳动关系。

2017 年 8 月 10 日，于某申请仲裁，要求北京某公司支付保密协议竞业限制履行期间的经济补偿金 36,000 元。2017 年 10 月 20 日，仲裁委员会作出裁决，北京某公司支付于某 2016 年 12 月 31 日至 2017 年 8 月 10 日履行竞业限制

补偿金17,600元;于某不同意该裁决,诉至一审法院。北京某公司向北京市第二中级人民法院申请撤销该裁决,被裁定驳回申请。

一审法院认为,解除劳动合同书中载明“乙方在解除劳动合同之前与甲方签订了《保密协议》的,仍应遵守原《保密协议》的约定”,《保密协议》中载明“乙方同意为甲方利益尽最大努力,在履行职务期间及离职后3年内不组织、参加或计划组织、参加任何竞争企业,或从事任何不正当使用甲方商业秘密的行为”。北京某公司在仲裁庭审时主张于某无须遵守竞业限制条款,故于某自仲裁庭审之日起无须继续遵守竞业限制条款。北京某公司未提交证据证明已支付于某履行竞业限制期间的经济补偿,双方在保密协议中未约定支付经济补偿的标准,故北京某公司应按于某离职前12个月平均工资标准的30%按月进行补偿。因仲裁庭审日期为2017年10月18日,故对于某要求支付2016年12月22日至2017年11月30日履行竞业限制补偿金中合理部分的请求,法院予以支持。

二审法院认为,于某与北京某公司签有《保密协议》,约定于某“离职后3年内不组织、参加或计划组织、参加任何竞争企业,或从事任何不正当使用公司商业秘密的行为”;双方签订的解除劳动合同书中约定“乙方在解除劳动合同之前与甲方签订了《保密协议》的,仍应遵守原《保密协议》的约定”。根据上述协议、合同的约定,于某应承担竞业限制义务,北京某公司于仲裁庭审中(2017年10月18日)表示不要求于某承担竞业限制义务,则于某此后无须再承担竞业限制义务。故一审法院判令北京某公司支付于某2016年12月31日至2017年10月18日履行竞业限制的补偿金,并无不当,法院对此予以维持。于某上诉主张2017年10月18日之后竞业限制补偿金的请求,缺乏依据,法院不予支持。北京某公司仅同意支付于某3个月竞业限制补偿金的上诉请求,亦缺乏依据,法院亦不予支持。①

---

① 北京市第二中级人民法院民事判决书,(2018)京02民终3926号。

◈ 法条链接：

《最高人民法院关于审理劳动争议案件适用法律问题的解释(一)》

第36条　当事人在劳动合同或者保密协议中约定了竞业限制，但未约定解除或者终止劳动合同后给予劳动者经济补偿，劳动者履行了竞业限制义务，要求用人单位按照劳动者在劳动合同解除或者终止前十二个月平均工资的30%按月支付经济补偿的，人民法院应予支持。

前款规定的月平均工资的30%低于劳动合同履行地最低工资标准的，按照劳动合同履行地最低工资标准支付。

《深圳经济特区企业技术秘密保护条例》

第24条　竞业限制协议约定的补偿费，按月计算不得少于该员工离开企业前最后十二个月月平均工资的二分之一。约定补偿费少于上述标准或者没有约定补偿费的，补偿费按照该员工离开企业前最后十二个月月平均工资的二分之一计算。

4. 约定的竞业限制经济补偿标准低于劳动合同解除或者终止前12个月平均工资的30%或者低于当地最低工资标准的，竞业限制约定是否有效

《最高人民法院关于审理劳动争议案件适用法律问题的解释(一)》第36条规定，当事人在劳动合同或者保密协议中约定了竞业限制，但未约定解除或者终止劳动合同后给予劳动者经济补偿，劳动者履行了竞业限制义务，要求用人单位按照劳动者在劳动合同解除或者终止前12个月平均工资的30%按月支付经济补偿的，人民法院应予支持。该司法解释自2021年1月1日实施，吸收了原来2013年2月1日起施行的《最高人民法院关于审理劳动争议案件适用法律若干问题的解释(四)》(已废止)第6条内容。根据前述理解，当劳资双方未约定经济补偿金标准，劳动者履行了竞业限制义务，可以按劳动合同解除或者终止前12个月平均工资的30%按月支付经济补偿。据此反向推理，未约定补偿标准时可要求按30%计算，那么，是不是用人单位和劳动者可以事先直

接约定低于前12个月平均工资30%的经济补偿金标准呢,这样约定是否有效?同时,该司法解释还规定,前款规定的月平均工资30%低于劳动合同履行地最低工资标准的,按照劳动合同履行地最低工资标准支付。由于最低工资是硬性的劳动基准,如果约定的经济补偿金比例金额低于当地最低工资标准,是不是可以据此判定竞业限制协议无效了?

(1)北京、上海地区均认为,因为竞业限制约定中的经济补偿条款并非竞业限制义务的必要条款,且此种情况下的经济补偿标准可以直接根据《最高人民法院关于审理劳动争议案件适用法律问题的解释(一)》第36条来调整。因此,竞业限制约定依然有效。

☞ 案例参考68:约定竞业限制补偿金低于劳动合同解除或者终止前12个月平均工资30%的或者低于当地最低工资标准的,并不必然导致协议无效。

刘某原为A公司员工,2013年9月1日刘某与A公司曾签署《劳动合同》变更协议书,约定刘某于2013年4月1日至2015年8月12日在A公司担任销售经理。同日A公司(甲方)与刘某(乙方)签署《保密协议书》,该协议书第11条约定:"……乙方在离职后两年内,未经甲方事先书面同意,不得在与甲方生产、经营同类产品或提供同类服务的任何公司、法人或其他实体内担任任何职务……为其工作或提供服务……甲方将根据乙方离职时,甲方所决定的竞业限制期向乙方提供一定数额的经济补偿。该经济补偿自乙方离职的次月起支付,补偿数额为该员工离职时当月基本工资的10%,按月支付……在竞业限制期内,在乙方接受任何新的聘用职位之前,应书面告知新雇主其对甲方的竞业限制义务,并应根据甲方的要求,立即提供相关文件,证明其履行了竞业限制义务……"第14条约定:"如乙方违反本协议的规定,包括保密、知识产权以及竞业限制等,应支付给甲方违约金,违约金的数额相当于乙方在甲方工作期间年薪(包括基本工资、奖金和年终奖等)的10倍。"

刘某在《保密协议书》每页均签署姓名及时间。刘某于2015年8月12日从A公司离职，离职后次月即入职竞争公司。刘某离职前12个月工资总额为151,640.77元。A公司主张其公司提供的软件产品及服务面向保险、银行等金融机构，刘某掌握客户信息、项目价格等商业秘密，刘某于2015年9月入职竞争公司行为已属违反竞业限制义务，故应向A公司支付竞业限制违约金。刘某表示其在受A公司引诱的情况下签署《保密协议书》，但A公司签署该协议书后随即收回，其本人离职时已不清楚保密协议条款内容，且《保密协议书》中约定A公司向其支付的竞业限制补偿金数额明显过低，该协议应属无效，刘某另主张A公司仅支付1450元竞业限制补偿金，却要求其向A公司支付高达150万元的赔偿金，违约金数额明显过高。

就是否应继续履行竞业限制义务一节，二审法院认为，因刘某在职期间与A公司签订的《保密协议书》中有内容为“刘某从A公司离职后两年内未经公司事先书面同意，不得在与公司生产、经营同类产品或提供同类服务的任何公司、法人或其他实体内担任任何职务、为其工作或提供服务”等竞业限制条款的约定。刘某2015年8月从A公司离职后，2015年9月即入职在业务、经营地域及面向的客户群体方面与A公司存在重合及竞争关系的B公司任职销售经理，违反了双方约定的竞业限制义务。刘某主张因A公司向其支付的竞业限制补偿金数额过低，在A公司未按照法律规定向其支付竞业限制补偿金之前，其没有履行竞业限制的义务。虽刘某及A公司均认可双方在《保密协议书》中约定的竞业限制补偿金为每月1450元，低于法定数额及北京市最低工资标准，但竞业限制补偿金约定过低属于可以后续调整的内容，并不必然导致《保密协议书》及其中的竞业限制条款无效，亦不能当然免除竞业限制义务的履行，故一审法院认定刘某继续履行《保密协议书》中约定的竞业限制义务并无不当。刘某以竞业限制补偿金过低为由主张其无须继续履行竞业限制义务的上诉请求,依据不足,二审法院不予支持。[1]

(2)深圳地区也认可此种情况下竞业限制约定亦是有效的。不过在经济补偿标准方面,虽然《最高人民法院关于审理劳动争议案件适用法律问题的解释(一)》第36条规定补偿标准为劳动者劳动合同解除或终止前12个月平均工资的30%,如该标准低于最低工资标准,则按最低工资标准。但《深圳经济特区企业技术秘密保护条例》第24条另行规定,竞业限制补偿费不得少于该员工离开企业前最后12个月平均工资的1/2,约定补偿费少于上述标准或没有约定补偿费的,按上述标准计算。根据《深圳市中级人民法院关于〈审理劳动争议案件的裁判指引〉的说明》可知,在深圳地区,竞业限制补偿费的标准优先适用《深圳经济特区企业技术秘密保护条例》第24条的规定。

☞ 案例参考69:深圳地区,竞业限制补偿金不应低于员工离开用人单位前最后12个月月平均工资的1/2。

甘某与A公司签订的《竞业限制协议》第4条第2款约定:"乙方(甘某)在离开甲方(A公司)时未提出确认申请的,其离职后竞业限制义务自其与甲方劳动合同解除或终止之日起3日内自动开始,竞业限制期内该员工可以向甲方提出竞业限制确认申请,甲方确认乙方有竞业限制必要并发给《竞业限制开始通知书》后,乙方可以开始领取竞业限制补偿金,但在此之前的竞业限制补偿金视为乙方主动放弃;甲方确认乙方无竞业限制必要时应发给《竞业限制终止通知书》,乙方竞业限制义务终止,在此之前即使乙方履行了竞业限制义务也无权领取补偿金。"第4条第3款约定,"甲方如认为乙方已无竞业限制必要,有权随时通知乙方终止其竞业限制义务,自通知之日起,乙方竞业限制义务终止"。

① 北京市第一中级人民法院民事判决书,(2016)京01民终6979号。

A公司于2020年1月17日向甘某邮寄送达了《公函》，主要内容为："根据《竞业限制协议》第4条第1款约定，阁下离职时应当与我司确认是否开始离职后的竞业限制义务。阁下离职时未与我司确认是否开始离职后的竞业限制义务，无须遵循竞业限制义务，亦无权要求支付竞业限制补偿金。"甘某对证据形式真实性确认，但对内容真实性不确认，认为A公司在此之前从未通知过其无须遵循离职后竞业限制义务，所以《公函》里提到"再次向阁下确认"是虚假的，甘某认为《公函》并不是解除通知书，该证据证明内容是竞业限制程序尚未启动，但甘某不予认可，甘某认为双方竞业限制协议的约定至今仍在履行，A公司需要照常支付补偿金。

关于竞业限制补偿金应当支付的期间及数额问题。法院认为，依据双方签订的《竞业限制协议》第4条第2款、第3款的约定，甘某离职时，双方未确认是否履行竞业限制义务，在劳动关系解除后终止3日内，竞业限制义务自动开始。但在A公司认为已无竞业限制必要时，有权随时通知甘某终止其竞业限制义务。本案中，A公司已经举证证明其于2020年1月17日向甘某送达《公函》，通知甘某无须履行竞业限制义务，则甘某自收到《公函》之日起无须再履行竞业限制义务，A公司也无须支付该日之后的竞业限制补偿，即只需向甘某支付2019年9月12日至2020年1月17日的竞业限制补偿。依据《深圳经济特区企业技术秘密保护条例》第24条的规定，竞业限制协议约定的补偿费，按月计算不得少于该员工离开企业前最后12个月月平均工资的1/2。约定补偿费少于上述标准或者没有约定补偿费的，补偿费按照该员工离开企业前最后12个月月平均工资的1/2计算。因甘某离职前平均应发工资为24,587.5元，法院以该平均工资的1/2以及应当支付竞业补偿金的期间核算出，A公司应向甘某支付的竞业限制补偿低于一审核算的金额，因A公司并未提起上诉，视为认可，法院依法确认一审认定的竞业限制补偿数额。[①]

① 广东省深圳市中级人民法院民事判决书，(2020)粤03民终25150号。

◈ 法条链接：

《深圳经济特区企业技术秘密保护条例》

第24条　竞业限制协议约定的补偿费，按月计算不得少于该员工离开企业前最后十二个月月平均工资的二分之一。约定补偿费少于上述标准或者没有约定补偿费的，补偿费按照该员工离开企业前最后十二个月月平均工资的二分之一计算。

《深圳市中级人民法院关于〈审理劳动争议案件的裁判指引〉的说明》

31.第一百零七条是关于司法解释(四)与特区条例的适用问题。

最高人民法院《关于审理劳动争议案件适用法律若干问题的解释(四)》和《深圳经济特区企业技术秘密保护条例》、《深圳经济特区和谐劳动关系促进条例》在对竞业限制经济补偿最低标准、劳动者解除竞业限制协议条件等方面规定不一致。如在经济补偿标准方面，最高人民法院《关于审理劳动争议案件适用法律若干问题的解释(四)》第六条第二款规定为劳动者劳动合同解除或终止前十二个月平均工资的30%，如该标准低于最低工资标准的，按最低工资标准。而《深圳经济特区企业技术秘密保护条例》第二十四条则规定，竞业限制补偿费不得少于该员工离开企业前最后十二个月平均工资的二分之一，约定补偿费少于上述标准或没有约定补偿费的，按上述标准计算。在劳动者解除竞业限制协议条件方面，最高人民法院《关于审理劳动争议案件适用法律若干问题的解释(四)》第八条规定，因用人单位原因导致三个月未支付经济补偿的，劳动者可请求解除竞业限制协议。但《深圳经济特区和谐劳动关系促进条例》第二十条则规定，用人单位未依法支付经济补偿的，劳动者可在用人单位违反约定之日起三十日内要求用人单位一次性支付经济补偿；劳动者未在三十日内要求一次性支付的，可以通知用人单位解除竞业限制协议。

针对特区条例与最高人民法院《关于审理劳动争议案件适用法律若干问题的解释(四)》对于部分事项规定的不一致问题，我们认为，根据《立法法》第八十一条第二款的规定，经济特区根据授权可对法律、行政法规、地方性法规作变通规定。既然特区条例可以对法律等做出变通规定,那么对于司法解释也应当可以做出变通规定。而特区条例对劳动者保护力度更大。省高院2002年劳动争议指导意见第三十二条也规定了“有利于劳动者”的法律适用原则。在两者相冲突时,应当优先适用特区条例。因此,本裁判指引规定在特区条例与最高人民法院《关于审理劳动争议案件适用法律若干问题的解释(四)》就相同事项存在不同规定时,优先适用特区条例的规定。

(3)江苏省同样认可,当约定的竞业限制补偿金低于法定标准时,竞业限制协议本身依然有效,但该补偿标准会因为低于法定最低标准而无效,用人单位要求劳动者履行竞业限制义务的,须予以补足。并且根据《江苏省劳动合同条例》的相关规定,江苏地区的竞业限制经济补偿额不得低于劳动者离开用人单位前12个月的月平均工资的1/3。

☞ 案例参考70：江苏地区，竞业限制补偿金不得低于劳动者离开用人单位前12个月的月平均工资的1/3，低于该标准的约定无效。

2013年5月13日,樊某、D公司签订劳动合同及补充协议各一份,补充协议约定:樊某年薪总额为70万元,月度预发工资。试用期工资:日考勤工资为95元,绩效奖金标准为14,000元,岗位工资标准为11,150元。转正后工资:日考勤工资为95元,绩效奖金标准为17,500元,岗位工资标准为14,650元。年终奖金根据个人年度指标任务完成情况、年度总出勤天数、为公司创造效益的情况以及执行公司制度情况的考核结果发放,同时,如果雇员在公司服务期限未满1年,包括未到年终时辞职或被公司解雇的,则年终奖金均不予发放。该补充协议还有竞业限制约定:在双方保持雇佣关系期间及雇佣期满后两年内,未经甲方书面同意,乙方在甲方及其分、子公司所在地不得有以下行为:(1)直接或间接地组建、参与组建或受雇于甲方同类或有竞争关系的单位或个人;(2)直接或间接地雇用、招揽或介绍任何已被甲方雇用的人员到其他公司工作；(3)直接或间接地从事(无论作为负责人、打工者、代理人、顾问或其他)与甲方在雇佣期结束前所开展的且在被雇佣过程中曾参与的行业或商业活动有竞争性的任何行业或商业活动；(4)直接或间接地联络、招揽、带走或导致甲方损失那些在乙方雇用期间与乙方有联系的或乙方知晓的客户。经济补偿金作为乙方遵守上述义务的对价，甲方将在竞业限制期限内按月给予乙方经济补偿金，金额相当于乙方在雇佣期结束前的年度平均基本工资的20%等。

2014年7月25日，D公司向樊某送达了《关于与樊某终止或解除劳动合同的证明》。2014年12月25日，樊某向南京市劳动人事争议仲裁委员会申请仲裁，要求：(1)D公司按16,200元每月补足2013年5月至2014年7月应缴纳的社会保险；(2)D公司支付2013年5月至2014年7月竞业限制经济补偿金173,850元；(3)D公司支付项目提成113,232元。因南京市劳动人事争议仲裁委员会未在法定时间内作出裁决，经樊某申请，2015年2月4日，南京市劳动人事争议仲裁委员会作出了宁劳人仲案(2015)142号仲裁决定书，终结了仲裁活动。樊某遂诉至法院。

一审法院认为，关于竞业限制补偿，本案中，樊某、D公司在补充协议中约定了竞业限制和经济补偿，但因双方约定的经济补偿标准低于法定标准，故樊某、D公司关于竞业限制经济补偿标准的约定无效。D公司称其OA邮箱中有《关于竞业限制约定生效条件的申明》，证明有关竞业限制必须要D公司通知才能生效。D公司提供的该申明形成时间为2013年1月29日，施行时间为2013年5月1日，该申明中明确它作为原"竞业限制约定"的附加条款，与原约定具有同等效力。但樊某、D公司在2013年5月13日签订补充协议，签订在该申明之后，签订协议时双方并未在协议内明确需要通知竞业限制约定才能生效，故原审法院对D公司需要通知竞业限制条款才能生效的说法不予采纳。本案樊某与D公司解除劳动合同后已履行了竞业限制，故其要求D公司支付自解除劳动合同2014年7月26日至2015年4月竞业限制经济补偿的请求原审法院予以支持；樊某要求D公司支付2013年5月至2013年7月竞业限制经济补偿,无法律依据,原审法院不予支持。至于竞业限制经济补偿的标准,因樊某、D公司劳动合同约定的经济补偿标准低于《江苏省劳动合同条件》第28条的规定无效,樊某、D公司约定工资为年薪70万元,故D公司应按70万元÷12个月÷3=19,444.44元的标准按月支付樊某竞业限制经济补偿。庭审中,D公司未提供已通知樊某不用履行竞业限制条款的证据,故D公司应支付樊某2014年7月26日至2015年4月竞业限制经济补偿为19,444.44元×9个月+19,444.44元÷21.75天×4天=178,575.95元。

二审法院认为,《江苏省劳动合同条例》第28条规定,用人单位对处于竞业限制期限内的离职劳动者应当按月给予经济补偿,月经济补偿额不得低于该劳动者离开用人单位前12个月的月平均工资的1/3。本案中,樊某与D公司虽在补充协议中约定了竞业限制经济补偿为年度平均基本工资的20%,但该约定低于《江苏省劳动合同条例》第28条规定的标准,故樊某与D公司关于竞业限制经济补偿计算标准的约定无效,D公司应按樊某离职前12个月的月平均工资的1/3计发竞业限制经济补偿。樊某2013年年终奖为177,143.65元,故樊某2013年8月至12月应获得的年终奖为136,264.35元,结合樊某离职前12个月其应获得的佣金20,914.26元、月度应发工资417,229.9元以及生效民事判决确认的D公司应付樊某2014年1月至7月年终奖163,300元,樊某离职前12个月的工资总额为737,708.51元。原审法院结合樊某的诉讼请求及工资标准,判决D公司支付樊某2014年7月26日至2015年4月竞业限制经济补偿为178,575.95元,具有相应的事实与法律依据,法院予以维持。①

① 江苏省南京市中级人民法院民事判决书,(2016)苏01民终747号。

◈ 法条链接:

《江苏省劳动合同条例》

第28条第1款、第2款　用人单位对处于竞业限制期限内的离职劳动者应当按月给予经济补偿,月经济补偿额不得低于该劳动者离开用人单位前十二个月的月平均工资的三分之一。

用人单位未按照约定给予劳动者经济补偿的,劳动者可以不履行竞业限制义务,但劳动者已经履行的,有权要求用人单位给予经济补偿。

程序篇

劳动仲裁由于其审理期限较短、无申请费用等特性，一直以来都是劳动者维权的主要手段。相较于一般民事诉讼，劳动仲裁的前置程序较为特殊。本篇将主要涉及劳动监察、劳动仲裁、法院诉讼阶段、调解与和解、强制执行5个部分，让读者能够深入了解劳动争议中的不同救济途径。

第九章

劳动监察与劳动仲裁

第一节 劳动监察与劳动仲裁的区别

许多劳动者在与用人单位发生争议后，都知道要找当地的劳动部门处理，“劳动部门”在目前的行政部门规划中即指人力资源和社会保障局（以下简称人社局），在人社局中设有劳动人事争议仲裁委员会（以下简称劳动仲裁委）和劳动监察支（大）队（以下简称劳动监察）两类处理劳动争议的机关（部分区县级人社局未设置劳动人事争议仲裁委员会，此种情况该地区的劳动争议案件应当属于上一级即地市级劳动人事争议仲裁委员会管辖），但劳动者往往不清楚自己到底应当申请劳动仲裁还是向劳动监察投诉举报。下文将简单地对比两者的区别。

一、性质区别

劳动监察机关属于行政序列，采用行政手段处理劳动违法行为。虽然劳动仲裁委与劳动监察同样是参照公务员法管理的事业单位编制，但劳动仲裁委作为法定的劳动争议诉讼前置程序的办理单位，其办案程序、处理原则和最终作出的裁决的性质都更接近于司法机关，劳动仲裁属于准司法程序而非行政程序。

二、主体限制

向劳动监察机关投诉的主体并不必须是权利受侵害的当事人，任何人在发现违法行为时都可以投诉。但提起劳动仲裁申请的主体必须是劳动关系的当事人之一。

三、受理范围

根据法律规定，劳动监察机关有权对所有违反劳动法律、法规的行为作出处理。但目前由于劳动争议案件较多且劳动监察与劳动仲裁职权存在重叠，大部分地区的劳动监察机关仅受理一部分对用人单位违反劳动保障法律行为的投诉，主要处理证据确凿或争议双方对事实本身无异议的投诉，如违法用工、欠付工资、未提供劳动保障等。对于未签订劳动合同的双倍工资、解除劳动合同的经济补偿金等可能需要通过法定程序进行详细查证的情形，一般交由劳动仲裁委处理。上述案件分流情况仅供参考，具体到各个地区的劳动监察机关和劳动仲裁委的受理案件范围，应以当地具体机关工作人员的答复为准。

需要注意的是，在某些特殊情况下，劳动监察是劳动仲裁的必要前置程序，例如，用人单位具有《劳动合同法》第 85 条规定情形的，由劳动行政部门责令用人单位限期支付劳动报酬、加班费或者经济补偿；逾期不支付的，责令用人单位按应付金额 50% 以上 100% 以下的标准向劳动者加付赔偿金。这里说的劳动行政部门指劳动监察机关，也就意味着劳动者只有先向劳动监察机关申请处理，劳动监察机关受理申请，责令用人单位支付而用人单位拒不支付的情况下，才会产生加付赔偿金。虽然劳动仲裁在此种情况下可以受理要求支付加付赔偿金的申请，但一般直接通过劳动监察机关的行政手段进行处理是更便捷的方式。因此，对于加付赔偿金的争议，必须首先经过劳动监察机关处理，在用人单位经被责令后仍然拒不支付的情况下，才符合加付赔偿金的法律规定，此时劳动者可以选择继续通过劳动监察机关处理或转而向劳动仲裁提起申请。

四、处理手段

劳动监察机关有行政处罚权，能够对违法或抗拒行政行为的单位进行罚款,有一定强制执行权。而劳动仲裁委只能作出法律裁决,无执行权。

五、申请时效

根据《劳动保障监察条例》的相关规定,向劳动监察机关投诉的时效为从违反劳动保障法律、法规或者规章的行为发生之日或有连续、继续状态违反劳动保障法律、法规或者规章的行为终了之日起 2 年,该期间不会被中断。而申请劳动仲裁的时效虽然只有 1 年,但可因权利人主张权利、义务人主动承担义务等情形中断,也就是说,如果没有任何时效中断情形,违法行为发生超过 1 年不足 2 年的,当事人只能选择向劳动监察机关投诉;而如果存在时效中断的情形,违法行为已经发生超过 2 年,当事人虽然无法向劳动监察机关投诉,但依然能够在时效重新计算后的 1 年内向劳动仲裁委申请仲裁。需要注意的是,本书中法律规定的期限的起算日期都是从起算节点的次日起计算。

六、证据要求

劳动监察的初步处理一般不要求劳动者提供相关证据,劳动监察机关在接到投诉后会首先联系被投诉的用人单位核实情况。当然,如果无法联系用人单位或用人单位不承认存在违法行为,仍然需要劳动者提供更多证据。而劳动仲裁在受理阶段就对证据要求比较严格,申请人在提出劳动仲裁申请时就需要提供用人单位的基本信息,且提供能够证明劳动关系存在的基本证据。

七、处理时限

劳动监察案件的法定处理时间为 60 个工作日,经批准可延长 30 个工作日,即最长 90 个工作日,但劳动监察机关由于采用行政手段处理,通常来说结案较快,尤其是一些争议程度不高的简单案件,可能会在 15 日之内办结;劳动仲裁案件的法定处理时间为 45 日,经批准可延长 15 日,即最长 60 日。但由于法律程序较为复杂且各地劳动仲裁委普遍存在仲裁员人数严重不足的情况,因此,往往结案较慢,甚至有可能超出 60 日的期限,即使不超出期限,由于存在法定程序的安排,也无法在短期内办结。

总结以上区别,我们建议,若劳动者手头证据不是很充分,又仅仅希望尽快要回拖欠工资或制止单位违反劳动保护规定的行为,向劳动监察机关投诉是较好的选择;若劳动争议涉及数额较大,请求项目较多,争议双方存在较大分歧,或者申请方是用人单位,那么申请劳动仲裁是更好的选择。

第二节 劳动监察

一、劳动监察机关的受案范围及注意事项

1. 劳动监察机关可监察的事项

根据《劳动保障监察条例》(国务院令第423号)第11条,以下事项属于劳动监察事项:

(1)用人单位制定的劳动规章制度违反法律、法规规定的,可以警告并责令改正,对劳动者造成损害的可以要求赔偿;

(2)用人单位不与劳动者订立劳动合同或劳动合同的内容违反法律、法规的规定(但不能仅因此作出处罚,也不能要求其向劳动者支付二倍工资,后者必须经劳动仲裁处理);

(3)用人单位使用童工(除艺术、体育等特殊行业外,不得使用16周岁以下的童工);

(4)用人单位没有遵守对女职工和未成年职工的特殊保护,安排女职工或未成年职工从事禁止的劳动类型,如矿山井下、第四级劳动强度等,同时,未成年职工还不能从事有毒有害的劳动类型;用人单位违反《劳动法》第60条至第63条规定,安排经期和孕产哺乳期女职工从事禁忌工作;

(5)用人单位要求劳动者工作超过每周40小时及每月最多加班36小时的法定标准、没有安排休息日和法定节假日休息等行为(或经过审批可以实行综合工时制或不定时工时制的单位违反这两种特殊工时制的最高工作时间要求);

(6)用人单位不及时足额或低于最低工资标准发放工资;

(7)用人单位不及时或没有按照实际工资为职工缴纳社会保险;

(8)职业介绍机构、职业技能培训机构和职业技能考核鉴定机构没有相应资质或其培训、考核、职业介绍违反法律规定;

(9)法律、法规规定的其他劳动保障监察事项。

2. 向劳动监察投诉时应注意的事项

(1)注意时效:违反劳动保障法律的行为发生在2年内的,或者连续、继续的违法行为停止的时间至今尚未超过2年的。

(2)注意用人单位主体:被投诉的用人单位应是在工商局注册登记的单位,否则劳动监察不予受理。并且该用人单位应与劳动者构成劳动关系。

(3)注意因果关系:投诉人(或投诉人发现的权利受侵害之人)的合法权益受到侵害是被投诉用人单位违反劳动保障法律的行为所造成的。

(4)注意管辖:是否属于所投诉的劳动监察部门管辖。一般只要是单位注册在劳动监察部门所在区县或工作地点在劳动监察机关所属区县,该劳动监察机关都会受理。如果是建筑用工等用人单位注册地不在用工行为地的,由用工行为地的劳动监察机关受理,对管辖权模糊的一些工地,相邻区县或市级劳动监察机关之间也会有内部约定的管辖分工。

(5)注意劳动监察不收取任何费用。

二、劳动监察举报信

1. 劳动监察举报信(投诉信)范例

投 诉 信

单位(被投诉人)全称:××× 有限公司

经营地址(本人工作地址):××市××区××路××号

法定代表人(负责人):李×× 电话:010-12345678

劳资(人事)负责人:张×× 电话:138××××9876

投诉、举报内容：

1. 要求被投诉人支付拖欠工资3600元。

事实与理由：本人于2018年5月18日开始在被投诉人处上班，双方约定工资每月5000元，用人单位未与我签订劳动合同。到2019年12月15日，被投诉人将我辞退，拖欠了2019年11月以及2019年12月1日至15日工资至今未支付，现投诉至劳动监察部门，望予以调查处理，以维护本人的合法权益。

投诉人：王××　　　　联系电话：136××××××××

通信地址：　　　　邮编：

2. 书写举报信时应注意的事项

(1)用人单位的名称必须与工商登记注册的名称一致，若多字、漏字、错字都会导致主体错误。

(2)经营地址尽量准确到门牌号，便于劳动监察部门实地调查。

(3)应写清楚相关负责人的联系方式，最好包含手机和座机号码，便于联系。

(4)投诉举报内容要事实清楚、简明扼要。

(5)要准备至少一份身份证复印件，如有证据，应一并提交证据复印件。

(6)当劳动监察对投诉事项作出处理时，会制作调查笔录。当签调查笔录时，经过监察机关允许，可以要一份复印件或拍照备份。

(7)若委托他人代为办理，应签订授权委托书(实践中，除非有投诉人受伤等客观情况，一般递交投诉时劳动监察机关会要求本人亲自投诉)。

3. 关于代办的问题及委托书范例

劳动监察事项并非必须由被侵害权益者本人办理，非由本人办理的情形有3种：

(1)因同一事由引起的集体投诉，投诉人可推荐代表投诉。

(2)若当事人本人因其他原因,不能亲自到劳动监察部门进行投诉,可以委托他人代为办理投诉举报事宜。但要提供当事人本人的身份证明、授权委托书以及代理人的身份证明,代理人应当是当事人的近亲属或律师。

(3)其他任何组织或个人对违反劳动保障法律的行为都有权向劳动保障行政部门举报。劳动保障行政部门对举报人反映的违反劳动保障法律的行为应当依法予以查处,并为举报人保密;对举报属实,为查处重大违反劳动保障法律的行为提供主要线索和证据的举报人,给予奖励。

附:适用于第二种情况的委托书范例

授权委托书

委托人:

受委托人:

现委托受委托人代理委托人前往______人力资源和社会保障局劳动监察大队处理委托人的举报、投诉事宜,并承担相关法律责任。

代理权限:代为接受调查取证;代为行使陈述、申辩权;代为协商并提出最终处理意见;代为签收法律文件或其他文书。

委托人(签名):

年 月 日

受委托人(签名):

年 月 日

三、劳动监察的处理程序及可采取的措施

1. 劳动监察投诉、举报后的基本处理程序

劳动监察投诉、举报的处理程序,大致可分为以下 3 个阶段。

(1)立案受理阶段

劳动监察受理劳动者举报、投诉后,对符合劳动监察受理条件的投诉,劳动保障行政部门在接到投诉之日起5个工作日内依法受理,并于受理之日立案查处。

(2)调查阶段

劳动保障监察机构立案受理后,会指定1名劳动保障监察员为主办劳动保障监察员,并把收到的案卷材料转交给指定的监察员。监察员拿到投诉、举报的案卷材料后,会通过电话联系用人单位告知相关事宜,并要求用人单位到劳动监察部门说明情况或者约定时间到单位调查。劳动保障监察员进行调查、检查时不得少于2人。劳动监察工作人员会根据调查情况,制作调查笔录并要求被调查人签字。

(3)案件处理阶段

根据调查的事实,依法作出处理,对于劳动者投诉举报事项的处理结果,劳动监察工作人员会通知投诉举报人并作笔录。

2. 劳动监察可采取的措施

劳动监察称为"监察",即有法定的行政监管和调查、处理权,与属于中立角色、行为相对被动的裁判机关——劳动仲裁机关不同,其在受理投诉之后,可以直接代替劳动者搜集证据以决定是否需要处理用人单位,面对用人单位时更多的是主动调查和检查,甚至可以在没有收到投诉的情况下,例行主动巡查。

劳动监察部门具有如下法定的监察行为权:

(1)进入用人单位的劳动场所进行检查;

(2)就调查、检查事项询问有关人员并制作笔录;

(3)要求用人单位提供与调查、检查事项相关的文件资料,如用人单位员工名册、工资发放表、社会保险登记和缴费凭证等,必要时可以发出调查询问书;

(4)采取记录、录音、录像、拍照和复制等方式收集有关的情况和资料;

(5)对事实确凿、可以当场处理的违反劳动保障法律、法规或规章的行为当场予以纠正,并将当场处理情况报所属的劳动保障行政部门监察机构备案;

(6)可以委托注册会计师事务所对用人单位工资支付、缴纳社会保险费的情况进行审计;

(7)法律、法规规定可以由劳动保障行政部门采取的其他调查、检查措施。

四、劳动监察的处理结果

对于劳动监察举报、投诉的事项,经过劳动监察工作人员的调查后,通常会有以下几种处理结果:

(1)对依法应当受到行政处罚的,依法作出行政处罚决定。

(2)对应当改正未改正的,依法责令改正或者作出相应的行政处理决定。

(3)对经调查、检查,劳动保障行政部门认定违法事实不能成立的,或情节轻微,且已改正的,撤销立案。

(4)发现违法案件不属于劳动保障监察事项的,应当及时移送有关部门处理;涉嫌犯罪的,应当依法移送司法机关。若投诉、举报事项应当通过劳动争议处理程序解决的,或已经按照劳动争议处理程序申请调解、仲裁或已经提起劳动争议诉讼的,劳动者应依照劳动争议处理程序或者诉讼程序办理。

另外,如果用人单位对劳动保障行政部门作出的行政处罚决定,责令支付劳动者工资报酬、赔偿金或者征缴社会保险费等行政处理决定逾期不履行的,劳动保障行政部门可以申请人民法院强制执行。劳动者也可以据此依法向劳动仲裁机关申请仲裁,除了要求用人单位履行支付义务之外,还可以按照《劳动合同法》第85条的规定要求加付赔偿金,得到劳动仲裁裁决之后同样可以申请人民法院强制执行。

五、劳动保障行政处罚的种类

根据《行政处罚法》所规定的处罚种类以及《劳动保障监察条例》的具体规定,劳动保障行政处罚包括警告、罚款、没收违法所得、责令停产停业、暂扣或吊销许可证等。

1.警告。主要适用于违反劳动保障法律规定但情节显著轻微并未造成实际危害后果的行为。警告处罚决定必须由劳动保障行政部门制作《关于对违反劳动和社会保障法规行为的行政处罚决定书》向当事人宣布,并交送本人。

2.罚款。指劳动保障行政部门依法强制违反劳动和社会保障法律、法规、规章的公民、法人或其他组织在一定期限内缴纳一定数量货币的处罚形式,是一种经济制裁性质的行政处罚,罚款金额的范围由《劳动法》等法律、法规规定,罚款决定必须以书面形式作出。

3.没收违法所得。没收违法所得是指劳动保障行政部门依法将违反劳动保障法律当事人违法所得和非法财物强制无偿收归国有的行政处罚。违法所得是指违法行为人因劳动保障违法行为所获得的金钱或其他财物,如从事非法职业介绍、从事非法职业培训所获得的钱款。

4.暂扣或者吊销许可证。作为行政处罚法规定的较为严重的处罚种类之一,暂扣或者吊销许可证,是指行政主体对违法当事人取消许可证,或者在一定期限内扣留许可证的处罚形式。在劳动保障监察中,暂扣、吊销许可证涉及劳动就业、劳动力管理、职业介绍、职业培训等多个方面,如职业中介机构从事了违法职业中介行为,劳动保障部门可视情节,给予吊销许可证的处罚。

六、用人单位未缴纳社保的维权方式

对于用人单位未缴纳社保的违法行为要求补缴的,目前实践中各地有不同的处理方式,部分地区的劳动仲裁委尚可受理此类案件。但是根据《最高人民法院关于审理劳动争议案件适用法律问题的解释(一)》以及《最高人民法院研究室关于王某与某公司劳动争议纠纷申请再审一案适用法律问题的答复》(法研〔2011〕31号)有关规定,明确了征缴社会保险费属于社会保险费征缴部门的法定职责,不属于人民法院受理民事案件的范围。

另外,根据《社会保险法》的规定,对于用人单位未按时足额缴纳社会保险费的,社会保险费征收机构可以作出责令和处罚。

但是,如果因此导致劳动者不能享受社会保险待遇,劳动者要求用人单位赔偿损失,劳动仲裁委和法院还是可以依法受理的。注意,此处的损失赔偿,必须是已经产生的确定的损失,如单位未缴纳工伤保险,劳动者发生工伤后可以按照工伤保险的赔偿标准要求单位赔偿损失,尚未发生的损失不可主张。

2020 年 10 月 30 日,北京、上海、深圳、湖南、四川、贵州、山东、山西、天津等多个省、市均发布了《关于企业社会保险费交由税务部门征收的公告》,自 2020 年 11 月 1 日开始实施,标志着社保入税的正式落地。由于税务部门直接掌握用人单位的工资数据,所以用人单位不缴、漏缴、少缴社会保险费的案例将大大减少。

第三节 劳动仲裁

一、劳动仲裁的受案范围

并非劳动者与用人单位所有的争议,劳动仲裁都会受理。根据《劳动争议调解仲裁法》第 2 条的规定,劳动争议仲裁受案范围如下:

(1)因确认劳动关系发生的争议。劳动关系是指用人单位招用劳动者为其员工,劳动者在用人单位的管理下提供有报酬的劳动而产生的权利和义务关系。因确认劳动关系是否存在而产生的争议属于劳动争议。需注意,未签订劳动合同,不等于双方之间未建立劳动关系。

(2)因订立、履行、变更、解除和终止劳动合同发生的争议。由于《企业职工奖惩条例》已经失效,除名、辞退等名词已经不是规范的法律用语,除名、辞退、辞职、离职等都可以归类于劳动合同的解除和终止,由此引发的争议都属于劳动争议。

(3)因工作时间、休息休假、社会保险、福利、培训以及劳动保护发生的争议。因工作时间、休息休假引发的争议,往往与加班费、年休假有关,均属于劳动争议。一般情况下,要求用人单位补缴社会保险费用,仲裁委或法院会不予受理,但是因社会保险待遇引发的争议属于劳动争议仲裁委员会的受理范围。实务中,某些地方的劳动争议仲裁委员会为了分流,认为所有有关社会保险的纠纷均应通过社保中心处理,劳动争议仲裁委员会不予受理,这是不符合《劳动争议调解仲裁法》规定的。并且,在此情形下即使劳动争议仲裁委员会不予受理,仍可以起诉至法院,法院将予以审理。

(4)因劳动报酬、工伤医疗费、经济补偿或者赔偿金等发生的争议。这一类争议是劳动争议案件中最为常见的诉求。

(5)人事档案的争议。人事档案是中国特色的制度,对劳动者非常重要,涉及人事档案的转出、遗失等有关争议,属于劳动争议的范围。

(6)法律、法规规定的其他劳动争议。

二、不属于劳动仲裁受理范围的事项

下列争议不属于劳动争议的范围,应该通过其他程序解决:

(1)双方不构成劳动关系的纠纷,如个人雇用产生的纠纷、退休人员返聘纠纷等。需要注意的是,建筑、矿山行业的农民工往往由个人包工头所雇用,与有资质的承揽工程单位之间虽不属于劳动关系,但其发生追索劳动报酬和工伤待遇的纠纷仍可通过劳动仲裁受理,参照劳动关系处理。

(2)劳动者请求社会保险经办机构发放社会保险金的纠纷。

(3)劳动者与用人单位因住房制度改革产生的公有住房转让纠纷。

(4)劳动者对认定工伤的结果、劳动能力鉴定委员会的伤残等级鉴定结论或者对职业病诊断鉴定委员会的职业病诊断鉴定结论的异议纠纷。这类纠纷属于应通过行政复议和上级劳动能力鉴定委员会复查解决的范畴,相对方不是用人单位,因此不是劳动争议。

(5)集体户口的争议。当劳动者将其户口迁入用人单位的集体户口时,可能会因户口的转出、转入问题与用人单位发生纠纷,这类纠纷不属于劳动争议的管辖范围之内。

(6)住房公积金。如果用人单位不为员工依法缴纳住房公积金,员工可向住房公积金管理中心投诉,但不能走劳动仲裁程序,也不是劳动监察受理的范围。

三、劳动仲裁的管辖

根据《劳动争议调解仲裁法》及相关解释,劳动争议案件的管辖规则要点如下:

(1)根据《劳动争议调解仲裁法》的规定,劳动争议仲裁委员会不按行政区划层层设立。但实际上目前存在的劳动争议仲裁委员会基本上达到区县级别大部分覆盖,每个地市级别行政区则都有一个地市级劳动争议仲裁委员会。如果区县级别没有劳动争议仲裁委员会,则由地市级劳动争议仲裁委员会处理该区县的劳动争议案件。

(2)劳动争议由劳动合同履行地或者用人单位所在地的劳动争议仲裁委员会管辖。劳动合同履行地,即劳动者实际上班的区域。用人单位所在地,一般是指用人单位注册地,即在哪个工商局登记的(与登记注册的用人单位地址一致)。这两个地点,可以选择向其中一个地点的仲裁委申请劳动仲裁。当然,如果两个地址在同一处,或者虽非同一处,但属于同一个劳动争议仲裁委员会管辖,那就无须选择了。双方当事人分别向劳动合同履行地和用人单位所在地的劳动争议仲裁委员会申请仲裁,由劳动合同履行地的劳动争议仲裁委员会管辖。有多个劳动合同履行地的,由最先受理的仲裁委员会管辖。劳动合同履行地不明确的,由用人单位所在地的仲裁委员会管辖。

(3)在某些地方还存在一定的级别管辖,《劳动争议调解仲裁法》并未有相关规定,目前是由各个地区自行规定,有些可能是不成文的默认约定。如中央字号、外资企业虽注册在区县级或地市级工商局,但要由更高一级的劳动争议仲裁委员会管辖(虽然按照法律规定,劳动争议仲裁委员会不应有级别高低之分)。一般而言,不会像法院一样,因案件的标的金额或其他情况影响其管辖。目前,在北京,如果上班地点和公司注册地点在城八区的,劳动者只能到公司注册地劳动争议仲裁委员会申请仲裁。若注册在城八区的外资企业,注册资金在

1000 万美元(或相当于 1000 万美元)以上的,就需要到北京市劳动争议仲裁委员会立案。而在上海,如果注册资金在 1000 万美元以上的外商独资企业或本市企业与外籍、我国港澳台人员之间的劳动争议案件,就需要到上海市劳动争议仲裁委员会立案。

(4)劳动争议案件不得约定管辖。劳动争议双方不能在劳动合同或其他协议中约定由哪个劳动争议仲裁委员会进行管辖。即使有约定,如果与上述规则相冲突,也是无效的。

(5)在案件处理的实务中,有一点值得注意。在劳动仲裁阶段结束之后的劳动争议一审阶段,起诉方仍然可以选择劳动合同履行地与用人单位注册地中的其一进行管辖。举个例子来说明:小曾被上海某公司聘用,在其北京办事处(该办事处未进行工商登记)工作。因劳动争议,小曾在北京办事处所在朝阳区申请劳动仲裁,裁决对小曾有利,于是小曾不再起诉,上海公司则决定向北京市朝阳区人民法院起诉。实际上,上海公司在收到裁决后完全可以直接在其注册地上海的法院起诉,而无须在北京起诉。

这一点在劳动仲裁的裁决书中可以体现,它并不会指明如果双方不服裁决应当到哪一个人民法院起诉,这与法院的一审判决书不同。当然,一审过后,就只能到一审法院的上级法院去上诉,而不能再进行选择了。

如果案件已经被受理,按照上述原则确定的管辖地又发生变化的,也不能再改变仲裁委了。

四、被申请人的确定

劳动仲裁的申请人可以是劳动者,也可以是用人单位。在用人单位是申请人的情况下,劳动者作为被申请人非常容易判断。但当劳动者是申请人时,由于劳动者获取信息的能力较弱,被申请人有时会很难判断。如果无法确定有效的被申请人,可能导致被驳回仲裁请求,浪费时间和精力,甚至可能无法立案。

因此,对劳动者来说,申请劳动仲裁的第一步是明确自己应该申请劳动仲裁还是劳动监察,第二步是确认应该到哪个劳动仲裁机关,第三步必须是确认被申请人到底是哪个单位,建议可以通过“国家企业信用信息公示系统”“企查查”“天眼查”等官方或企业提供的平台来查询与用人单位相关的信息。

必须明确,劳动关系中,用人单位必须是“单位”而不能是个人。具体到各种不同情况应当选择哪个单位作为被申请人,简单分析如下:

(1)仅有一个用人单位作为可能的被申请人。这是最为常见的情形,只要该用人单位经过工商登记注册,申请人可以直接将用人单位作为被申请人,包括个体工商户。

(2)有独立工商登记的分公司与子公司。有些申请人虽然可能自认为是某公司的总部成员,或者仅知道总公司或母公司的名称,但其实在分公司或子公司办公地工作,并且也由分公司或子公司管理并支付工资,那么申请劳动仲裁时,应以分公司或子公司为被申请人。如果由总公司或母公司招聘、签订劳动合同,或者被从总公司或母公司派到分公司或子公司工作,那么可以将总公司或母公司作为共同被申请人。

(3)关联公司。劳动关系涉及关联公司的情况非常多,当关联公司全部都在经营时尤其复杂,劳动者需要结合自己的工作岗位是否有变化、工作内容属于哪个公司的业务范围、工资由哪个公司发放、是否与其中之一或多个公司签订过劳动合同等情况综合判断应当将哪个公司作为被申请人。如果牵涉较多,可以将多个公司作为共同的被申请人。

(4)出资人、开办单位或主管部门与用人单位作为共同被申请人。如果发生争议的用人单位被吊销营业执照、责令关闭、撤销以及用人单位决定提前解散、歇业,不能承担相关责任的,依法可将其出资人、开办单位或主管部门作为共同被申请人。

(5)发包组织与个人承包经营者作为共同被申请人。对于有资质的发包方或总包方将业务发包或转包、分包给没有资质的个人的情况,如果劳动者与个人承包经营者发生相关劳动争议,依法向仲裁委员会申请仲裁的,应当将发包的组织和个人承包经营者作为共同被申请人。这种情况下,如果最终证明发包的组织系合法发包,那么劳动者与个人承包经营者和发包的组织之间都不能成立劳动关系,最终有可能需要到法院按照雇佣关系主张权利。

(6)劳务派遣单位与用工单位作为共同被申请人。若申请人应聘到劳务派遣单位后,被派遣到用工单位工作,发生劳动争议时,可以将劳务派遣单位与用工单位作为共同被申请人。但需注意,用人主体仍然是劳务派遣单位,在劳务派遣行为本身有效的情况下,用工单位仅承担一定法律规定范围内的连带责任。

(7)合并后或分立后的企业为被申请人。企业法人合并的,因合并前的劳动关系发生的纠纷,以合并后的企业为被申请人;企业法人分立的,因分立前的劳动关系发生的纠纷,以分立后的企业为共同被申请人。

(8)继承后的企业为被申请人。企业发生整体的转移或被收购,只是更改了企业名称或股东的,其继承了原企业的劳动关系主体资格,劳动者可以将其作为被申请人。不过,原企业是否已经与劳动者解除了劳动合同或支付经济补偿金,会影响劳动者能够与新企业主张的权利种类与主张权利的时效。

(9)另外,根据《劳动合同法》第 91 条的规定,用人单位招用与其他用人单位尚未解除或者终止劳动合同的劳动者,给其他用人单位造成损失的,应当承担连带赔偿责任。在这种情形下,原用人单位与劳动者发生劳动争议申请劳动争议仲裁的,可以追加新用人单位为共同被申请人。这里需要注意,只有原用人单位作为申请人提起的劳动仲裁,才可以要求新用人单位承担责任,因为新用人单位的赔偿对象是原用人单位而不是劳动者。

五、劳动仲裁不予受理的情况分析

劳动仲裁的法定程序中,不予受理必须出具不予受理通知书,写明是依据什么法律规定而不予受理。申请人应当结合不予受理通知书及仲裁工作人员的说明,理解不予受理的原因,并以此为基础决定下一步的行动:

(1)申请人的诉求或双方的主体性质不属于劳动人事争议仲裁委的受案范围,属于其他性质的案件,这在前文“二、不属于劳动仲裁受理范围的事项”

中已有提及。如退休返聘争议、个人之间提供劳务方面的争议，或劳动者与用人单位之间关于损坏物品、人格侮辱等问题产生的争议，甚至劳动者与用人单位的管理者之间因人身损害产生的争议。这些争议应当到法院或公安机关解决。注意涉及劳动关系的纠纷，法院或公安机关受理前一般会要求提供劳动仲裁委不予受理的通知书，而且要到法院解决的纠纷必须要在规定期限内向法院起诉。

(2)申请人的诉求属于行政管理范畴。如社保的基数计算，住房公积金的缴纳。当事人应找相应的负责部门申请处理。

(3)申请人的诉求属于劳动人事争议仲裁委的受案范围，但不属于该仲裁委管辖的范围。这种情况，一般仲裁工作人员会直接告知申请人可以到哪一个有管辖权的仲裁委申请。

当前劳动争议案件较多，各个仲裁委面临人手不足的情况。为减少压力，也有个别部门之间相互推诿的情况，但更多的情况下，不予受理是因为确实存在大量法律规定的劳动仲裁委员会无法受理也没有能力处理的争议。作为申请人，当申请不被受理时，应积极主动咨询，了解清楚法律的具体规定，再去主张自己的权利。

六、申请劳动仲裁所需材料

一般而言，仲裁委会在工作地点的醒目位置张贴关于仲裁申请需要提交的材料，一般包括：

(1)申请书至少准备 3 份，立案时再填写当日日期。至少有两份是原件，最后签字处应由申请人亲笔签名或加盖公章，不识字的申请人可以按手印代替，部分仲裁委会要求所有申请人都按手印。若被申请人为一人时，至少准备 3 份申请书，被申请人每增加一人，申请书增加一份。如劳务派遣用工产生的纠纷中，将派遣单位与用工单位列为共同被申请人时，则至少要准备 4 份申请书，仲裁委一份、派遣单位一份、用工单位一份、申请人本人一份，其中，派遣单位与用工单位的申请书由仲裁委安排送达。申请书上手写部分应当用钢笔或黑色水笔书写,请勿用铅笔或圆珠笔。

(2)申请人身份证复印件一份,一般还需要带原件以备核查。

(3)被申请人工商注册登记信息查询资料打印件一份。此份资料为非必须,但能够帮助顺利立案。

(4)提交证据材料清单及证据,份数与申请书相同。初步提交的证据至少要能够证明申请人与被申请人之间存在一定的劳动用工关系,其他证据根据诉求准备。

(5)劳动仲裁不收取任何费用,在劳动仲裁过程中发生的公告、鉴定等专业费用也不是交付给劳动仲裁委。

七、劳动仲裁申请书

以下为一份基本通用的劳动仲裁申请书模板。

劳动仲裁申请书

申请人:　　　性别:　　　民族:　　　出生日期:

户籍地址:

现住址:

被申请人:

住所地:

法定代表人:　　　　　　法定代表人职务:

联系电话和联系人:

请求事项:

1. ______________________________

2. ______________________________

3. ______________________________

4. ______________________________

事实和理由：

申请人（签名或盖章）：

年　月　日

附：（身份证复印件与证据）

1. 基本信息的填写

（1）若申请人现住址与户籍地址一致，填其中一个或“同上”即可。

（2）若申请人是劳动者，仲裁委一般会询问是否农民工，但不一定需要写到申请书中。

（3）如果申请人是外国人或我国港澳台人员，请注明。

（4）被申请人是用人单位时，填写的名称一定要和工商登记备案的信息完全一致，多字、漏字或错字都会导致因主体错误被驳回。如把“北京某某公司”写成“北京市某某公司”或相反情况。

2. 申请请求事项的填写

（1）请求事项必须有法律依据，否则不予立案。

（2）请求事项必须属于劳动仲裁的受理范围，否则不予受理。

（3）请求必须明确。比如，要求支付加班工资 500 元，而不能只写要求支付加班工资，部分仲裁委还要求附计算清单。

（4）请求应当全面，若此次仲裁主张的请求不全面，只能再次申请仲裁，费时费力。

（5）请求应当简单清晰，使人一目了然。

（6）应注明相关请求的时间范围。比如，要求支付某年某月什么时间段的加班工资。

3. 事实与理由的填写

（1）要高度概括，既要简练，又要说清楚事实情况，建议从双方何时成立劳动关系、做何工作、是否签订劳动合同、工资数额、因何产生争议等方面按照逻辑顺序叙述。

(2)不要陈述与案件无关事项,也不要陈述劳动仲裁无法解决的事项。

(3)对于涉及双方证据的具体内容,最好不要在申请书中提及或者概括性地提及。

(4)最好列明请求事项的法律依据,既增强说服力,也方便仲裁员审理。

申请书的书写并非像许多申请人想象得那样简单。许多申请人认为,只要按照朴素的正义观控诉,或者上网搜索一下模板,或者按照自己的口头语言习惯叙述就可以了,虽然这样的申请书也许可以满足仲裁委的基本格式要求,获得立案,但很难达到最优效果。

其实,任何法律文书的写作都需要一定的基础,鉴于劳动争议案件在劳动者作为申请人时的举证难度极大,举证规则又不同于一般的民事纠纷,只有对案件事实有着法律上的充分认知,在申请书的诉求选择、阐述逻辑中都做好准备,才能走好赢得劳动争议纠纷案件的第一步。

因此,当处理此类问题时,劳动者最好委托专业律师来处理,也可以让专业人员代写申请书,为纠纷的解决保驾护航。

八、委托他人代理劳动仲裁

1. 受托人的选择

法律赋予申请人委托他人代为处理劳动仲裁事务的权利,代理人的选择范围与民事案件相同,分为3种:律师或基层法律工作者、劳动者的近亲属或用人单位的员工,以及当事人所在社区、单位以及有关社会团体推荐的公民。

鉴于劳动案件的专业性和复杂性,建议当事人最好委托专业的劳动法律师全程参与。劳动争议与普通民事争议的规则有所不同,涉及的专门法律法规、部门规章、地方性法规、规范性文件等种类繁多,再加之相对于买卖合同、房产纠纷动辄几千万元的争议金额,劳动争议的标的通常不高,钻研劳动法的律师也不多,非劳动法方面的专业律师,难免因对相关法律了解得不全面而导致遗漏请求事项或采取不够完善的策略,这样的实例也屡见不鲜,只是当事人本人很难得知罢了。

同样的道理,尽量不要只委托自己的近亲属,最好不要委托没有律师资格的社会人员代理案件,也不要盲目轻信非专业律师给出的建议。

2. 授权委托书

在劳动仲裁程序中,要委托他人代理必须有符合规定的委托书,模板如下。

授权委托书

________劳动人事争议仲裁委员会:

贵会受理的关于______________________________的劳动争议一案,依照法律规定,特委托______________为本人(本单位)的代理人,参加本案仲裁活动。

委托代理人:

姓名: 性别: 年龄:

工作单位及职务:

经常居住地:

联系电话:

委托事项和代理权限如下(请在以下两项中选择其一进行勾选):

1. □一般代理。

2. □特别授权代理。包括代为提请仲裁、参加仲裁庭审,代为调查取证,代为申请财产保全或证据保全,代为进行和解、调解,代为提起反申请,代为承认、变更、放弃、增加仲裁请求,代为签收法律文书等。

对于委托代理人在委托权限范围内签署的有关文书,委托人均予以承认,并承担法律责任。

委托人(签名或盖章): 年 月 日

委托代理人(签名或盖章): 年 月 日

以上两种代理权限的区别是，一般代理仅能代理当事人发言，且发言内容不得代为承认或放弃、更改仲裁请求，而第二种我们称为“特别代理”的权限，可以由委托人与受托人协商确定授权范围，一般而言，会涵盖代为接收法律文书，代为承认、放弃、变更仲裁请求，代为进行和解调解，提起反申请等。

3. 委托代理合同

鉴于仲裁程序的复杂、漫长和严肃性，我们建议委托人与受托人之间签订委托代理合同。如果委托律师，合同一般由律师直接提供，委托人可以着重关注以下模板中留空的内容；如果委托其他人，则可以使用以下模板。

委托代理合同

第　　号

甲方：

乙方：

甲、乙双方经平等协商，自愿达成如下协议：

第一条　甲方因与________________________纠纷，委托乙方代理该案件____阶段的劳动争议仲裁、调解、和解并提供相关法律服务。

第二条　乙方的委托权限为以下第______项：

(1)特别授权代理，包括代为立案、领取法律文书，代为提出、承认、放弃、变更、撤回诉讼请求，代为接受和解与调解，代为提起反诉和上诉，代为申请执行；

(2)一般代理。

第三条　甲、乙双方同意采取如下第______种方式支付代理费用：

(1)甲方同意向乙方支付代理费用____________元人民币(大写：__________元整)，支付方式与时间约定如下：__年__月__日前(或本合同生效之后__日内)支付______元至乙方银行账户；

(2)按生效的法律文书所确定的对方应向甲方赔付金额的________%向

乙方支付办案费用;生效的法律文书包括调解书、裁决书与判决书,也包括其他第三方主持达成的调解协议,以及双方私下达成的和解协议。

第四条 在办理委托事项过程中所需的办案费用(包括资料、交通、通信、文印、差旅、食宿等费用,但鉴定费用、公告费用等直接支付给第三方的费用除外)按如下第______种方式支付:

(1)免收任何办案费用;

(2)乙方垫付,甲方实报实销;

(3)¥______________包干,多支出不补发,少支出不退。

第五条 甲方有权就委托事项向乙方提出符合法律规定的要求;甲方应如实向乙方提供与委托事项有关的全部案件材料、文件及手续,并如实反映情况。

第六条 乙方办案人员必须依法维护甲方权益,并保守甲方的商业秘密及个人隐私;但乙方不承诺必然获得胜诉或赔偿。

第七条 本合同履行期间,如甲方无正当理由解除本合同,乙方不退还已收取的费用,且甲方应对乙方已付出的劳动及劳动成果支付相应费用;如乙方无正当理由单方解除或终止履行本合同,则应向甲方退还已收取的但未完成委托事项的费用。

第八条 其他约定:____

第九条 本合同一式两份,甲、乙双方各执一份,自双方签字或盖章之日起生效。

第十条 双方因本合同履行发生争议,可协商解决,协商不成,应向______人民法院起诉。

甲方: 乙方:

年 月 日 年 月 日

4. 签订委托代理合同应注意的事项

(1)约定清楚需要代理的是委托人与谁的争议,并明确代理什么阶段的案件，是仲裁阶段还是一审、二审阶段或执行阶段，抑或所有阶段。

(2)约定清楚授权范围，即代理人可代为行使哪些权利。

(3)约定清楚付费方式以及委托人应承担的费用范围，最好约定如果发生中途解约或当庭调解、庭外和解等情况，如何处理各种已付或未付的费用。

(4)明确双方的权利和义务并注明违约责任。

第十章

劳动仲裁程序详解

第一节 受理与排期

一、申请到开庭之间的程序

此前我们提到过，劳动仲裁的程序时限最长为60日，在这60日内，一般会有一次到两次开庭。开庭是劳动仲裁最核心的程序，劳动仲裁的胜负基本要取决于开庭时的双方表现。但并非开庭结束后就能立刻有结果，同样地，也不是申请人递交案件材料之后就能马上开庭，在递交申请书之后，还有审查受理程序与举证期间、组庭排期等程序。

申请人提交申请书后，劳动争议仲裁委员会的立案人员一般会出具一份接收相关材料的收据，但有的劳动争议仲裁委员会接收材料后不出具任何收据或书面材料，对此申请人也不必担心，但要询问立案人员，之后应如何查询案件受理情况。

接收申请书后，立案人员会对案件进行审核，主要是审查是否属于本劳动争议仲裁委员会的管辖、请求事项是否属于受案范围。立案人员审核无误同意受理后，案件将被分到某个仲裁员手中负责。分到各个仲裁员手里的案卷材料，首先由其书记员进行处理。一般书记员在接收到材料之后会电话联系申请人与被申请人，通知其相关事宜。有时书记员会先准备好举证通知、组庭排期工作后再一次性通知，有时是按照时间顺序分几次通知。一般来说，组庭通知书上会有书记员的联系方式，但有时仅显示仲裁委的总机号，因此申请人最好还是单独询问并记录下负责本案的仲裁员、书记员的姓名及联系方式，以便后续沟通。

二、组庭、举证、开庭通知书

案件受理之后，应当发给双方当事人的通知材料有：受理通知书（申请人）或应诉/答辩通知书（被申请人、第三人）、组庭通知书、举证通知书和开庭通知书。受理通知书与应诉通知书只是告知此案件已经被受理，应诉/答辩通知书中可能会规定提交答辩状的期限，但不提交答辩状不会使答辩权消灭，也不会影响仲裁程序的进行。另外3份通知书都有更重要的信息：组庭通知书会告知案件将由哪个仲裁员审理，大部分仲裁委还会在组庭通知书上标明仲裁员或书记员的联系方式；举证通知书会告知举证期限以及指导当事人如何举证；开庭通知书则会告知开庭的时间地点。

其中，受理通知书应当在接收材料之后5日内送出；应诉/答辩通知书、组庭通知书应当在案件受理之后5日内送出；举证通知书没有具体要求，一般与前述其他文书一并送达，而开庭通知书要求必须在开庭5日前告知到当事人。

当事人务必妥善保管上述文件直到本次案件相关法律程序彻底结束，以便随时查看。

1. 组庭通知书的具体说明

组庭通知书中最重要的内容就是组庭成员，一般应当有3名仲裁员和1名书记员，3名仲裁员依法都必须参与庭审。

与民事诉讼类似，劳动仲裁也有一名仲裁员独任审理的简易处理制度，但不会缩短审理时限，只是如果双方同意可以缩短答辩期，迅速开庭。不过从理论上来说，如果是简易处理，也就不能再要求延长15日仲裁期限。如果要延长，则需要转为一般程序处理。因此，如果只有一名仲裁员独任审理，仲裁期限应当只有45天。

另外,在得知组庭人员之后,双方当事人可以针对组庭人员提出回避申请,详见后文关于回避制度的详述。

2. 举证通知书的具体说明

举证通知书中会写明举证期限与举证要求。举证期限是仲裁庭可以自由指定的,一般不会少于收到举证通知书之日起10日,不迟于开庭日期。务必按照举证通知书上写明的举证期限提交证据与证据清单。实务中,虽然举证期限会定为开庭日,但如果未收到举证通知书,建议及时与仲裁员联系确认举证期限事宜,否则如果想当然以为所有的案件都在开庭提交证据,因错误认知导致的超出举证期限提交的证据可能会不被采纳。超期后仍会被采纳的证据一般需要有法律意义上的新证据(新出现、新发现或者客观上难以取得而新取得的证据)或者对案件事实认定有重大影响的证据。同时,举证期限也是提起反申请、管辖异议、增加和变更诉讼请求、申请鉴定等申请的认定期限,与超出举证期限提交的证据还有可能被仲裁庭决定采纳不同,除了申请鉴定之外,上述其他申请一旦超过举证期限就不能再提出。

需要注意,证人证言也属于证据的一种,除了法律规定的几种特殊情形如身体、路途、所在特殊岗位不允许或自然状况等不可抗力之外,证人都需要当庭作证。因此,应当在举证期限届满之前提交证人出庭作证申请书,写明证人的身份和联系方式,请求法庭传唤证人作证。自己可以协调好的,且举证期限就是开庭时间的,可以在开庭时直接带证人出庭,证人一定要携带自己的身份证以及其他有必要的证明身份的材料。有些仲裁委对自己带证人出庭的也要求同时提交证人出庭作证申请书,应提前联系仲裁员确认并准备。

举证通知书中还会写明针对一些特殊证据,可以由仲裁庭调取。仲裁庭调取分为依职权主动调取和依当事人申请调取。

主动调取在实务中比较少见,符合如下情况之一或数项才能适用,此时,仲裁委员会参照民事诉讼有关规定予以收集:

(1)当事人及其仲裁代理人因客观原因不能自行收集的。

(2)仲裁委员会认为需要鉴定、勘验的。

(3)当事人提供的证据互相有矛盾、无法认定的。

(4)仲裁委员会认为应当由自己收集的其他证据。具体是指:涉及可能有损国家利益、社会公共利益或者他人合法权益的事实;涉及依职权追加当事人、中止或延期审理、回避等与实体争议无关的程序事项。

更常见的是依据当事人的申请调取证据。依申请调取证据的,当事人及其仲裁代理人应在规定时间内提交书面申请。申请书应当载明被调查人的姓名或者单位名称、住所地等基本情况,所要调查收集的证据的内容,需要由仲裁庭调查收集证据的原因及其要证明的事实。当事人申请调取证据的,仲裁庭根据情况自行决定是否要调取,并非申请后就一定会调取。

一般来说,需要由仲裁庭调取证据的原因可以有以下几种:

(1)申请调查收集的证据属于国家有关部门保存并须仲裁委员会依职权调取的档案材料;如银行代发工资记录打款单位的名称、保存在公安机关的案卷材料等。

(2)涉及国家秘密、商业秘密、个人隐私的材料。

(3)当事人及其仲裁代理人确因客观原因不能自行收集的其他材料。

但在劳动争议案件中,对于由用人单位掌握而劳动者难以获得的证据,只要劳动者证明确实有这样的证据存在,法律规定仲裁庭可以要求用人单位提供,用人单位拒不提供,应承担不利后果。这类情况下仲裁庭一般都会对用人单位提出要求,尤其是考勤表、工资表等由用人单位掌握的重要证据。

对于需要用人单位提供证据的,并非劳动者必须提出书面申请,也可以在自行提交"证明确实有这样的证据存在"的证据时一并提出。

3. 开庭通知书的具体说明

按照法律的规定,对仲裁庭安排开庭时间有两个要求:第一是从被申请人收到应诉/答辩通知书之日起算,不能少于10日,必须给被申请人留出法律规定的答辩期(需要注意,劳动仲裁的答辩期是10日,与《民事诉讼法》的15日不同);第二是必须提前5日通知,如果由于仲裁庭的开庭时间安排违反法律规定导致当事人不能按期参与开庭或不能充分答辩,其作出的仲裁裁决可撤销。

当事人必须按照开庭通知书的要求按时到庭,除非有特殊原因并提前3日申请,仲裁委可以重新安排开庭时间,否则开庭时间不会变更。关于特殊原因是什么,法律没有明确的规定,为了保障仲裁程序的正常进行,仲裁委只会同意确实合理的推迟理由,有利于其中一方而对另一方不利的理由是不会得到许可的。

若申请人不到庭,则按撤回仲裁申请处理,即本案不会有任何实质性结果。若申请人再次立案,必须提供撤回处理的裁定,而仲裁委接收申请后,都会出具不予受理通知书,拿到该通知书,申请人只能向法院起诉。而被申请人不到庭的,视为放弃自己的答辩权利,仲裁委可以缺席裁决。

需要注意的是,一般而言,迟到超过半小时会被视为不出庭,有些开庭通知书上可能还会写迟到超过15分钟视为不出庭,如果因突发事故迟到,应及时联系仲裁员或书记员说明。

三、未送达被申请人如何处理

上文提到,立案之后需要送达材料给双方(或多方)当事人,这时如果无法联系到被申请人,无法将受理通知书等文书送达被申请人,下一步的组庭、开庭都无法进行。

仲裁委受理案件后,首先会根据申请人提供的被申请人的电话联系被申请人,与其确认送达地址是否正确。若电话无法联系到或被申请人拒绝配合,则会按照申请人提供的或被申请人工商登记注册的地址邮寄相关材料。若邮寄材料被拒绝签收或无人签收,送达失败,在确定该地址是被申请人的地址只是其躲避法律责任的情况下,仲裁委可以派两名工作人员前往实地送达,即使拒签也可以请他人作证视为送达,但这种操作方式在实践中极为少见。一般而言,如果邮件被退回,仲裁委就会公告送达。需要注意的是,如果当事人在仲裁过程中已经确认过自己的送达地址,那么邮件寄到这个地址即视为送达,无论是否正常签收。

公告送达需要申请人支付公告的相关费用,目前,各地方对劳动争议仲裁公告费用的收取各不相同,一般取决于有效的刊登公告的报纸的收费标准。通常办理公告时,仲裁委都会指定相应的刊登公告的报纸。

公告内容包括受理通知书和开庭通知书的主要内容,写明开庭的时间和地点,若开庭时被申请人仍不到庭,就缺席裁决。缺席裁决不代表会完全按照劳动者的主张进行裁决,仲裁员仍然要依照申请人提供的证据进行裁决,被申请人只是失去了当庭答辩、质证、举证的权利,并不意味着其默认申请人的一切主张。即使是缺席裁决,若劳动者无法证明在用人单位处工作的事实,最终也会被驳回仲裁请求。

《劳动争议仲裁委员会办案规则》(劳部发〔1993〕276 号)①规定,受送达人下落不明,或者用本规定的其他方式无法送达仲裁文书的,可公告送达。自发出公告之日起,经过 30 日即视为送达。虽然该规章目前已失效,但是对公告期并没有出台新的规定予以调整,因此实践中不少仲裁委依然适用 30 日。在公告送达后仲裁委还需要给被申请人留足法定答辩期 10 日,因此整个审理期限也会相应延长,这会导致仲裁得出结果的时间推迟。所以,提供被申请人的准确联系方式和送达地址是非常重要的。

四、反申请

申请人提起劳动争议仲裁后,被申请人也可以针对申请人的请求提起反申请,但提起反申请有时间的限制。

根据法律规定,被申请人收到仲裁申请书副本后,应当在 10 日内向仲裁委员会提交答辩书(需要注意,此规定与《民事诉讼法》的 15 日不同)。仲裁委员会收到答辩书后,应当在 5 日内将答辩书副本送达申请人。被申请人逾期未提交答辩书的,不影响仲裁程序的进行。被申请人可以在答辩期间提出反申请,

---

① 该部门规范性文件于 1993 年 10 月 18 日生效,于 2009 年 1 月 1 日失效。

仲裁委员会应当自收到被申请人反申请之日起 5 日内决定是否受理并通知被申请人。决定受理的,仲裁委员会可以将反申请和申请合并处理。该反申请如果是应当另行申请仲裁的争议,仲裁委员会应当书面告知被申请人另行申请仲裁;该反申请如果不属于仲裁委应当受理的争议,仲裁委员会应当向被申请人出具不予受理通知书。被申请人在答辩期满后对申请人提出反申请的,应当告知另行申请仲裁,另案处理。

因此,被申请人若要提起反申请,应在收到申请书 10 日内提交反申请材料,并和相关仲裁员联系,把两个申请合并审理。若超过时效规定提起反申请,则只能另案处理。用人单位与劳动者之间的借款、损害赔偿等纠纷不属于劳动仲裁的受理范围,因此不能提起此类反申请,只能另行到法院起诉。

五、管辖异议

在第一章中我们介绍过关于劳动仲裁的管辖规定,根据法律规定,被申请人认为受理案件的仲裁委没有管辖权的,可以提起管辖异议。这里需要注意的是,管辖异议的前提是被申请人认为该仲裁委没有管辖权,若被申请人希望受理的仲裁委与申请人选择的仲裁委都有权管辖,那么被申请人提出异议的,会被仲裁委予以驳回。

当事人提出管辖异议的,应当在答辩期满前书面提出。当事人逾期提出的,不影响仲裁程序的进行,当事人因此对仲裁裁决不服的,可以依法向人民法院起诉或者申请撤销。而申请人也有可能提出管辖异议。当仲裁委发现已受理案件不属于其管辖范围的,应当移送至有管辖权的仲裁委员会,并书面通知当事人。对上述移送案件,受移送的仲裁委员会应依法受理。受移送的仲裁委员会认为受移送的案件依照规定不属于本仲裁委员会管辖,或仲裁委员会之间因管辖争议协商不成的,应当报请共同的上一级仲裁委员会主管部门指定管辖。在这个过程中,申请人可以对被移送或被指定的仲裁委提出管辖异议。

六、申请回避

所谓回避,是指仲裁员或书记员可能影响案件公正裁决的情况下,该仲裁员或书记员不再参与本案的审理。

仲裁员或书记员有下列情形之一，应当回避，当事人在收到组庭通知后了解组庭人员的情况，有权以口头或者书面方式提出对仲裁员或书记员的回避申请：

(1)是本案当事人或者当事人、代理人的近亲属的。所谓近亲属，是指与当事人、代理人血缘关系较近的亲属，是亲属关系中的一种。《民法典》第1045条规定，近亲属包括配偶、父母、子女、兄弟姐妹、祖父母、外祖父母、孙子女、外孙子女。发生劳动争议的劳动者和用人单位为劳动争议仲裁案件的双方当事人；劳动派遣单位或者用工单位与劳动者发生劳动争议的，劳动派遣单位和用工单位为共同当事人。

(2)与本案有利害关系的。与本案有利害关系是指审理本案的办案人员或者其近亲属与本案有某种利害关系，处理结果会涉及他们在法律上的利益。

(3)与本案当事人、代理人有其他关系，可能影响公正裁决的。其他关系主要指以下几种情况：当事人的朋友、亲戚、同学、同事等或者曾经与当事人有过恩怨、与当事人有借贷关系等。可能影响公正仲裁的是与本案当事人、代理人有其他关系而应当回避的必要条件，即只有在可能影响公正处理案件的情况下，才适用回避。如仲裁员是当事人的朋友，则要看这种关系是否影响案件的公正审理，从而决定是否回避。

(4)私自会见当事人、代理人，或者接受当事人、代理人的请客送礼的。

在整个仲裁审理的过程中，当事人发现仲裁员或书记员有应当回避的情况，都可以申请回避，甚至仲裁审理结束后，当事人才发现的，也可以在法定期限内起诉或向中级人民法院提出撤销仲裁裁决。

虽然回避申请有口头形式，但仍然建议以书面形式提交回避申请书，口头形式可能很难留证。注意回避申请最好能够提交存在相应事由的证据。

七、第三人的确定

一般来说，劳动争议会有两方当事人，即申请人和被申请人。但在个别情况下,也可能出现第三人参加劳动争议仲裁活动。例如,劳动者在执行职务过程中受到第三方的侵害致伤或者死亡,或是劳动者在执行职务的过程中侵害第三方的利益导致公司申请仲裁要求劳动者赔偿时,第三方与案件本身的处理结果有利害关系,产生如何处理责任分配的问题;再如,承包单位的职工在用工单位发生工伤事故致残或者死亡,涉及承包单位和用工单位对职工工伤待遇给付问题;以及工伤争议中涉及未成年子女抚养问题等。上述情况中的侵权第三方、用工单位、未成年子女与案件的处理结果具有法律上的利害关系,应作为第三人参加仲裁活动。第三人参加仲裁活动,对查明事实、及时公正处理案件有利。第三人参加仲裁活动中应注意以下几个方面的问题。

第一,第三人与案件处理结果有法律上的利害关系是指实体权利和义务上的关系,有法律关系但案件的处理结果不会对其利益产生直接损益的,不能作为第三人。

第二,第三人参加仲裁活动有两种方式:第三人申请参加仲裁或者由劳动争议仲裁委员会通知第三人参加仲裁,后者往往是申请人需要自行向仲裁委告知第三人的存在及与本案的关系。

第三,第三人参加仲裁的时间应在劳动争议仲裁程序开始后且尚未作出仲裁裁决之前。

第四,凡是涉及第三人利益的劳动争议案件,第三人未参加仲裁的,仲裁裁决对其不发生法律效力。

第五,参加仲裁活动的第三人,如对仲裁裁决中的承担责任不服,可以依法向人民法院提起诉讼。

第六,在仲裁中,第三人的具体权利和义务主要表现为:有权了解申请人请求、被申请人答辩的事实和理由;有权要求查阅和复制案卷的有关材料,了解仲裁的进展情况;有权陈述自己的意见,并向劳动争议仲裁委员会递交自己对该争议的意见书;无权对案件的管辖权提出异议;无权放弃或者变更申请人或者被申请人的仲裁请求;不得撤回仲裁申请等。

一些法律规定可以作为共同被申请人的主体，如劳务派遣的用工单位、双重劳动关系中的另一用人单位等，在申请人没有主动将其作为共同被申请人的情况下，也可以自行申请或由仲裁委通知作为第三人参与仲裁。

八、变更或增加仲裁请求

申请人在劳动仲裁申请被受理后，若发现在申请书中有遗漏内容或有些请求表述不准确或错误，是可以变更或增加仲裁请求的。

根据法律规定，申请人在举证期限届满前可以提出增加或者变更仲裁请求；仲裁庭对申请人增加或者变更的仲裁请求审查后认为应当受理的，应当通知被申请人并给予答辩期（被申请人明确表示放弃答辩期的除外）。申请人在举证期限届满后提出增加或变更仲裁请求的，应当另行提出，另案处理。

需要注意的是，增加、变更仲裁申请的，仲裁审理期限从受理增加、变更仲裁申请之日起重新计算。

因此，申请人要求增加或者变更仲裁请求，应在举证期限届满前提出，若举证期限为当庭举证，申请人增加或者变更仲裁请求，应给被申请人相应的答辩期，加上仲裁审理期限的重新计算，案件处理时间会相应延长。

增加或变更申请如果是庭前提出，应当提供书面申请。当庭提出的，有时仲裁员也会要求提供书面申请。

增加或变更仲裁请求的申请应当写明原请求事项和新的请求事项，分项列明，事实与理由中最低限度只需要写变更请求的法律依据，但增加或变更涉及原本申请书中没有涉及的事实的，建议也要像申请书一样，写明变更后请求的事实和理由依据。

附:增加、变更仲裁请求申请书模板

增加、变更仲裁请求申请书

申请人:　　　　　　　　　　代理人:

被申请人:

增加、变更请求事项:

事实与理由:

根据《劳动人事争议仲裁办案规则》第44条:申请人在举证期限届满前可以提出增加或者变更仲裁请求。故根据申请人对事实与法律的进一步了解,特申请将仲裁请求作如上变更,望批准。

此致

×××仲裁委员会

申请人:

代理人:

年　　月　　日

九、延期答辩

被申请人或第三人如果不能在法定期限内提交答辩状,不影响后续仲裁程序,可以在开庭时当场答辩,当场口头答辩之后还可以庭后提交书面答辩状(但当庭不予答辩直接视为放弃答辩权利,不能再提交书面答辩状,当庭质证和辩论也是答辩的一部分。没有宣读答辩意见,但经过质证和辩论也可以视为进行了答辩)。因此,在这种情况下不能申请延期答辩。

如果申请人增加或变更了仲裁请求,答辩期将相应延长,法律规定仲裁委应当明确通知被申请人,不需要被申请人主动提出。只有被申请人明确表示不需要答辩期的,才可以继续审理。但如果仲裁委没有明确通知,被申请人应当及时提出,以免影响答辩权利的行使。如果没有给予被申请人充分的答辩期就继续审理,被申请人对裁决结果不服可以起诉或者申请撤销裁决。

十、延期开庭

根据法律规定,当事人有正当理由的,可以在开庭 3 日前请求延期开庭。是否同意延期,由仲裁委员会根据实际情况决定。延期开庭不影响案件审理期限。一般有较大可能获得批准的“正当理由”有以下几类。

1. 当事人由于不可抗力或其他特殊情况不能到庭的,例如,有其他庭审或复议听证会等需要参加的,当事人患重大疾病或遭受其他身体伤害影响其行使权利的,重大自然灾害、战争等对当事人出庭行使权利形成障碍的,或是路途遥远如在不方便回国的国外地区的。

2. 当事人在仲裁审理中临时提出回避申请的。申请回避是当事人的一项重要权利,一般来说,当事人应当在知道仲裁庭成员名单后,开庭前提出回避。但有时,可能当事人当时并不知道仲裁员存在应当回避的情形或者当事人可以申请回避的情形,如仲裁员接受另一方当事人贿赂等。一般认为,当事人在整个仲裁过程中若发现仲裁员应当回避的,都有权提出回避申请。劳动争议仲裁委员会应当对当事人的回避申请进行审查,作出是否同意其回避申请的决定。

3. 需要调取新的证据或者需要重新鉴定、勘验的。当事人在法定期限内提出延期开庭的请求后,并不必然会导致仲裁开庭延期进行,而是由劳动争议仲裁委员会根据当事人的申请是否有正当理由作出是否同意延期开庭的决定。一般而言,如果确实是合理的理由,仲裁委都会同意,例如,需要重新调取的证据或申请鉴定的结果对案件确有重大影响。需要注意的是,是否延期开庭的决定由劳动争议仲裁委员会作出,而不是由该案件的仲裁庭作出。

有时,当事人只是需要避开确实无法出庭的当天,不一定需要延期,反而可以提前,这种情况下需要在自己期望的开庭日期之前 3 天提出申请。不过与延期开庭不同,如果对方当事人不同意提前开庭的或是提前开庭导致对方当事人答辩期不满的,仲裁委一般不会同意。

当事人若要求延期开庭,应提交延期开庭申请书,申请书应写明需要延期开庭的理由,并提供相应的证据,提前开庭与此类似。

附:延期开庭申请书模板

延期开庭申请书

________劳动人事争议仲裁委员会:

在本人与__________________劳动争议一案经贵委受理后,由仲裁员__________书记员__________负责本案的仲裁审理事项,开庭时间定于________年____月____日____时,现本人因______________________________________原因不能按时出庭,特向贵委提出延期开庭申请,望审核批准。

申请人:

年 月 日

十一、庭前交换证据

仲裁庭可以安排在庭前交换证据,时间是举证期限届满之后。一般是非常复杂的案件才会这样处理,以免开庭当天一次性举证、质证会导致庭审时间过长。

对交换证据日期有合理理由需要推迟或变更的,也可以像对开庭时间提出变更申请一样提出。

庭前交换证据名为交换,其实不仅是交换,还需要完成举证、质证,其具体程序和要点与开庭时的举证、质证相同,可参考下一节的相应内容。

第二节 庭审基本事项

一、开庭所需材料

1. 应准备好自己的相关身份证件，以便仲裁员核实身份，单位出庭人员需要携带营业执照（社会信用代码证）复印件和法定代表人身份证复印件、加盖公章的法定代表人身份证明，一般仲裁委都会在送达应诉通知书时一并送达法定代表人身份证明样本。

2. 若是委托代理，应出示授权委托书，需要注意的是，单位出庭人员如果不是法定代表人，都属于委托代理，必须提供授权委托书和自己的身份证原件及复印件。

3. 当庭举证的案件，开庭前应当先写好证据目录，按照庭审参与方的数量准备好多份证据目录及证据复印件，庭审时可以给仲裁员与书记员、对方当事人各一份，帮助仲裁员和书记员理解，提高庭审效率。证据目录按照时间与逻辑顺序排序，写明证据名称、证明目的、页码。

4. 录音录像资料需事先刻好光盘，至少两份，一份给仲裁庭，一份给对方当事人。录音录像资料最好能够带来原始载体与相应的播放设备进行播放，以免仲裁庭没有相应的播放设备导致无法当庭演示，从而影响质证。录音需事先提供书面的文字稿，可以作为证据一并提交，按照庭审参与方的数量准备。

5. 如果仲裁请求中包括计算较为复杂的项目，最好提前准备好计算清单及在证据中勾出其对应的内容。

6. 证据可以在庭审开始之前的准备阶段就交给仲裁员、书记员与对方当事人，也可以在庭审开始后的举证质证阶段提交，或者在庭审开始前就交给仲裁员与书记员，但在举证质证阶段才交给对方当事人。应注意，对于当庭提交的证据,对方当事人可以要求庭后提供书面的质证意见。如有证人,请提前向仲裁员说明。

二、庭审程序与注意事项

1. 庭前应做好哪些准备

(1)提前准备,请勿迟到,目前很多仲裁庭也有了安检环节,会耽误一些时间,而且有些物品可能无法带入,需要另行存放。若有需要处理的事情应提前解决。各类书面材料也应提前准备好,尽量不要当场填写。

(2)开庭前,可友好、主动与对方交谈,如果被仲裁员或对方问到是否同意调解时,若双方心理预期或差距不是特别大,一般都建议先行调解,当谈到具体数额时可以坚持自己的底线,但整体对调解的态度不要太强硬。

(3)身份材料、证据材料和答辩词等可以提前交给书记员和仲裁员。

(4)尽量不要带太多旁听人员,有些仲裁庭会要求检查旁听人员的身份证件,所以旁听人员最好也提前到场。劳动仲裁除涉及商业秘密等内容之外,大部分属于法定的公开审理案件,所以,如果仲裁庭无理由拒绝旁听,也可以依法据理力争。

2. 开庭前奏

(1)仲裁庭宣读仲裁纪律。仲裁庭纪律与法庭纪律基本一致,要求参与仲裁的人员及旁听人员必须保持肃静,不得随意走动和吵闹,发言应当按照程序进行,旁听人员未经允许不得发言,所有人员未经仲裁庭许可不得拍照、录音、录像,不得吸烟和打电话。

对违反仲裁庭纪律的人,由仲裁员劝告制止,不听劝告的,视其情节轻重,给予训诫,责令退出仲裁庭。对于违反仲裁庭纪律的当事人或代理人,情节严重的,申请人按撤回申请处理;对被申请人责令其退出仲裁庭,作缺席裁决。构成犯罪的,可以建议司法机关追究其法律责任。

由于仲裁庭位于行政机关内,本身也是代表国家司法威严的机关,冲击仲裁庭、侮辱和攻击仲裁参加人员、破坏仲裁秩序的行为很容易触犯《行政处罚法》,依法应受到行政处罚。

(2)宣读仲裁员姓名、书记员姓名,按顺序询问申请人和被申请人是否申请回避。一般而言,如有回避事由,在庭审之前就应该提出回避申请,如果庭审时才发现有回避事由并提出申请的,不影响仲裁程序的进行。仲裁委员会应当在回避申请提出的3 日内,以口头或者书面形式作出决定。以口头形式作出的,应当记入笔录。

(3)请申请人宣读基本信息:按照申请书念一下申请人的姓名、性别、出生日期、住址(户口所在地)等信息。

(4)若有代理人,代理人需要宣读代理人信息,包括代理人的姓名、性别、出生日期、单位(律师或实习律师只需念姓名,某某所律师或实习律师)、职务、住址、代理权限。

3. 仲裁请求与答辩

(1)如果举证期限是开庭当日,仲裁员会问申请人是否增加与变更仲裁请求。如前所述,增加或变更仲裁请求,可能导致被申请人要求延长答辩期,无法继续开庭。有时仲裁员会要求提供书面的变更申请,大部分情况下,口头说明并由书记员记录。如果开庭日已经超出举证期限,申请人要求增加或变更仲裁请求的,被申请人可以提出异议,要求其另行申请。

(2)对于仲裁请求中涉及具体数额的,仲裁员会核对每项请求的具体计算方式和最终的总数。因此,最好事先准备详细的计算清单。

(3)事实与理由如果与申请书一致,一般会省略,不再当庭宣读,如果申请人觉得申请书中的阐述还不够清晰,可以宣读修改后的内容,但最好一并提供修改后的书面材料。

(4)被申请人与第三人对仲裁请求拥有答辩的权利。如果被申请人或第三人提交书面答辩状,申请人可以要求给自己一份,如果没有,要在其宣读时注意记录要点。

4. 举证与质证

举证指的是提交并说明某种情况的证据,关键是明确举证意图与仲裁请求或答辩内容的关联,也就是要阐述证据是如何能够支撑自己的仲裁请求或答辩内容,说明的时候要逻辑清晰、内容简练,不要有无关的陈述,有些证据还需要说明获取来源、出示原件,以证明它的真实性。

质证指的是对于对方证据的真实性、合法性、与本案的关联性提出异议,或者是认可对方证据的真实性、合法性或关联性中的一部分或全部。证据的关联性可以理解为对方举证的证据是否能够达到所述的待证事实或者证明目的,是否能够支撑自己的仲裁请求或答辩内容,简单来说,无关联性即"虽然该证据真实,但不能证明你说的内容"。

举证质证阶段是整个庭审阶段的核心,证据也是影响裁决结果最关键的内容,因此,如果有任何对证据的意见都要及时在举证质证阶段发表,如果在后续辩论阶段才想起来,可以要求书记员补充到举证质证的记录中。最后,由仲裁员根据两边的举证、质证,对本案的证据予以认证。

举证质证阶段需要注意的问题有:

(1)如果是当庭提交证据,则主动向仲裁员和书记员提供装订好的、首页为证据目录的复印件,并向对方当事人提供一份。如果庭前已提交证据,那么就按照证据目录的情况进行举证说明。书面材料有利于仲裁员理解证据分析。注意索取对方的证据复印件和证据目录,以便我方质证。

(2)按顺序提交证据,说明证据名称和证明目的。如有必要,再具体说明一下证据内容,如指出劳动合同某条某款是怎么约定的。

(3)一般庭审顺序是申请人举证、被申请人举证、被申请人质证、申请人质证,但有时可能是申请人举证之后就由被申请人质证,这些都是可以的。如果相隔时间比较长,尤其要注意自己是否对对方的证据全部质证、对方是否对自己的证据全部质证,并做好相应记录。

(4)对方的证据,如果于己无害,可以直接认可。如果这个证据的作用不清楚,就不要轻易认可,尤其注意对方的举证意图或关联性,因为相对于真实性与合法性,关联性是更容易被否认的部分。

(5)质证要点:首先,对于没有原件的证据,完全可以质疑其真实性,并主张没有原件的证据不能作为认定事实的依据,其中录音证据尤其可以质疑其真实性。但不要以为“偷录”是违法行为,就可以以偷录为由否认其合法性。在民事案件中,不经对方许可,在和对方正常通话,或者对方日常公开活动中获得的录音是允许作为证据的,只有录音中的具体内容系通过违法手段,如欺诈、胁迫或者侵害别人隐私权情况下获得的录音才是违法的,不能作为证据使用。

其次,对对方提供的证据应仔细检查分析,不仅要听对方说的证据内容,还要自己查看证据的实际内容,找出疑点或对自己有利的事实。注意审查证据之间的互相联系和冲突,有时对方的证据可能反而与其陈述相冲突,或者辅助了我方缺少的证据或证明力不足的证据,抑或对方的证明逻辑与我方想要证明的某件事的逻辑一致,要抓住对方逻辑中的漏洞以补全我方的漏洞。

再次,对于证人证言,第一,要求证人必须出庭;第二,查验证人的身份是否如其所述,质疑其客观上是否有条件能证明其所说的内容;第三,可以质疑其是否因存在与对方或案件本身有利害关系导致证言不可信。注意,证人出庭不得旁听庭审,只有进行到举证他的证言时才可以进入仲裁庭,仲裁员和当事人都可以询问证人,每次只能询问一个证人,必要时仲裁员可以决定或允许多名证人当面对质。证人作证违反上述规则的,当事人也可以提出该证人的证言无效。

最后,自己提供了证据原件的,注意在庭审之后收回,一般来说,仲裁庭不需要保留原件。

5. 仲裁员调查

仲裁员可以在庭审中随时向庭审的参与人,甚至在某些情况下可能向旁听人员发问以了解事实情况,这一程序并非必经程序,举证质证阶段和调查阶段经常会有交错,并无明显界限。

回答问题时,应当按有利于自己主张的方式回答,也有权利回答不记得或不知道,只是这样的回答可能会被推定为对自己不利,最好事先对关于事实的详细问题都回顾一遍,心中有数,例如,加班的具体时间、内容和原因等。对方回答时要做好记录,在质证和辩论时注意利用或反驳。

仲裁员有时会交叉询问,当针对同一问题先后询问双方时,如果在一些无关紧要的信息上有出入,可以酌情认可对方的说法,避免在细节上纠缠太久。但对于有重要意义的争议点,如果对方没有在举证质证阶段拿出足够的证据,注意在任何阶段的言论中都不要轻易认可对自己不利的事实。

6. 仲裁庭辩论

可能很多人认为法庭和仲裁庭上,辩论是重点,但其实辩论阶段在我国是一个补充性质的阶段,有时甚至可能仲裁员询问双方是否还有补充,双方若都说坚持之前的意见,辩论阶段就结束了。

在这个阶段,需要做的是整理自己之前的记录,查漏补缺,对于对方在自己发言之后又进行的举证、质证、说明、回答等进行进一步的说明或质疑,这期间仲裁员可能会再度提问,也可以结合提问的内容进行新的辩论。

需要注意的是,辩论也要围绕证据展开,不能长篇大论描述与本案无关或者没有任何证据支撑的内容。但是,虽然没有直接证据证明但可以通过对方的发言和各种证据间接证明的内容,在这个阶段统一归纳陈述。对方发言中违背逻辑和事实,对双方阐述的内容或者证据证明力有影响的,也可以逐一指出。对自己的主张及其依据,也要有一个整体的概括,再次声明自己主张的合法性、合理性。

辩论阶段一般都是现场发挥,所以有些仲裁员会要求庭后提供书面意见供参考,即使仲裁员没有要求,也可以自行提供。甚至如果当庭还遗漏了一些辩论观点,也可以庭后在书面意见中补充。

7. 核对笔录并签字

辩论阶段结束之后,正式的庭审内容就结束了,但此时还不能离开,双方要核对笔录并签字之后才能离开。

笔录,就是书记员记录下的整个庭审过程的书面版本,在核对笔录后,认为对自己陈述的记录有遗漏或者差错的,有权申请补正。仲裁庭认为申请无理由或者无必要的,可以不予补正,但是应当记录该申请。对方的发言或仲裁员提问的内容也会对仲裁结果和后续的程序有所影响,所以在核对记录时最好也核对一遍,认为有遗漏或差错的,可以提出意见,只是仲裁庭可以不予采纳,但一般如果确有差错的都会改正。

如果认为记录内容严重不符,可以拒绝签名或者盖章,仲裁庭应记明情况并附卷。拒绝签名不代表可以否认本次开庭的结果,最终还是要看双方提供的证据情况,因此,不要只是因为开庭过程不合心意、与对方产生纠纷或者其他个人情绪问题拒绝签字。

8. 庭审中的应对态度和方式

(1)不卑不亢,不要与仲裁员发生冲突,但坚持自己的主见。

(2)不要与对方当事人发生言语争执,依据事实与证据,摆事实,讲道理,以理服人。如果旁听人员随意发言,可以请仲裁员制止,不要与其争吵。

(3)不要打断对方发言;反之,如果对方打断自己的发言,不要与其争吵,但也不要顺着对方的节奏走,可以礼貌地表示这是自己的发言时间,请对方等自己说完之后再按照仲裁庭程序发表意见。如果对方经常打断自己的发言,可以请仲裁员制止。

(4)如果确有准备不充分或是需要庭后进一步核实的内容,可以诚恳说明并申请庭后补充,不要信口开河或顶撞仲裁员。如果因此造成不利状态,注意随时通过其他证据和陈述进行补充,不要直接放弃对相关内容的主张。

(5)调解时态度不要太强硬,但底线要坚持。调解底线的选择根据具体情况个案分析,但总体而言,调解通常要比自己的仲裁请求或者答辩意见明显有让步才能成功。如果对案件胜诉的预期较好,且不急于立刻解决,调解底线可以相对提高。

(6)如果双方有调解意愿,庭上没有达成一致,庭后仍然可以继续调解,可以留下对方或者对方代理人的联系方式,及时联系。

(7)在不影响自身权利的情况下,尽量为仲裁员和书记员减轻负担、提高效率,要礼貌对待书记员。有些仲裁庭有实时笔录呈现在当事人面前,应及时核对笔录是否符合实际发言内容,可以节省庭后核对笔录的时间。

三、再次开庭

有些复杂的案件,在第一次庭审中可能会出现证据过多、证人过多或者无法完成全部程序的情况,此时为了查清事实,仲裁庭可能会作出再次开庭的决定。

四、申请专业鉴定

在劳动争议诉讼及仲裁过程中,经常会遇到与案件有关的专门性问题,如文书的真伪、签名的真假、伤残的等级等。这些问题法官或者仲裁员无法运用自己的知识和经验来作出判断,必须由专业机构、专业人员运用专门知识、专业技能和职业经验进行鉴定。专业鉴定的程序如下。

1. 鉴定程序的启动。仲裁庭对专门性问题认为需要鉴定的,可以交由鉴定机构鉴定。这里包括两种情况:一是当事人就有关问题向仲裁庭提出鉴定申请,仲裁庭认为需要鉴定的;二是当事人没有就有关问题提出鉴定申请,但仲裁庭认为有关问题需要鉴定的。这两种情况都可以导致鉴定程序的启动。当然,在进入仲裁程序前,当事人也可自行委托鉴定,但自行委托的鉴定结果有效性容易被质疑。

2. 鉴定机构的确定。首先应当按照当事人的约定确定鉴定机构;当事人没有约定或者无法达成约定的,由仲裁庭指定鉴定机构。约定或者指定的鉴定机构应当是依法取得相应资格的鉴定机构。

3. 鉴定人参加开庭。当事人请求或者仲裁庭要求鉴定人参加开庭的,鉴定机构应当派负责此次鉴定的鉴定人参加开庭。当事人经仲裁庭许可,可以向鉴定人提问。鉴定人是一种特殊的证人,在国外被称作专家证人,有义务出庭作证,回答当事人的提问。当事人可以向仲裁庭申请由一名至二名具有专门知识的人员出庭对鉴定人进行询问。

特别注意:当事人申请鉴定,应当在举证期限内提出。

鉴定结论有下列情形之一的,当事人可以申请重新鉴定:

(1)鉴定机构或者鉴定人员不具备相关的鉴定资格的;

(2)鉴定程序严重违法的;

(3)鉴定结论明显依据不足的;

(4)经过质证认定不能作为证据使用的其他情形。

对有缺陷的鉴定结论,可以通过补充鉴定、重新质证或者补充质证等方法解决的,不予重新鉴定。一方当事人自行委托有关部门作出的鉴定结论,另一方当事人有证据足以反驳的,可以申请重新鉴定。

等待鉴定期间不被计入劳动仲裁的审理时限,因此,鉴定会导致案件处理的时间延长。

第三节 一裁终局

一、一裁终局的特殊性

1. 所谓一裁终局,指的是仲裁委作出的裁决为终局裁决,裁决书自作出之日起发生法律效力,用人单位一方无法通过起诉阻断其生效,如果不服只能在收到仲裁裁决书之日起30日内向劳动争议仲裁委员会所在地的中级人民法院申请撤销裁决。

2. 由于一裁终局的类型和实施意义所限,一裁终局只能适用于劳动者提起劳动仲裁的情况。

3. 劳动者不服终局裁决的仍然可以提起诉讼,劳动者对诉与不诉有选择权。劳动者认为仲裁裁决对其有利,可以选择不予起诉;劳动者认为仲裁裁决对其不利,可以自收到仲裁裁决书之日起15日内向人民法院提起诉讼。

二、一裁终局的范围

1. 适用一裁终局的劳动争议仲裁案件类型

(1)小额仲裁案件

小额仲裁案件是指不超过当地月最低工资标准12个月金额的仲裁案件,如果仲裁裁决涉及数项,每项确定的数额均不超过当地月最低工资标准12个月金额的,应当按照一裁终局处理。

以上所说项目包括4种:追索劳动报酬的案件;追索工伤医疗费的案件;追索经济补偿的案件;追索赔偿金的案件。经济补偿包括《劳动合同法》规定的竞业限制期限内给予的经济补偿、解除或者终止劳动合同的经济补偿等;赔偿金包括劳动合同法规定的未签订书面劳动合同的二倍工资、违法约定试用期的赔偿金、违法解除或者终止劳动合同的赔偿金等。

(2)标准明确的仲裁案件

因执行国家的劳动标准在工作时间、休息休假、社会保险等方面发生的争议。该类案件一般不涉及具体金额,主要是指因执行国家劳动标准而产生的争议。注意,要求落实休息日属于此类,但要求支付休息日加班费不属于此类,应当按照上一条的规定计算金额确定。

2. 只有部分请求事项属于一裁终局范围的如何处理

对于只有部分请求事项属于一裁终局范围而剩余部分超出一裁终局范围的,《劳动人事争议仲裁办案规则》第50条第4款作出规定,仲裁庭裁决案件时,裁决内容同时涉及终局裁决和非终局裁决的,应当分别制作裁决书,并告知当事人相应的救济权利。因此,各地普遍以在裁决书中对不同事项分别作出裁决来处理。

但是,实践中不乏存在仲裁委员会未作分项处理的情形,在此情况下,《最高人民法院关于审理劳动争议案件适用法律问题的解释(一)》第20条予以明确,劳动争议仲裁机构作出的同一仲裁裁决同时包含终局裁决事项和非终局裁决事项，当事人不服该仲裁裁决向人民法院提起诉讼的，应当按照非终局裁决处理。

三、撤销一裁终局裁决

用人单位如果对终局裁决不服，无法向法院提起诉讼，只能在收到裁决书之日起30日内向作出仲裁裁决的劳动争议仲裁委所在地中级人民法院申请撤销劳动仲裁裁决。

1. 申请撤销的法定理由

(1)适用法律法规确有错误的。此条主要是指：①适用法律、行政法规、地方性法规错误的。这里并不包括法律、法规以外的其他规范性文件；②适用已失效或尚未生效的法律、法规的；③援引法条错误的；④违反法律关于溯及力规定的。

(2)劳动争议仲裁委员会无管辖权的。注意是无管辖权，两个或多个仲裁委都有管辖权而其中之一受理并裁决的情况不适用。

(3)违反法定程序的。违反法定程序主要是指：①仲裁组织的组成不合法的；②违反了有关回避规定的；③违反了有关期间规定的；④审理程序违法等。没有给被申请人足够的答辩期或者其他阻碍单位答辩权利的情形也属于此类。

(4)裁决所根据的证据是伪造的。伪造证据是指，制造虚假的证据，对证据内容进行篡改，使其与真实不符。如制造虚假的书证、物证、鉴定结论等，对方作虚假的陈述或者虽然伪造证据但对裁决结果没有直接影响的不属于此条。

(5)对方当事人隐瞒了足以影响公正裁决的证据的。足以影响公正裁决的证据包括能推翻裁决书中认定的案件基本事实的证据、证明主体之间权利和义务关系的证据等。

(6)仲裁员在仲裁该案时有索贿受贿、徇私舞弊、枉法裁决行为的。受贿是指仲裁员利用职务上的便利，收受他人财物并为他人谋取利益的行为；索贿是受贿人以公开或暗示的方法，主动向行贿人索取贿赂，有的甚至是公然以要挟的方式，迫使当事人行贿；徇私舞弊是指仲裁员利用职务上的便利，为他人牟利;枉法裁决是指依法承担仲裁职责的人员,在仲裁活动中故意违背事实和法律作枉法裁决。

人民法院经组成合议庭审查核实裁决有上述规定情形之一的,应当裁定撤销仲裁裁决。

需要注意的是,申请撤销裁决,不影响用人单位对仲裁裁决的履行。法院作出撤销裁定之前,仲裁裁决仍然有效,劳动者仍然可以申请执行该仲裁裁决。如果最终裁决被撤销,可以要求对已经执行的部分予以返还,但不能主张赔偿利息等损失。

2. 仲裁裁决被撤销的结果

仲裁裁决被人民法院裁定撤销的,当事人可以自收到裁定书之日起 15 日内就该劳动争议事项向人民法院提起诉讼,不需要再重新进行劳动仲裁。

这里应当注意,当事人既包括用人单位,也包括劳动者。由于仲裁裁决被撤销之后自始无效,劳动者如果不提起诉讼,就无法向用人单位主张权利,所以仲裁裁决被撤销之后劳动者应当及时起诉,而用人单位则可以等待。

四、双方都不服一裁终局裁决书如何处理

劳动者就终局裁决向基层人民法院起诉,而用人单位依据《劳动争议调解仲裁法》第 49 条的规定向中级人民法院申请撤销仲裁裁决的,中级人民法院应不予受理。已经受理的,应裁定驳回申请。但基层人民法院审理案件时,对用人单位的抗辩应一并处理。

劳动者起诉后撤诉或被驳回起诉的,用人单位自收到裁定书之日起 30 日内可以向劳动争议仲裁委员会所在地的中级人民法院申请撤销仲裁裁决。

五、特殊情况

需要注意的是,目前部分地区的仲裁委可能存在应当一裁终局而没有作出终局裁决的情况,根据《最高人民法院关于审理劳动争议案件适用法律问题的解释(一)》第 18 条的规定,仲裁裁决书未载明该裁决为终局裁决或者非终局裁决,用人单位不服该仲裁裁决向基层人民法院提起诉讼的,应当按照以下情形分别处理:(1)经审查认为该仲裁裁决为非终局裁决的,基层人民法院应予受理;(2)经审查认为该仲裁裁决为终局裁决的,基层人民法院不予受理,但应告知用人单位可以自收到不予受理裁定书之日起30日内向劳动争议仲裁机构所在地的中级人民法院申请撤销该仲裁裁决;已经受理的,裁定驳回起诉。

第四节 先予执行和支付令

一、先予执行

由于劳动案件的标的涉及劳动者的基本生活所需,漫长的仲裁和诉讼期间对劳动者来说是沉重的负担,对此,《劳动仲裁调解法》特别规定了先予执行制度。

所谓先予执行,是指仲裁庭对一些当事人之间权利和义务关系明确、劳动者生活非常困难的追索劳动报酬、工伤医疗费、经济补偿或者赔偿金的案件,根据当事人的申请,可以裁决先予执行,在仲裁程序尚未结束时就直接移送人民法院执行。先予执行是“移送执行”,因此,申请人只需要向仲裁庭申请先予执行,申请被批准后,申请人不需要再向法院申请执行。

与民事诉讼的先予执行制度不同,劳动仲裁中,劳动者申请先予执行的,可以不提供担保。虽然民事诉讼中也并非必须提供担保,但法院规定“可以责令提供担保,不提供的予以驳回”,而仲裁规定“劳动者申请先予执行的,可以不提供担保”,所以,根据法律的用词不同,我们可以看出法律的指引方向,是偏向于一般不要求劳动者提供担保的。

先予执行可以只申请执行其中权利和义务关系最明确、最直接影响劳动者生活的一部分。

先予执行之后,如果最终生效的裁决或者判决没有支持劳动者的相应仲裁请求,劳动者应当按照没有支持的部分,返还已经先予执行的金钱,没有及时返还的会被申请执行回转。如果生效的裁决或者判决支持已经先予执行的仲裁请求,也不会要求用人单位再次支付。一般关于先予执行的相关结论会直接写进裁决书或判决书中。

二、支付令

1. 支付令与先予执行、劳动仲裁调解的区别

与先予执行出现在劳动仲裁阶段不同,支付令适用于未进行劳动仲裁,而是双方自行和解或在调解组织的主持下形成调解协议后,用人单位又不履行的情况。按照《劳动合同法》的规定,如果双方劳动合同对劳动报酬数额有明确约定,那么对于要求支付劳动报酬的争议,劳动合同本身以及过去支付工资的记录也可以是申请支付令的依据,但由于缺乏用人单位的明确认可,这样的支付令很容易被提出异议导致失效。相对而言,欠薪证明或签字认可但尚未实际发放的工资清单更容易通过支付令程序得到执行。

与先予执行不同的是,支付令不能直接形成强制执行效力,而是当用人单位收到支付令之后 15 日内既不提出异议也不履行的,劳动者才能申请强制执行。

劳动仲裁程序中也会有调解阶段,在劳动仲裁程序中形成的由劳动仲裁委出具的调解书具有强制执行效力,可以直接向法院申请强制执行,不需要再申请支付令。另外,与免费的劳动仲裁不同,申请支付令需要向法院缴纳申请费用。

2. 申请支付令的程序

(1)提交申请。劳动者向人民法院提交的申请书应当写明请求给付劳动报酬、工伤医疗费、经济补偿或者赔偿金的数额和所根据的事实、证据。此处所说的事实、证据,对于有调解、和解协议或者依据劳动合同中的约定、工资清单申请的,只要提供劳动合同、工资清单或调解、和解协议即可。

(2)管辖法院的确定。调解协议本身具有合同的性质,因此,按照民事诉讼法的规定,劳动者可以选择用人单位所在地或者合同履行地基层人民法院管

辖。如果两个以上人民法院都有管辖权的，劳动者可以向其中一个人民法院申请支付令，劳动者向两个以上有管辖权的法院申请支付令的，由最先受理的人民法院管辖。

(3)受理。劳动者提出申请后，人民法院应当在5日内通知劳动者与用人单位是否受理。一般来说，申请支付令属于因支付拖欠劳动报酬、工伤医疗费、经济补偿或者赔偿金事项达成调解协议范围的，法院都应当受理。受理之后即需要缴纳申请费用。

(4)审查和处理。人民法院审查劳动者提交的事实说明与证据，认为权利和义务关系清晰、数额明确且有依据的，应当在15日内向用人单位发出支付令；如果认为缺乏依据，如调解协议无效或并未明确约定数额的，裁定驳回。

(5)异议程序与督促程序的终结。支付令发出后，用人单位要么按照支付令的要求向劳动者支付拖欠劳动报酬、工伤医疗费、经济补偿或者赔偿金，使得支付令程序终结；要么在收到支付令之后15日内提出书面异议。异议必须是针对支付请求本身的异议，如协议无效、已经履行或计算标准有误，并附证据。不能是其他异议问题，如无力偿付等。用人单位提出书面异议后，若法院审查异议成立，会裁定终结督促程序，支付令自行失效。对异议的审查不如在劳动争议案件中对答辩的审查严格，只要有一定依据即可，这是因为支付令程序中并不严格审查事实，其依据本身就是双方已经就该争议达成过一致意见，仅为督促执行，对双方一致认可的内容赋予强制执行效力。如果用人单位提出异议并能够举证证明，就表明支付令的依据不可靠。因此，在未经过审理程序查明事实前，不能强制要求用人单位履行。

(6)申请执行。用人单位在收到人民法院发出的支付令之日起15日内不提出书面异议，又不履行支付令的，劳动者可以向人民法院申请执行，人民法院应当按照民事诉讼法规定的执行程序强制执行。由于执行的依据是用人单位的自认，这种情况下进行强制执行，一般很难再以各种理由要求推翻强制执行裁定或要求执行回转，因此，用人单位如果有异议，应当及时在法定期限内提出。

3. 支付令失效后的处理

支付令失效后如何处理，调解仲裁法中没有明确规定，根据《民事诉讼法》的规定，支付令失效后申请人可以向法院起诉。在劳动争议案件中，申请支付令失效也不属于劳动仲裁不受理的理由，因此，从理论上来说，劳动者可以申请劳动仲裁也可以直接向法院起诉，但一般应当先到劳动仲裁委申请仲裁，若直接向法院起诉，会被法院以仲裁程序前置为由不予受理。

申请支付令一般是劳动者在与用人单位达成调解协议的前提下进行的，经过双方同意，用人单位一般难以对支付令涉及的事项提出实质性的异议，只能支付或者被强制执行，劳动者的诉求能够快速得到解决。这样，支付令制度就起到了及时解决劳动争议，保护劳动者合法权益的目的。

第五节 裁决书与调解书

一、裁决书与调解书的区别

劳动争议仲裁委员会审理劳动案件后，会根据审理过程中所认定的事实和法律的规定作出裁决，支持或驳回申请人的仲裁请求，形成书面的仲裁裁决书。而调解书则是双方当事人自行协商或在劳动争议仲裁委员会的主持下达成一致意见后，劳动争议仲裁委员会根据双方协商内容制作的书面法律文件。

仲裁调解书与仲裁裁决书都是劳动争议仲裁委员会依法处理劳动争议过程中所制作的、用于结束仲裁程序的具有法律效力的文书，二者的区别有以下几点：

1. 二者体现的当事人意愿不同

裁决书是在当事人针对请求事项有争议的情况下，仲裁委根据双方提供的证据、庭审的辩论情况而认定法律事实、根据法律规定作出的居中裁决，体现了仲裁委对双方争议的裁判结果，一方或者所有当事人可能对裁决结果感到不满意。而调解书是双方协商一致认同的、通过和平的方式解决争议的结果，体现了当事人的一致意见，仲裁委只是作为准司法机关对双方的意志予以公证，除非当事人在签收调解书之前反悔，否则都应当对调解书的内容以及结果感到满意或能够接受。

2. 调解书和仲裁裁决书所依据的原则不同。仲裁裁决书由仲裁庭进行审理后按照依法裁判的原则制作，“法有规定才可判”。如果是一般程序，由 3 名仲裁员合议，依照少数服从多数的原则决定最终裁决结果。调解书则以当事人的完全自愿性和协议内容的合法性为原则，完全自愿性意味着调解不存在少数服从多数的规则，调解内容必须是当事人的真实意愿表示，而合法仅指协议内容不违反法律、法规的禁止性规定，不需要有明确的法律依据支持，是“法无禁止即可为”。

3. 二者的生效时间不同。仲裁调解书自送达之日起即具有法律效力。一般签署调解书后，仲裁委都会让当事人现场签收。调解书经当事人签收后，当事人不得反悔，必须自觉履行，不得就同一争议再申请仲裁或向人民法院起诉。当事人一方逾期不履行，另一方可以申请人民法院强制执行。与此不同的是，当事人收到仲裁裁决书以后，在法定期限内向人民法院起诉的，裁决书不发生效力；当事人收到仲裁裁决书以后，只有双方都未在 15 日内提起诉讼的，仲裁裁决书才生效。不过，终局裁决对于用人单位来说，是从作出之日起就生效的。

4. 调解书与裁决书的规范程度有很大不同。总体来说，仲裁裁决书在内容上比仲裁调解书更规范、更全面一些，用语也更严谨，并且应当使用法律语言。同时，法律要求裁决书必须写明与双方争议相关的事实认定与裁决依据的法律规定。而调解书则可以采用日常的书面用语，甚至较为接近口头语也是可以的，也不需要认定具体的事实和列明法律依据。与此相对应的是，当事人在调解中所“让步”下的义务或事实，不能作为调解失败后或者在其他相关案件的法律程序中认定事实的依据。

最后，需要强调的是，仲裁调解书与仲裁裁决书虽然有不少区别，但都是具有法律效力、由劳动仲裁委制作的正式法律文书，只要确定其生效，无论是仲裁书还是调解书，当事人都必须履行其内容。

二、裁决书的生效与不服裁决的救济

当事人对劳动争议案件的仲裁裁决不服的，可以自收到仲裁裁决书之日起15日内向人民法院提起诉讼；期满双方都不起诉的，裁决书发生法律效力。不过，没有被裁决承担法律责任的第三人没有起诉的权利，因此裁决书的生效时间与其收到仲裁裁决书的时间无关。

终局裁决中，用人单位没有起诉的权利，劳动者一般没有就终局裁决起诉的，虽然从法理上来说该裁决书已经对用人单位生效，但用人单位不履行裁决内容的，一般不会被判定为故意不履行。如果劳动者已经申请强制执行，则用人单位必须及时履行。

用人单位对终局裁决不服的，只能向中级人民法院提起撤销之诉，在法院作出撤销仲裁裁决的裁定之前，裁决书仍然有效。

三、调解书的生效与对调解书有异议的救济

调解书经双方签收即生效，大部分调解书都是当场制作并签收的，因此当场即生效。如果非当场签收，在签收之前，当事人都可以反悔，使得调解书不生效，因此，更希望调解书生效的一方最好督促另一方当场签收。

在签收之前对调解书有异议可以提出反悔，对于反悔的形式法律没有明确规定，建议以书面通知仲裁员为准，或者可以明确拒签。

签收之后又对调解书有异议的，可以向法院提起再审申请，再审程序的概念和注意事项可以参考下一章第二节中的相关内容，但相对于裁决和判决，调解书系当事人自主意愿的体现，因此，一般而言，除非证明调解书内容违反法律规定、自己系被欺诈或者胁迫才签收调解书，或者签收调解书的人非自己本人或本人授权的代理人，否则很难推翻自己认可过的调解书。

调解内容之外的第三人对调解书内容有异议，认为侵犯了自己的权利的，

可以向中级人民法院提出撤销之诉，一般而言，由于有仲裁委作为调解内容合法性的审查方，调解书内容侵犯第三人利益的情况较为少见。

四、裁决书的补正和自我纠正

对裁决书中的文字、计算错误或者仲裁庭已经裁决但在裁决书中遗漏的事项，仲裁庭应当及时予以补正并送达当事人。

对于仲裁委自行发现确有错误的裁决，在生效之前可以以补正的形式改正。目前，没有法律直接规定生效后的改正方式，程序上有困难。因此，提醒当事人一定要及时维护自己的合法权益。

五、不履行生效裁决书与调解书

当事人对发生法律效力的调解书、裁决书，应当依照规定的期限履行。一方当事人逾期不履行的，另一方当事人可以依照民事诉讼法的有关规定向人民法院申请执行。受理申请的人民法院应当依法执行。

需要注意，申请执行的时效为对方拒不履行之后的两年，若两年内不提起执行申请则失去该权利。两年内提起执行申请但因没有可执行财产等原因终结的，还可以随时提起恢复执行申请，因此，如果对方拒绝履行生效调解书、裁决书，即使原因是对方确实没有履行能力，也要及时申请强制执行。如果用人单位拒绝履行之后试图注销或者破产，申请过强制执行也可以更及时地介入。

第十一章

法院诉讼阶段

本书围绕劳动争议案件进行讨论，因此本章对法院审理阶段与民事诉讼或者与劳动仲裁基本完全一致的部分仅作简略概括，仅对劳动争议在民事诉讼中的特殊情况作说明。

第一节 起诉的注意事项

一、起诉期限

1. 劳动者或用人单位对非终局裁决，或者劳动者对终局裁决不服的，可以自收到仲裁裁决书之日起 15 日内向人民法院提起诉讼；期满不起诉的，裁决书发生法律效力。

2. 用人单位对一裁终局的劳动争议仲裁裁决书不服的，可以自收到仲裁裁决书之日起 30 日内向劳动争议仲裁委员会所在地的中级人民法院申请撤销仲裁裁决，撤销仲裁裁决的相关程序前文已有讲解不再赘述。而仲裁裁决被人民法院裁定撤销的，当事人可以自收到裁定书之日起 15 日内就该劳动争议事项向人民法院提起诉讼。

二、管辖

一般民事诉讼案件的管辖原则是被告所在地或争议发生地，然而在劳动争议案件中，根据《最高人民法院关于审理劳动争议案件适用法律问题的解释（一）》的相关规定，劳动争议案件由用人单位所在地或者劳动合同履行地的基层人民法院管辖，这与劳动仲裁中的管辖原则是一致的，需要注意以下两点。

1. 对于由较高级别劳动仲裁委如北京市或者上海市劳动争议仲裁委员会作出裁决的案件，除非案件数额达到了中级人民法院的受理数额，否则应当向用人单位住所地的基层人民法院起诉，不能向中级甚至高级人民法院起诉。

2. 与劳动仲裁在管辖地选择上优先考虑劳动合同履行地不同，民事诉讼在同样有管辖权的法院的管辖选择上主要以先诉为标准，双方当事人就同一仲裁裁决分别向有管辖权的人民法院起诉的，后受理的人民法院应当将案件移送至先受理的人民法院。如果用人单位先在远离劳动者经常居住地的用人单位所在地基层法院起诉，劳动者一般只能应诉。

三、审理期限

民事案件的一审审理期限在普通程序与简易程序中有所不同，普通程序审限为 6 个月；有特殊情况需要延长的，由本院院长批准，可以延长 6 个月；还需要延长的，报请上级法院批准。适用简易程序审理案件的审限为 3 个月，不能延长，若 3 个月内不能审结，转为普通程序继续审理。

由于目前大部分法院的案件数量多、压力大，劳动案件一般都适用简易程序审理，适用简易程序会在组庭通知书中写明，简易程序的审判员只有一人，普通程序有 3 人。如果按期无法审结，无论是简易程序转为普通程序还是普通程序延长审限都应当告知当事人。

四、劳动争议案件的具体案由

一般而言，案由不需要原告方进行判断，会由立案人员根据起诉状内容判断并录入系统。但如果立案人员对劳动案件不熟悉导致立错案由，可能会影响诉讼的效率，所以当事人最好了解相关的案由分类，如果发现案由有误，可以及时提出。劳动人事争议相关的案由分类如下。

1. 劳动争议纠纷案由

(1)劳动合同纠纷:劳动争议,是中国境内的用人单位与劳动者发生的劳动合同纠纷、劳动福利待遇而发生纠纷的案件。

①确认劳动关系纠纷:适用于对职工与企业就劳动关系存在与否、劳动关系终止与否和劳动关系有效与否等问题而发生的争议。

②集体劳动合同纠纷:集体合同主要由代表劳动者的工会或职工代表与企业或事业单位签订。适用于对企业职工一方与企业就劳动报酬、工作时间、休息休假、劳动安全卫生、保险福利等事项而产生纠纷的案件。

③劳务派遣合同纠纷:适用于对用人单位根据自身工作和发展需要,通过劳务派遣公司,派遣所需要的各类人员时所发生争议的案件。

④非全日制用工纠纷:适用于在以小时计酬,劳动者在同一用人单位平均每日工作时间不超过 4 小时,累计每周工作时间不超过 24 小时的用工形式下所发生争议的案件。

⑤追索劳动报酬纠纷:适用于劳动者与用人单位在履行劳动合同期间,因劳动报酬所发生争议的案件。

⑥经济补偿金纠纷:适用于用人单位与劳动者解除劳动合同,依法应当给予劳动者的经济补偿而发生争议的案件。

⑦竞业限制纠纷:适用于因履行竞业限制发生争议的案件。

(2)社会保险纠纷:适用于社会成员对国家在其年老、疾病、工伤、失业、生育等情况下获得物质帮助和补偿所产生纠纷的案件。

①养老保险待遇纠纷:适用于对劳动者达到国家规定的解除劳动合同的年龄界限或者因丧失劳动能力后依法获得生活保障的保险所产生纠纷的案件。

②工伤保险待遇纠纷:适用于因劳动者在从事生产劳动或者与之相关的工作时,发生意外伤害,包括事故伤残,职业病以及因这两种情况造成死亡时,由政府、用人单位向劳动者本人或其供养的直系亲属提供物质帮助的社会福利所

产生纠纷的案件。

③医疗保险待遇纠纷：适用于劳动者就政府对社会范围内的劳动者部分或全部提供预防和治疗疾病的费用，并保证其在病假期间的经济来源，保障其基本生活需求时所产生纠纷的案件。

④生育保险待遇纠纷：适用于妇女在法定范围内对其部分或全部提供怀孕、生产、哺育期间的医疗费用，保证产假和哺育假期间的经济来源，使其不至于因生育而基本生活需求没有保障而引起纠纷的案件。

⑤失业保险待遇纠纷：适用于劳动者对其失业而丧失经济来源时，因保障其基本生活需求问题而产生纠纷的案件。

根据《最高人民法院关于审理劳动争议案件适用法律问题的解释（一）》的规定，各地法院基本不受理要求用人单位缴纳社会保险的纠纷。

（3）福利待遇纠纷：适用于用人单位与劳动者因为福利待遇问题而发生纠纷的案件。

2. 人事争议纠纷案由

（1）聘用合同、聘任合同纠纷：适用于聘任制公务员、军队文职人员、事业单位工作人员因履行聘任、聘用合同而与单位发生争议的案件。

（2）辞职纠纷：适用于聘任制公务员、军队文职人员、事业单位工作人员因辞职与单位发生争议的案件。

（3）辞退纠纷：适用于聘任制公务员、军队文职人员、事业单位工作人员因辞退与单位发生争议的案件。

五、立案材料

1. 民事起诉状要起诉人本人签字，提交法院1份，按被告人数提供相应份数，起诉状都应以原件形式提交。证据材料份数与起诉状相同，以复印件形式提交。

2. 准备原告的身份证复印件至少1份，若委托他人代理，则要提交委托人与受托人的身份证明复印件、授权委托书，受托人还要准备身份证件原件供查验。

3. 仲裁裁决书复印件(若是仲裁不予受理的案件,提交不予受理通知书复印件),一般仲裁裁决书可以作为证据的一部分提交,证明案件已经过劳动仲裁前置程序。

4. 从劳动仲裁处获得的送达回证复印件或者送达证明,要求加盖公章或与原件核对无异章。送达时间关系当事人的起诉期限,有时快递签收记录也能有此证明作用。

5. 要缴纳诉讼费用10元,如果适用简易程序,则减半收取后为5元。

六、起诉书

起诉书的格式与仲裁申请书基本一致,只是名称有所变化,以下附起诉书模板可参考适用。

起 诉 书

原告姓名:　　性别:　　出生日期:　　民族:

电话:　　住址:

被告(全称):　　地址:

法定代表人姓名:　　职务:　　电话:

(此为原告为个人方的模板,如果原告为单位,被告为个人方,调换所填写的信息类型即可)

诉讼请求:(如果是不服仲裁裁决,不需要写“撤销”或“推翻”仲裁裁决,直接写诉求即可,单位可以写“请求判决不支付被告工资×××元”等。)

1.

2.

起诉事实及理由:(注意,除了像仲裁申请书那样书写双方的关系、争议内容、争议发生的背景之外,还要写明申请劳动仲裁以及收到结果的时间,“结果”也就是不予受理通知书或仲裁裁决出具与收到的时间,如果是撤销仲裁裁

决,则要写明撤销裁定的收到时间)

此致

人民法院

原告(签名或盖章)

年　　月　　日

第二节 法院审理的基本程序

一、一审

原告向法院递交起诉状和其他材料后,经审查,符合受理条件的,法院应当受理,并办理相关立案手续。不符合受理条件的,应在收到诉状之日起 7 日内向原告送达不予受理裁定书。原告对裁定不服的,可以在 10 日内提起上诉。

法院在受理案件后 5 日内向被告送达起诉材料、应诉通知书、诉讼权利和义务告知书、举证通知书、开庭传票。被告应在收到之日起 15 日内提交答辩状(注意与劳动仲裁的 10 日不同)。被告提交答辩状的,人民法院应当在收到之日起 5 日内将答辩状发送原告。被告不提交答辩状的,不影响人民法院审理。

诉讼开庭的程序与仲裁程序几乎完全一致,需要遵守的纪律也相同,注意事项参考仲裁时的开庭程序。但需要额外注意的是,劳动案件从仲裁委到法院是全案重新审理,不要误以为在劳动仲裁阶段提过的意见不需要再提。同时,对方在劳动仲裁庭审阶段曾经认可的事实或者暴露的逻辑漏洞也要在法院审理时指出,否则一般不会被法官考虑到。

二、二审

1. 提出上诉

当事人不服一审人民法院的判决,可以在收到判决书的 15 日内向一审法院的上一级人民法院提出上诉。双方收到判决书的 15 日内都不上诉,一审判决生效。

上诉状可以递交给原审法院,也可以直接递交给二审法院。当事人直接向第二审人民法院上诉的,第二审人民法院应当在5日内将上诉状移交原审人民法院。所以一般为加快审理速度,最好直接向原审法官递交上诉状,上诉状会跟一审案卷一起通过档案室交接给二审法院。虽然法律规定是收到上诉状的5日内完成材料移送,但实际情况中由于档案室人手不足且案卷大多通过电子扫描方式移送,移送时间一般都要超过5日,在此期间需要多联系二审法院询问案卷是否已经抵达,是否已经分配给法官。

以下上诉状模板可参考适用。

上 诉 状

上诉人(具体填写内容参考起诉状):

被上诉人(同上):

上诉人因与被上诉人劳动争议纠纷一案(可以详细填写一审的具体案由,也可以只写劳动争议纠纷,注意当地法院的要求),不服

______人民法院____年__月__日作出的(　　　)__字第____号判决,现提出上诉。

上诉请求(请求二审法院对上诉人不服的判决事项发回重审或直接改判):

上诉理由(此处的理由要紧密围绕一审判决书的事实认定和法律适用存在的问题,紧扣“事实认定不清”和“适用法律错误”,不要针对被申请人,而是针对一审判决书):

此致

人民法院

上诉人:

年　　月　　日

2. 缴费

如果直接向二审法院递交上诉状，可以直接持立案窗口开出的预收款票据到缴费窗口缴费并领取收款凭证。

通过一审法院递交上诉状和新的授权委托书等材料之后，一审法院会代为开出预收款票据，持预收款票据将上诉费缴到二审法院指定窗口或通过指定银行账户缴纳，再领取二审法院的收款凭证。

劳动案件二审收费同样是 10 元。

3. 上诉的理由及其会导致的结果

不服一审判决上诉的法定理由有两种：认为原审判决认定事实不清、适用法律错误，或者原审程序违反法律规定。

二审与一审相同，在立案受理时是登记制而不是审查制，只要上诉符合程序性要求，在法定时效内提交了符合格式规定的上诉状，即可立案审理。如果审理之后二审法院认为这两种理由其一或全部都成立，则应当撤销原判决，依法改判或发回重审。如果审理之后二审法院认为理由不成立，则维持原判。

其中，适用法律错误会直接改判，涉及认定事实错误、不清的，可以选择改判或发回重审，原判决违反法定程序可能影响案件正确判决的，应当发回重审。

发回重审之后仍然适用一审的审理时限，且重审作出判决后仍然可以上诉。因此，发回重审会导致案件的整体处理时间大大拉长，但这是为了保障当事人的诉讼权利能够充分行使。如果在一审事实认定错误或程序严重违反的情况下，二审直接改判，二审判决为终审判决，作出即生效，当事人就失去了对案件实质内容的一次上诉权。以下情形属于违反法定程序可能影响案件正确判决：

(1)审理本案的审判人员、书记员应当回避未回避的。

(2)未经开庭审理而作出判决的。

(3)适用普通程序审理的案件当事人未经传票传唤而缺席判决的。

(4)其他严重违反法定程序的。

(5)对当事人在一审中已经提出的诉讼请求,原审人民法院未作审理、判决的,第二审人民法院可以根据当事人自愿的原则进行调解,调解不成的,发回重审。

(6)必须参加诉讼的当事人在一审中未参加诉讼,第二审人民法院可以根据当事人自愿的原则予以调解,调解不成的,发回重审。发回重审的裁定书不列应当追加的当事人。

4. 审理时限

上诉之后适用二审审理时限,即 3 个月,特殊情况需要经院长批准延长。需要注意的是,针对“不予受理裁定”的上诉,审理时限仅有 30 日,且不可延长。

5. 开庭

二审不能适用简易程序,因此必须有 3 名审判员参与合议庭,如果开庭,3 名审判员都必须参加庭审。

二审开庭如果当事人都没有新的证据和质证意见,开庭时可能在询问之后省略举证质证程序。除此之外与一审程序基本相同。

二审时如果要提交新的证据,需要是法律意义上的“新证据”。法律意义上的新证据是指,一审庭审结束后新发现的证据或者当事人在一审举证期限届满前申请人民法院调查取证未获准许,二审法院经审查认为应当准许并依当事人申请调取的证据。不过,一般而言,因客观原因无法在一审庭审结束前取得,一审庭审结束后新取得的证据也会被认定为新证据。

6. 生效

二审的判决属于终审判决,作出后即生效。即使双方当事人依然不服申请再审的,再审审理期间,二审判决也仍然是生效状态。

7. 特殊情况

(1)与刑事案件不同,民事案件的二审在某些特殊情况下,也有可能产生对上诉人更不利的判决，比如，在原判决适用法律不当、判决违反法律、法规的禁止性规定、侵害社会公共利益或者他人利益、原判决对上诉请求未涉及的问题的处理确有错误等情况下。

(2)与一审自由撤诉不同，根据《最高人民法院关于适用〈中华人民共和国民事诉讼法〉的解释》的相关规定，在二审过程中上诉人决定撤诉的，二审法院会进行审查，若经审查认为一审判决确有错误，或者当事人之间恶意串通损害国家利益、社会公共利益、他人合法权益的，不应准许撤诉。若当事人在第二审程序中达成和解协议的，因和解而申请撤诉，经审查符合撤诉条件的，二审法院应予准许。这是因为二审程序本来就是司法机关内部的纠错程序，如果一审判决确有错误就应当予以纠正，以维护司法的公正性。

三、调解与和解

在一审和二审的过程中，法官也会像劳动仲裁的仲裁员一样询问双方是否愿意调解，如果双方有调解意愿，法官会居中调解，帮助双方达成一致意见，解决争议。此时形成的调解书，效力与仲裁调解书一致，并不会产生二审法院的调解书效力高于一审法院调解书、一审法院的调解书效力高于仲裁调解书的区别。

二审法院虽然不会直接同意上诉人的撤诉申请，但前提是已经发现一审法院的判决确有错误的。若当事人能够达成和解且和解协议不违反法律的禁止性规定，也可以同意撤诉。这与二审法院促成调解，尤其是在并未确定一审法院的判决有错误的情况下积极促成调解并不冲突。

四、再审与申诉

当事人、当事人的法定代理人或有利害关系的案外人认为人民法院已经发生法律效力的民事判决、裁定和调解确有错误时，可以申请再审或申诉。申请再审，应当在判决、裁定发生法律效力后6个月内提出，申诉则没有时间限制。

申请再审应当向作出生效裁判的人民法院或其上一级人民法院提出。其中，若双方当事人都是自然人或者当事人中有人数众多的自然人，才可以向原审法院提出。所以，在劳动案件中，除非群体性诉讼，一般都应当向上一级人民法院提出再审申请。而申诉还可以向检察机关或者监察委等机关提出。

申请再审或者申诉，应当提交再审申请书或者申诉书，并附原裁判文书，有新证据的，应当一并提交。申请再审或者申诉不影响已生效判决或裁定的执行。

再审是对二审终审制度的突破，为维护终审的严肃性和有效性，再审是审查立案，条件比较严格，如果不能充分证明判决、裁定或调解确有错误，并不一定会被受理。但正因为再审是如此严肃而慎重的程序，与一审、二审中法官会比较积极地促进调解不同，再审申请一旦被受理，即使当事人想自行和解，再审法院也会严肃审查，并不一定直接按照调解结案。因为再审的目的是维护法律的严肃性，监督法院的公正性，受理再审申请本身就意味着再审法院发现了原审法院的错误，并且认为有必要纠正，这一目的不会被当事人之间达成和解所影响。

申诉则不是一项法律诉讼权利，而是民主政治权利，经审查后认为没有足够依据而不予处理本身就是一种“结果”，因此，与再审相比，申诉更加不容易推翻原审结果。

再审被受理之后，其审理期限按照其再审的生效判决、裁定或调解所属的程序执行，如果是一审就生效的判决，再审审限就按照一审的审限标准执行。申诉的处理时限由受理机关决定，比如，监察委一般是 1 个月内，但如果发现确有问题需要调查的，可能会更长。

再审重新审理之后，如果推翻生效的判决、裁定或调解，则该判决、裁定或调解自始无效，按照再审判决书确定的内容执行。如果原审是一审，那么再审结果仍然可以上诉，如果原审是二审或者上级法院提审，则不可再上诉、再审。申诉如果获得支持，一般会重审或提审，重审则按照原审级别规则可以上诉，提审则不可再上诉。

五、执行

判决书、裁定书、调解书、支付令发生法律效力后，债务人未按照上述文书所确定的期间履行债务的，债权人可以申请人民法院强制执行。申请执行的期间为2年。与仲裁裁决的执行相同，一旦对方不履行，权利人应当及时申请强制执行。两年内提起执行申请但因没有可执行财产等原因终结的，还可以随时提起恢复执行申请。

由于再审程序进行过程中，生效法律判决、裁定和调解的效力不受影响，所以可能产生再审推翻原本的生效法律文书，但原判决、裁定或调解已经部分或全部强制执行完毕的情况。这时已经被执行的执行人可以向再审法院申请执行回转，由执行法院收回被强制执行的财产，并可以另行起诉，要求获益方补偿损失。先予执行或支付令产生错误执行的情况也是如此。

第十二章

调解与和解

第一节　调解书、调解协议与和解协议的区别概述

在第二章中提到了劳动仲裁中的调解，在劳动仲裁过程中，仲裁员可以主持调解并在双方自愿认可的情况下，根据双方一致意见出具调解书。调解书经劳动仲裁委盖章，在双方签收之后即具有与生效的仲裁裁决书相同的法律效力，甚至其生效比仲裁裁决书更快，在一方不履行的情况下，另一方可以直接向法院申请强制执行。第三章中也提到了在诉讼程序中的调解，其形成原理与效力与仲裁调解基本一致。

实际上，《劳动争议调解仲裁法》把调解放到仲裁的前面，就可以体现出调解前置的程序特征，调解除了发生在仲裁程序或诉讼程序之外，还可能发生在仲裁之前，也就是向社会调解组织申请调解。

社会调解组织形成的调解协议属于当事人自主协议。调解组织仅作为居中调解与见证的角色，不具有任何行政或法律权力，也不能赋予调解协议超出当事人自主协议之外的法律效力。这使得调解协议与劳动仲裁委出具的调解书效力不同。

但社会调解的处理方式更温和，处理时间也可能更短，在双方有一定调解意愿的情况下，完全可以通过社会调解处理。尤其在涉及工伤、社会保险赔偿

等通过法律程序可能耗时极长的情况,或者一些目前法律还无法良好调整的问题时,社会调解在及时解决纠纷方面就有一定的优势。

和解指的是当事人在没有第三方主持的情况下,自行达成一致意见,和平解决争议,这时形成的书面协议即为和解协议。

社会调解与和解达成的协议,虽有些许不同,但总体来说都属于民事合同,如果对方不履行,仍然需要通过劳动仲裁及其后的法律程序来解决争议。因此,调解或和解后也可以通过劳动仲裁调解程序出具加盖劳动仲裁委公章的调解书,其中,调解协议还可以向法院申请司法确认。以上两种方式都可以产生具有强制执行效力的法律文书,这样就可以当对方不履行时更快促使其履行协议义务或承担违约责任。

调解书、调解协议和和解协议的效力不同不是因为其标题不同,而是因为出具的主体不同,当事人自行协商达成的协议,即使命名为调解书,也只有和解协议的效力。

第二节 申请调解的程序

发生劳动争议,当事人可以到下列调解组织申请调解:

(1)企业劳动争议调解委员会;

(2)依法设立的基层人民调解组织;

(3)在乡镇、街道设立的具有劳动争议调解职能的组织。

企业劳动争议调解委员会由职工代表和企业代表组成。职工代表由工会成员担任或者由全体职工推举产生,企业代表由企业负责人指定。企业劳动争议调解委员会主任由工会成员或者双方推举的人员担任。而人民调解组织指的是一般设立在镇级及以上政府办公地点的、名为"××人民调解委员会"的组织。具有劳动争议调解职能的组织一般指的是街道办事处、村委会等设立了调解点的办事处。以上调解组织的共同点是，其调解员并非由公职人员担任，没有行政或司法权，而是一种社会组织，仅有热心调解和公正见证的能力，且其公证力弱于公证机关。

申请社会调解不一定需要书面材料，如果有需要也可以当场简单制作，但一定要带好双方的身份证明材料，单位要带公章。如果双方已经达成和解协议，则调解协议的内容可以依据和解协议直接制作，当事人与调解员签字盖章即生效。如果双方有调解意愿但尚未达成调解方案，则由调解员居中调解，帮助双方达成一致，但最终必须遵循双方的自由意愿，不得强制。

只要双方仍有调解意愿，调解可以有多次，也可以通过电话等方式进行，调解允许调解员只与其中一方单独联系以促成调解，但单独联系的过程不允许串通损害另一方或第三方的利益。

调解协议生效即为调解程序的终止。但如果当事人其中一方或双方失去调解意愿，调解程序也会终止。这时不一定有书面的材料，但也可能调解员为了记录工作内容，而要求撤回调解申请的一方出具书面材料或要求其在调解组织出具的终止调解文书上签字。

虽然《劳动争议调解仲裁法》规定，自劳动争议调解组织收到调解申请之日起 15 日内未达成调解协议的，当事人可以依法申请仲裁，表明社会调解的办理时限是 15 日。但其实，任何时候依法申请劳动仲裁都是当事人的合法权利，申请调解本身不阻碍当事人申请劳动仲裁，反而会产生时效中断效力，使当事人申请劳动仲裁的时效延长，当事人也完全可以在任何时候撤回调解申请。同时，如果劳动争议调解组织没有在 15 日内促成调解，但当事人仍然有意愿继续调解的，只要调解组织还愿意继续付出时间精力帮助调解，也是不违反规定的。因此，社会调解其实没有很确切的办理时限。

第三节 调解协议的效力与不履行调解协议的救济

首先,调解协议书由双方当事人签名或者盖章,经调解员签名并加盖调解组织印章后生效,对双方当事人具有约束力,当事人应当履行。

其次,调解协议不具有强制执行力。若双方达成调解协议后,一方当事人在协议约定期限内不履行调解协议的,另一方当事人只能依法申请劳动仲裁。与此不同的是,由仲裁委或法院出具的调解书具有强制执行力,同时也具有"一事不再理"的排他性,仲裁委或法院出具调解书之后,一方不履行,另一方可以申请法院强制执行,但任何一方都不能再因此事申请劳动仲裁或提起诉讼。如果双方都有变更调解书内容的意愿,也只能另行达成没有强制执行力的和解协议,或在强制执行程序中达成有强制执行力的执行和解协议,无法再次就此事申请劳动仲裁委调解或申请司法确认。

最后,因支付拖欠的劳动报酬、工伤医疗费、经济补偿或者赔偿金事项达成调解协议,用人单位在协议约定期限内不履行的,劳动者虽然无法直接强制执行,但可以持调解协议书依法向人民法院申请支付令。人民法院应当依法发出支付令。关于支付令的概念和相关程序,本书第二章第四节中已经详述。

第四节 调解协议的无效与撤销

正常来说,调解协议经当事人和调解员签字盖章,甚至调解员不签字即可生效(此时效力与和解协议完全一致),但也有例外情况:当调解协议具有损害国家、集体或者第三人利益,以合法形式掩盖非法目的,损害社会公共利益,或者违反法律、行政法规的强制性规定的情形,以及人民调解委员会强迫调解的,即使当事人和调解员已经签字盖章,调解协议也无效。

调解协议的无效是自始无效和当然无效,但对方起诉要求履行时,主张无效的一方需要有证据证明才可以得到法院的支持。

而与上述无效情形不同,因重大误解订立的调解协议;在订立调解协议时显失公平的;一方以欺诈、胁迫的手段或者乘人之危,使对方在违背真实意思的情况下订立的调解协议,受损害方有权请求人民法院变更或者撤销。可变更和撤销的调解协议与无效的调解协议不同之处在于,首先,只有受损害方有权请求变更或者撤销;其次,必须先提起变更或撤销调解协议的诉讼并获得胜诉,才能拒绝履行调解协议。

第五节 \ 和解协议

和解协议主要是指当事人双方自愿达成和解,并签署的解决争议的约定协议,与调解协议不同的是没有“调”的过程,也就是没有居中调解的第三方的参与。但其效力与调解协议一致,都不具有司法强制执行力,若一方反悔,另一方只能申请劳动仲裁或申请支付令。

因此,在劳动者已经向劳动争议仲裁委员会提起劳动争议仲裁申请后,若与用人单位达成和解,最好要求仲裁委出具一份调解书,这样可避免用人单位反悔不予履行和解协议的内容。当然,若用人单位当场履行了和解协议约定的内容,那也就没有必要再形成调解书,申请人可以直接撤诉。

如果双方是在劳动仲裁或者民事诉讼的法律程序之外形成和解协议,也可以像调解协议一样向劳动仲裁申请换取调解书,或者先形成调解协议后再向人民法院申请确认。不过,由于和解协议没有专业的第三方把关,可能会出现其中有劳动仲裁或调解组织无法认证的内容的情况(比如,内容不属于这些单位可以认定的范围,或者协议符合无效和可撤销的条件等),此时可以选择根据要求先修改和解协议再重新申请,也可以选择不再申请换取调解书或申请司法确认,自行保障履行。

与调解协议相同,和解协议也会出现无效和可撤销的情形,需要注意。

第六节 司法确认

1. 能够申请司法确认的文书

司法确认制度是我国司法机关对社会调解的一种支持,给予社会调解组织一定程度的公信力使其能够更有促成调解的能力。因此,只有经过社会调解组织调解形成的调解协议才能够申请司法确认。

2. 申请司法确认的程序

(1)共同申请。申请司法确认调解协议的双方当事人可以自调解协议生效之日起30日内共同向调解组织所在地的基层人民法院或者它的派出法庭申请司法确认。这里注意,必须是共同申请。

(2)决定受理或不受理。人民法院收到当事人司法确认申请,应当在3日内决定是否受理。一般情况下,双方当事人共同申请司法确认都会予以受理,但有下列情形之一的,人民法院将不予受理:第一是不属于人民法院受理民事案件的范围或者不属于接受申请的人民法院管辖的;第二是与人身身份有关的协议,如确认人事身份、婚姻关系、收养关系等。

司法确认程序不收取任何费用。

(3)裁定确认。人民法院应当自受理司法确认申请之日起15日内作出是否确认的决定。因特殊情况需要延长的,经本院院长批准,可以延长10日。人民法院审判人员对调解协议的合法性和自愿性进行审查,该审查可以只是对书面材料的审查,也可以对当事人进行询问并要求补充说明和证据。审查以后,认为调解协议的内容符合法律规定,并且是双方当事人自愿共同申请司法确认程序的,对该调解协议裁定有效,作出确认裁定书。

(4)裁定驳回。人民法院审判人员对调解协议的合法性和自愿性进行审查以后,发现调解协议的内容不符合法律规定,或者不是双方当事人自愿共同申请司法确认程序的,只要符合其中一项,即应当裁定驳回申请。不符合法律规定的内容一般有:违反法律、行政法规强制性规定的;侵害国家利益、社会公共利益或第三人合法权益的;损害社会公序良俗的;涉及是否追究当事人刑事责任的;内容不明确,无法确认和执行的;调解组织、调解员强迫调解或者有其他严重违反职业道德准则的行为的。但如有证据表明当事人明知存在最后一种情形,仍然坚持表示自愿申请司法确认,则可以确认。

裁定驳回的调解协议仍不具有强制执行力,当事人不能向法院申请强制执行,甚至该协议实质上可能已经被确认无效。法院裁定驳回申请后,当事人可以通过调解方式变更原调解协议或者达成新的调解协议,也可以向劳动仲裁委提出置换调解书的申请。置换调解书的条件要求与司法确认基本相同,因此,如果司法确认被驳回,一般也无法直接置换调解书。还可以就劳动相关争议申请劳动仲裁,但这样一来,经审理之后形成的新的调解书或裁决书与原调解协议应该就有很大的不同,且已经不能称为社会调解程序中的一环了。需要注意的是,即使司法确认被驳回,也不能直接就相关劳动争议向法院起诉。

3. 司法确认申请的撤回

在人民法院受理司法确认申请后、作出裁定前,一方或者双方当事人撤回申请的,人民法院应当准许,并出具终结确认程序通知书。撤回申请的,当事人仍然可以在协议生效后30日内向有管辖权的人民法院重新提出申请。

当事人无正当理由未在法院指定的限期内对司法确认申请补充陈述、补充证明材料或者拒不接受询问的,可以认为当事人没有申请司法确认的意愿,人民法院可以按撤回申请处理。

人民法院受理申请后、作出裁定前,一方当事人就调解协议的履行或者调解协议的内容另行提起仲裁的，必须撤回司法确认申请或者撤回仲裁申请，不能同时启动两种程序；当事人坚持仲裁的，人民法院将按撤回司法确认申请处理。

4. 司法确认后的撤销

经过司法确认之后，当事人已经不能再对调解协议的效力提出异议，但根据《最高人民法院关于人民调解协议司法确认程序的若干规定》，案外人如果认为经人民法院确认的调解协议侵害其合法权益的，可以自知道或者应当知道权益被侵害之日起1年内，向作出确认决定的人民法院申请撤销确认决定。

第十三章

强制执行

第一节 申请强制执行

一、申请执行的条件

人民法院受理执行案件应当符合下列条件：

(1)申请或移送执行的法律文书已经生效；

(2)申请执行人是生效法律文书确定的权利人或其继承人、权利承受人；

(3)申请执行人在法定期限内提出申请(从法律文书规定履行期间的最后一日起计算,2年内提出执行申请)；

(4)申请执行的法律文书有给付内容,且执行标的和被执行人明确；

(5)义务人在生效法律文书确定的期限内未履行义务；

(6)属于受申请执行的人民法院管辖。

人民法院对符合上述条件的申请,应当在7日内予以立案;不符合上述条件之一的,应当在7日内裁定不予受理。

二、申请执行的依据

劳动争议当事人至人民法院申请执行,必须持有劳动争议仲裁委员会作出的已发生法律效力的裁决书、调解书,或人民法院作出的已发生法律效力的民事判决书、裁定书、调解书,其中包括仲裁委作出的先予执行裁定和人民法院对用人单位拒不履行支付令作出的强制执行裁定。

三、申请执行的时效与执行的期限

劳动争议当事人应当于发生法律效力的法律文书规定的履行期限届满之日起申请执行。申请执行的期限为2年。该期间,从法律文书规定履行期间的最后一日起计算;法律文书规定分期履行的,从规定的每次履行期间的最后一日起计算;法律文书未规定履行期间的,从法律文书生效之日起计算。

执行一般应当在6个月之内办理完毕,其中,有鉴定拍卖或者中止执行的期间可以中断计算,如果需要延长,应当由院长批准。需要注意的是,行政机关作出需要执行的具体行政行为后进行的强制执行,办理期限为3个月,这就包括了劳动监察做出的责令支付和罚款行为。

四、执行管辖

劳动争议当事人依据劳动争议仲裁委员会作出的裁决书、调解书申请执行的,应到被执行人住所地或者被执行的财产所在地人民法院申请执行。

劳动争议当事人依据人民法院作出的判决书、裁定书、调解书申请执行的,应到第一审人民法院或者与第一审人民法院同级的被执行的财产所在地人民法院申请执行。

申请执行人向被执行的财产所在地人民法院申请执行的,应当提供该人民法院辖区有可供执行财产的证明材料。

五、申请执行所需材料

1.执行申请书。申请人签名或盖章的执行申请书1份。执行申请书应当载明当事人的姓名、性别、出生日期、民族、住所、通信方式、案由以及申请执行依据的法律文书;申请执行的内容和被执行人的财产线索。

劳动争议案件的双方当事人应为发生劳动争议的劳动者和用人单位。执行申请书所列被申请人应为用人单位或劳动者,作出仲裁的劳动争议仲裁委员会不能作为劳动争议执行案件的被申请人。

2.身份证明。申请人的身份证原件、复印件。若申请人为用人单位的,应提交加盖单位公章的营业执照以及法定代表人身份证明复印件。

委托律师代为申请执行的，应提供代理人的律师证的原件及复印件、授权委托书、律师事务所出具的接受委托的函件。

委托律师以外的其他人代为申请执行的，应提供代理人的身份证的原件及复印件、授权委托书。

3. 劳动争议仲裁委员会裁决书、调解书原件及复印件，或人民法院判决书、裁定书、调解书原件及复印件。

4. 一审判决书未上诉的，需提供由审理法官开具的生效证明；裁决书、调解书未起诉的，则需要提供由仲裁委出具的送达回证复印件或送达证明。

六、申请执行的费用

劳动争议执行申请费不由申请人预缴，执行申请费由人民法院在执行生效法律文书确定的内容之外直接从执行到位的款项中扣除，执行款项不足以给付全部执行内容的，先扣除执行费。执行中当事人达成和解协议的，申请费的负担由双方当事人协商解决；协商不成的，由人民法院决定。

七、申请执行注意事项

1. 所有材料均须用 A4 纸张，并用黑色钢笔或签字笔书写，申请书落款须申请人亲笔签名，复印无效。

2. 申请执行应在法定期限内提出，逾期不申请的，将承担不予执行的风险。申请执行期限为法律文书规定的履行期最后一日起两年。

3. 申请执行人申请执行时，应提供被执行人的准确信息或被执行财产的确切线索，否则本次执行可能会由于没有可执行的财产而被终结。被申请人确实没有财产或没有足够财产可供执行的，申请人需要承担财产权益无法实现或不能完全实现的风险。

4. 当事人不履行裁判文书确定的相应义务要承担支付迟延履行期间的债务利息或迟延履行金，因此，提交强制执行申请时要把要求支付迟延履行期间的债务利息或迟延履行金一并写入申请书。

第二节 法院的执行程序

一、执行立案

执行申请人应带着申请执行所需材料,到执行庭立案。执行庭与立案庭有可能不在同一个入口,具体申请执行窗口可以咨询法院工作人员。

二、提交材料

申请人应按照要求,提供所需材料。若不是终审法院的判决,一般都需要当事人出示签收文书已超过 15 日的生效情况的证明。申请人办理执行之前,应到出具文书的法院或仲裁委找审理该案的法官或仲裁员开具该份判决或裁决的生效证明。

三、执行受理

执行庭经过审核,若该案件符合执行条件人民法院应当在 7 日内予以立案。不符合上述条件之一的,应当在 7 日内裁定不予受理。予以执行的申请,则由执行庭分发到具体承办法官,由该法官负责该案的执行。

四、送达被执行人

执行法官拿到相应的案卷材料后,在 3 日内通知被执行人,向被执行人发出执行通知书,责令其在指定的期间内履行生效法律文书确定的义务,并承担迟延履行期间的债务利息或迟延履行金。当事人对管辖有异议的,应当自收到执行通知书之日起 10 日内提出,被执行人没有提出异议,则该案真正进入执行程序。如果无法送达被执行人,可以公告送达。

五、执行步骤

执行法官首先会根据执行申请人提供的被执行人联系方式,通知被申请人,责令其限期履行。若被申请人拒不履行,执行法官则会根据申请人提供的财产线索，查封被申请人的财产。若申请人无法提供相关的线索，执行法官会通过法院与各机关单位共建的“四查”系统查询，即查存款、查房产、查公司、查车辆。

六、执行中止

有下列情形之一的，人民法院应当裁定中止执行：

(1)申请人表示可以延期执行的；

(2)案外人对执行标的提出确有理由的异议的；

(3)作为一方当事人的公民死亡，需要等待继承人继承权利或者承担义务的；

(4)作为一方当事人的法人或者其他组织终止，尚未确定权利和义务承受人的；

(5)法院认为应当中止的其他情形。

需要中止执行的情形消失后，法院应当裁定恢复执行，可以依职权主动恢复，也可以在申请人的书面申请之下恢复。

七、执行终结

执行终结有两种情况，一种叫作“终结本次执行程序”，简称“终本”，并非执行的最终结束。另一种叫作“终结执行”，简称“终执”或“执结”，代表执行的最终结束。

1. 符合以下情形之一，法院应当裁定终结执行：

(1)申请人撤销申请；

(2)据以执行的法律文书被撤销；

(3)作为被执行人的公民死亡，无遗产可供执行，又无义务承担人的；

(4)追索赡养费、抚养费、扶养费案件的权利人死亡的；

(5)作为被执行人的公民因生活困难无力偿还借款，无收入来源，又丧失劳动能力的；

(6)人民法院认为应当终结执行的其他情形。

其中,所谓应当终结执行的其他情形包括申请人的申请已经全部执行完毕。

2. 如果申请人的申请没有执行完毕,也不符合以上几种情况,但又将要达到办理时限,根据不同情况处理如下:

(1)经过财产调查未发现可供执行的财产,在申请执行人签字确认或者执行法院组成合议庭审查核实并经院长批准后,可以裁定终结本次执行。

(2)有可供执行的财产但尚未执行完毕的,经过院长批准可以适当延长办理时限并通知申请人与被申请人。此期限不能无限制地拖延,必须是有合理的情况,如果延长时限后,该财产因为合理理由还是无法被顺利执行,也应当终结本次执行。

执行法院裁定终结本次执行之后,法院一般不再主动调查被申请人的财产状况,当申请执行人发现被执行人有可供执行财产的,可以再次申请执行,即"恢复执行"程序。

第三节 执行中法院可采取的执行措施

1. 被执行人未按执行通知履行法律文书确定的义务,应当报告当前以及收到执行通知之日前一年的财产状况。被执行人拒绝报告或者虚假报告的,人民法院可以根据情节轻重对相关人员予以罚款、拘留。

2. 被执行人未按执行通知履行法律文书确定的义务,人民法院有权向银行、信用合作社和其他有储蓄业务单位查询、冻结、划拨被执行人的存款。但不得冻结或划拨国有企业下岗职工基本生活保障金、社会保险基金。

3. 被执行人未按执行通知履行法律文书确定的义务,人民法院有权扣留、提取被执行人应当履行义务部分的收入。但应保留被执行人及其所扶养家属的生活必需费用。

4. 被执行人未按执行通知履行法律文书确定的义务，人民法院有权查封、扣押、冻结、拍卖、变卖被执行人应当履行义务部分的财产。

5. 被执行人不履行法律文书确定的义务，并隐匿财产的，人民法院有权发出搜查令，对被执行人及其住所或者财产隐匿地进行搜查。

6. 对法律文书指定的行为，被执行人未按执行通知履行的，人民法院可以强制执行或者委托有关单位或者其他人完成，费用由被执行人承担。法院可以强制被执行人交付法律文书指定的财物或票证、强制被执行人迁出房屋或退出土地、强制被执行人履行法律文书指定的行为、强制办理财产权证照转移手续。

7. 被执行人不履行法律文书确定的义务，人民法院可以对其采取或者通知有关单位协助采取限制出境、在征信系统记录、通过媒体公布不履行义务信息等措施。

第四节 强制执行申请书模板

模板一：执行申请书

（用黑色钢笔或水笔填写）

申请人（自然人）	姓名： 性别： 年龄： 职业：
申请人（单位）	单位名称：
法定代表人	自然人可不填（用人单位填写法定代表人姓名）
住址或单位地址	
联系方式	电话号码：
被申请人（自然人）	姓名： 性别： 年龄： 职业：

续表

被申请人(单位)	单位名称:	
法定代表人	自然人可不填(用人单位填写法定代表人姓名)	
住址或单位地址		
联系方式	电话号码:	
案由	按法律文书案由填写:	
申请执行依据 (生效法律文书号)	一审法律文书	
	二审法律文书	
	仲裁文书	
	其他	
法律文书送达日期		法律文书生效日期
申请执行的标的(内容)	1. 人民币:　　元 2. 诉讼费:　　元 3. 其他: 合计:　　元	
被申请执行人 可供执行财产情况	被执行人身份证号:　　房产线索: 存款线索:　　其他:	

申请人:(签字或盖章)

模板二:强制执行申请书

申请人:段××,×,××××年×月×日出生,户口所在地:××省×××镇×××村。联系电话:×××××××

被申请人:北京××××××有限公司,住所地:北京市××××××××××。

联系电话:×××××

法定代表人:×××,任×××××。

申请人与被申请人之间因劳动争议纠纷一案,业经×××劳动争议仲裁委员会于××××年×月×日作出×××劳仲字(××××)第×××××号裁决书,被申请人拒不履行生效裁决。为此,特申请贵院予以强制执行。

事实与理由:

申请人与被申请人劳动争议纠纷一案,经××××劳动争议仲裁委员会裁决,于××××年×月×日作出×××劳仲字(××××)第××××号裁决书,裁决被申请人支付申请人共计××××××元,应于裁决生效后10日内履行,但被申请人在裁决生效后并未如期履行,经申请人多次催告后仍置之不理。

为维护申请人合法权益,根据《中华人民共和国民事诉讼法》第245条第1款之规定,特向人民法院提出申请,强制被申请人履行法定义务。

此致

××××人民法院

申请人:

年　　月　　日

附：2021 年度沈阳市中级人民法院审理劳动争议案件数据统计分析报告

法治进程的推进，近年来劳动者的法律维权意识逐渐增强，用人单位的用工管理也日趋规范。北京盈科（沈阳）律师事务所劳动法律事务部致力于劳动争议纠纷解决领域十余载，承办了本地大量的劳动纠纷案件，为各大企业的人事组织架构设计、用工风险防范提供了专业的法律支持，本报告是劳动法律事务部律师团队针对承办案件的总结并结合大数据进行统计，最终以视觉化的方式全方位的反映 2021 年度沈阳本地的劳动争议案件的大数据信息。与此同时，分析报告所依据的 2560 件劳动争议案件已经囊括了劳动争议的所有案由，由此可以对全国中级人民法院的劳动案件审理情况，诸如中级人民法院二审的维持、改判和发回重审情况等予以概括性地了解。

一、统计数据基本信息

1. 案件审理时间（中级人民法院审理时间）：2021 年 1 月 1 日～2021 年 12 月 31 日

2. 案件来源：威科先行法律检索系统

3. 审理法院：沈阳市中级人民法院

4. 案件总量:2560 件

5. 数据采集时间:2022 年 3 月 27 日

二、2015～2021 年审结案件总量对比

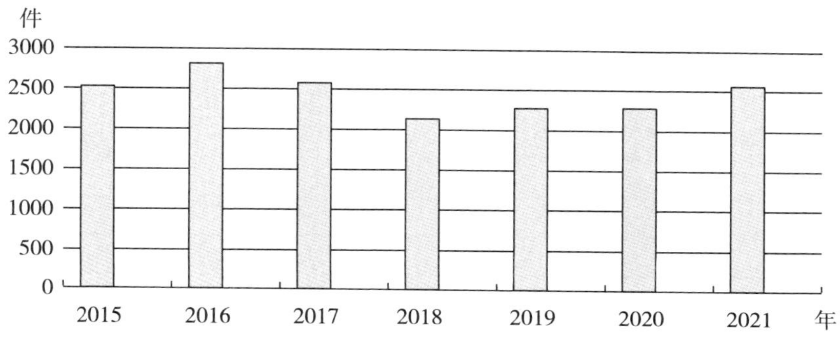

图 1　2015～2021 年沈阳市中级人民法院审结劳动争议案件总量

三、行业分布

从各类行业分布情况来看,劳动争议当前的行业分布较为广泛,包括金融业、房地产业、建筑业、住宿和餐饮业、交通运输业、仓储和邮政业、制造业、批发和零售业、信息技术业、科学研究和技术服务业、居民服务、修理和其他服务业、教育业、卫生和社会工作业等,基本上覆盖所有领域。

四、上诉主体占比对比

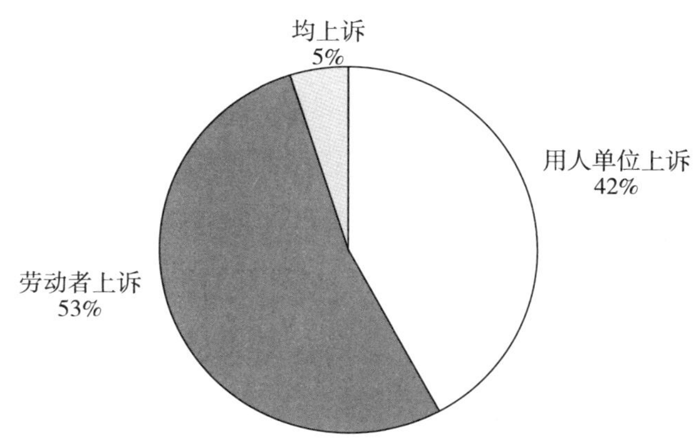

图 2　上诉主体占比对比

中级人民法院为劳动争议案件审理的二审法院，从上诉人身份看，用人单位和劳动者上诉情况基本参半，呈持平态势，劳动者上诉占比较多，为53%，用人单位为42%，劳动者与用人单位均对一审判决不服，双方均上诉的占比为5%。

五、劳动者性别及年龄段分布

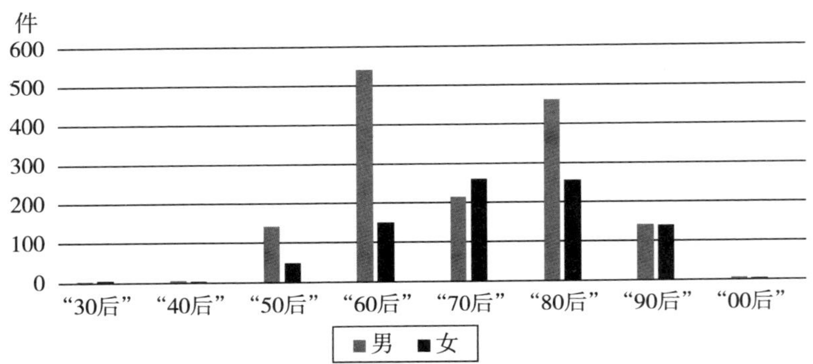

图3　劳动者性别及年龄段分布

从劳动者性别分布看，男性占比64%，女性占比36%，其中“60后”、“70后”、“80后”年龄段占比最多，达到劳动者总数的80%。

六、聘请律师情况分析

通过对沈阳市中级人民法院2021年劳动争议纠纷的案例分析，聘请律师代理是所有案件的共同点。其中用人单位委托律师的数量是1600件，比例为64%；劳动者委托律师的数量是1370件，比例是52%。这里的律师为广义上的律师，既包括律师事务所的律师，也包括法律服务所的法律工作者。因此，沈阳市用人单位处理劳动争议案件委托律师代为处理的比例较高。

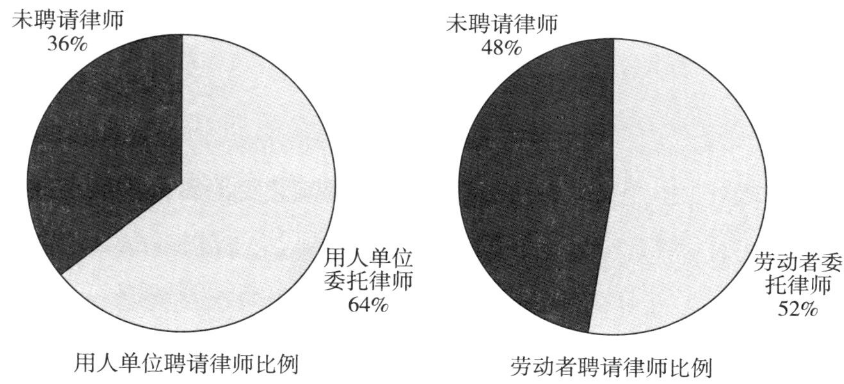

图4　聘请律师情况分析

七、争议标的金额统计

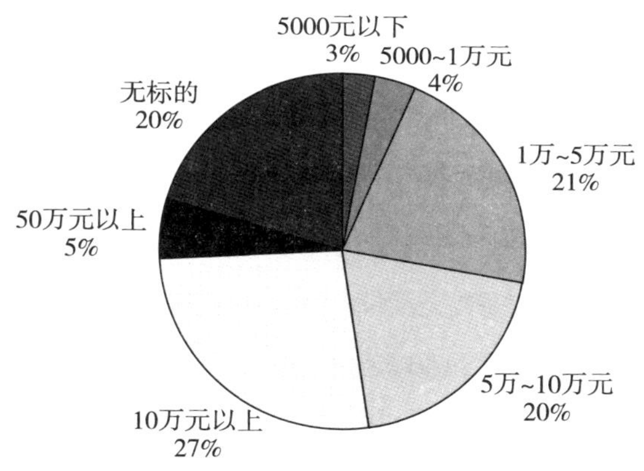

图5　标的金额统计

通过对标的额的分析可以看到，标的额为5000元以下的案件数量最少，仅有63件，10万元以上~50万元以下的案件数量最多，有588件，50万元以上的案件有120件。

八、案由分类

通过详细梳理个案情况，将上诉人具体诉讼请求分类统计，其中以“经济补偿金”“违法解除（或终止）劳动合同—辞退纠纷”“未签订劳动合同”为主要争议焦点的劳动合同诉讼，占统计数据的30%；以“拖欠工资”“加班费”“应休年休假"为主要争议焦点的劳动报酬诉讼，占统计数据的22%；除此之外，涉及工伤、养老、失业等社会保险之诉，占统计数据的23%；"辞职纠纷""经济裁员"等其他诉讼请求，占数据统计的25%。

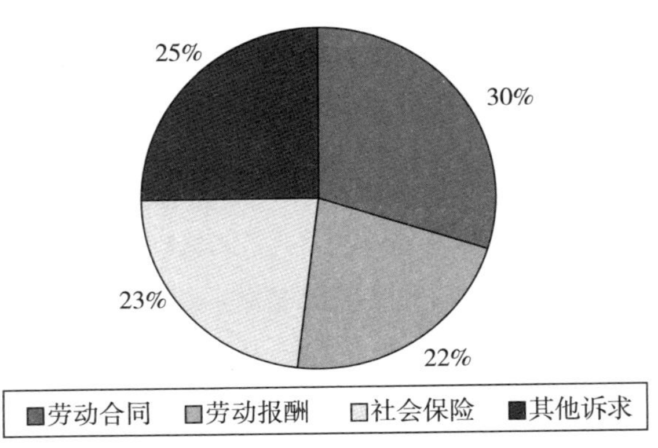

图6　案由分析

九、具体案由分类

根据《民事案件案由规定》，劳动争议案件分如下案由：

186. 劳动合同纠纷

(1)确认劳动关系纠纷

(2)集体合同纠纷

(3)劳务派遣合同纠纷

(4)非全日制用工纠纷

(5)追索劳动报酬纠纷

(6)经济补偿金纠纷

(7)竞业限制纠纷

187. 社会保险纠纷

(1)养老保险待遇纠纷

(2)工伤保险待遇纠纷

(3)医疗保险待遇纠纷

(4)生育保险待遇纠纷

(5)失业保险待遇纠纷

188. 福利待遇纠纷

189. 聘用合同纠纷

190. 聘任合同纠纷

191. 辞职纠纷

192. 辞退纠纷

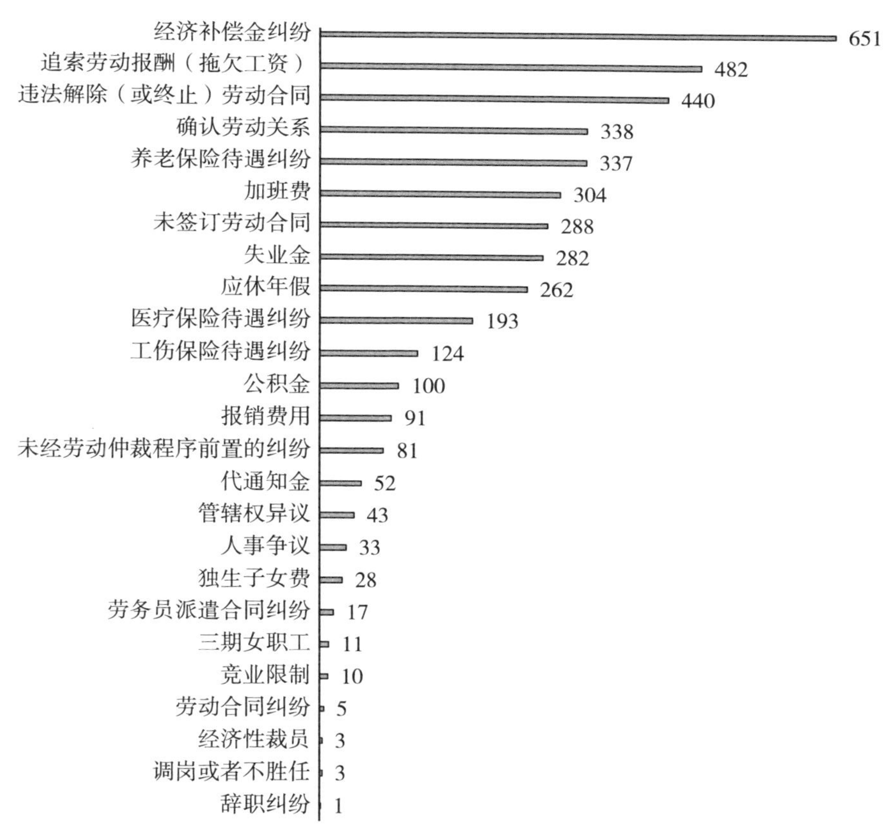

图7　具体案件数量(单位:件)

针对实践中矛盾最突出的案件类型——解除类劳动争议案件进行分析。统计中涉及解除的案件有440件,其中85%的案件显示单位与劳动者解除都是违法的,我们从部分单位胜诉的案件中总结出单位胜诉原因如下。

1. 劳动者的离职原因系个人原因离职;

2. 劳动者已达到法定退休年龄,不属于劳动关系;

3. 诉讼请求已经超过时效;

4. 劳动者与用人单位为非全日制劳动关系;

5. 劳动者以用人单位拖欠工资解除劳动合同(未能证明存在拖欠工资情形)。

十、原一审法院管辖分布

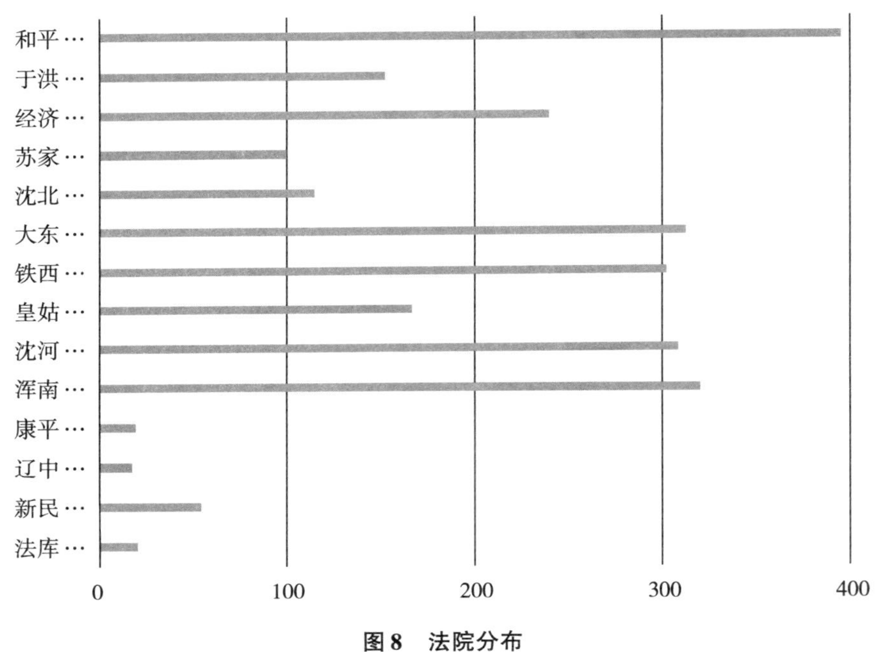

图8　法院分布

通过对原一审案件审理法院的可视化分析可以看到,审理劳动争议纠纷案件前三甲分别为:和平法院审理案件395件、浑南法院审理案件320件、大东法院审理案件312件;其次为沈河法院审理案件308件、铁西法院审理案件302件、经济技术开发区法院审理案件239件、皇姑法院审理案件166件、于洪法院审理案件162件、沈北新区法院审理案件114件、苏家屯法院审理案件99件、新民法院审理案件 54 件、法库法院审理 20 件、辽中法院审理 19 件、康平法院审理 17 件。

十一、原一审诉讼主体分布及审理结果

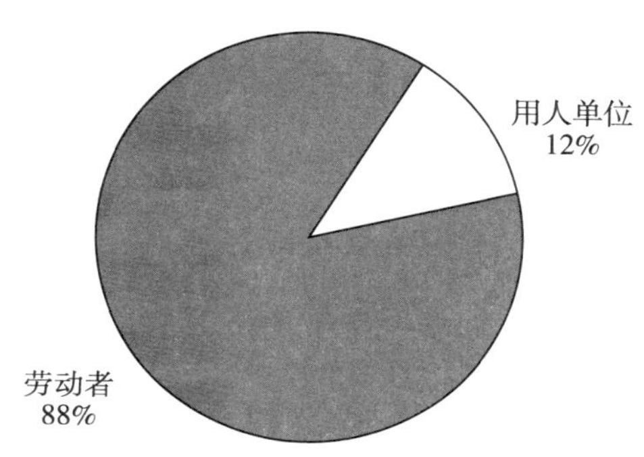

图 9　主体分布

劳动争议案件一审程序中，从数据统计及可视化分析可以看到，劳动者提请诉讼的比例远高于用人单位，占比为 88%，用人单位提请诉讼占比为 12%。

审理结果在整体上表现为，一审案件“部分或全部支持”劳动者请求的比例为 47%，“部分或全部支持”用人单位请求的比例为 28%。（见表 1）

表 1　案件审理结果

一审原告方	败诉	胜诉（全部支持）	部分胜诉（部分支持）	未知	撤诉	总计
用人单位	183	32	54	37	0	306
	60%	10.5%	17.5%	12%	0	100%
劳动者	807	205	815	302	8	2137
	37.5%	9%	38%	15%	0.5%	100%
总计	990	237	869	339	8	2443

十二、二审案件判决结果

通过对二审裁判结果的可视化分析可以看到，当前条件下维持原判的案件有 1767 件，占比为 69.02%；撤回上诉的案件有 183 件，占比为 7.15%；发回重

审的案件有257件，占比为10.04%；改判的案件有293件，占比为11.45%。（见表2）

表2　案件审理结果

序号	判决结果	数量（件）	比例（%）
1	驳回上诉，维持原判	1767	69.02
2	撤回上诉	183	7.15
3	发回重审	257	10.04
4	改判	293	11.45
5	其他	60	2.34

十三、统计人员

统筹整理：北京盈科（沈阳）律师事务所劳动法律事务部

参与律师：马洪生、李明明、隋阳、常喜晶、于莎莎、赵亮、宁英羽、吕雯、李雪婷、谢博思、赵爽、赵巍、刘丰、李德良、海鸿波、毛巍、赵文博、孙国邦、白小玲、宝盈、董邵娜、王晶（一）、贾祖慕、刘航硕、刘振刚、徐洋、谭平、王晶（二）、张丽丽、张诗雨、高璐、顾兵、孟月琳、于景铎、庄雅茜、吴雨轩。

以上数据分析仅为依据公开资料进行的不完全统计，因统计案件数量较多，统计标准也难以完全整齐划一，难免有遗漏或不足之处，请同业人士多予指正，供各位读者参考。最后，在此对参与本次统计分析的所有律师表示由衷的感谢！

后记：如何打赢一场劳动官司

近年来，劳动争议案件数量一直处于高位，劳资矛盾逐渐成为企业内部的主要矛盾，由此对劳动法律师的需求也在增加。大家看到劳动法律师在法庭上意气风发、侃侃而谈，实际上背后需要付出大量的汗水与努力。正所谓"工欲善其事，必先利其器"，打赢一场劳动官司最起码由了解案由、确定诉求，梳理事实、组织证据，熟悉法规、找到依据以及案例检索、同案比对这四项必不可少的工作构成。

一、了解案由，确定诉求

首先，确定案由是后续工作顺利开展的基础。根据最高人民法院发布的《民事案件案由规定》，劳动争议、人事争议案件主要有七大类案由：(1)劳动合同纠纷。包括①确认劳动关系纠纷；②集体合同纠纷；③劳务派遣合同纠纷；④非全日制用工纠纷；⑤追索劳动报酬纠纷；⑥经济补偿金纠纷；⑦竞业限制纠纷。(2)社会保险纠纷。包括①养老保险待遇纠纷；②工伤保险待遇纠纷；③医疗保险待遇纠纷；④生育保险待遇纠纷；⑤失业保险待遇纠纷。(3)福利待遇纠纷。(4)聘用合同纠纷。(5)聘任合同纠纷。(6)辞职纠纷。(7)辞退纠纷。其中第四类至第七类案由为人事争议。

其次，明确案件诉求才能"对症下药"。通过梳理过往代理过的劳动争议案件，发现以“经济补偿金”“违法解除劳动合同或辞退纠纷”“未签订劳动合同”为主要争议焦点的劳动合同纠纷占统计数额比例最高，为30%，这也可以看出劳资纠纷中的突出矛盾点；以“拖欠工资”“加班费”“应休未休年休假折算”为主要争议焦点的劳动报酬纠纷占比22%；涉及工伤、养老、失业等社会保险之诉占比23%；“辞职纠纷”“经济裁员”等其他请求占比25%。

以小见大，从该数据中可以总结出常见的诉求：(1)补发工资差额，如出勤工资、病假工资、产假工资等。(2)支付加班费。(3)应休未休年假折算工资。(4)未签订(无固定期限)劳动合同的二倍工资差额。(5)经济补偿金支付(年限、基数)。在协商解除、非员工过错解雇、经济性裁员、推定解雇、劳动合同终止等情形下用人单位应支付的补偿金问题。(6)赔偿金。涉及用人单位违法解除劳动合同时赔偿金的支付问题。(7)违约金。如劳动者违反培训服务期约定、竞业限制约定等。无论作为申请人或原告，还是作为被申请人或被告，都应从仲裁或诉讼请求中快速定位可能涉及的问题点、法律知识点，带着这些点开展事实、证据的调查、收集。

二、梳理事实，组织证据

法律名家王泽鉴教授曾说过：“法律人，必须不断地来回穿梭于法律规范与案例事实之间，由案例事实，探寻法律规范，由法律规范认定事实，进行涵摄的工作。”无论对律师还是法务来说，厘清事实、组织证据是基本技能，有时一个重要的事实、一份关键的证据可能直接导致案件胜败。

首先，如何梳理事实是处理案件的一个难题。对此，第一，首先在确认案由和诉求的基础上，了解基本案情，通过仲裁申请书或诉状对案件的事实结构有概括性认识，与当事人交谈，对案件事实有全貌性认识，对纠纷所涉法律问题的构成要件做到了然于心。第二，以时间轴的形式对案件材料进行梳理，最大程度还原事实，初步形成一个脉络体系。第三，对案件事实进行阶段性总结归纳。梳理案件事实时，需要有一个清晰的脉络和取舍，甄别日常生活中一般人认为的事实和法律事实，打官司以事实为依据指的是有证据可印证的法律事实。

其次，如何组织证据是劳动争议案件代理时最关键的一个节点。俗话说“打官司就是打证据”。一件事情，口说无凭，即使扪心自问或发誓这是真的，但如果没有证据证明，则要承担举证不能的不利后果，关键性证据对己方获得诉讼中的优势地位非常重要。组织证据时，一定要考虑周全，避免遗漏，避免提交对己不利的证据。在使用电子证据越来越多的情况下，注意保留原始载体。《民事诉讼法》第 63 条规定了 8 种证据类型，如何在海量的证据材料中获得对己方有用或有利的证据呢？第一，应注意证据筛选。从大量零散无序的材料中理出一条清晰的逻辑线，选择以时间、步骤或者流程为主线，将当事人所陈述的事实和相关证据作关联和区分，分门别类编排。第二，有选择性。在全面搜集与案件相关的证据的基础上，有选择性地提交至法庭，即基于证据的利弊进行分类，再决定是否提交。第三，证据的呈现形式应有针对性。我们通常所知道的证据呈现形式即证据目录有文字式和表格式，表格式的证据目录条理性更强，适合提交至法官，便于快速从表格中寻找关键信息，提高办案效率；而文字式的能够帮助书记员录入证据信息时更便捷，同时对当事人来说有助于其了解案件事实。因此选择什么样的证据呈现形式应具有针对性。

最后，在组织证据时一定要对举证规则做到了然于心。哪些需要用人单位来举证，哪些需要劳动者来举证，律师更要根据自己的委托人属于哪一方，注意举证规则的应用。比如，劳动者认为用人单位违法解除劳动关系而要求支付赔偿金的案件中，劳动者只需要提供一张用人单位的解除通知书即可主张。用人单位则需要举证证明解除的合法性，包括与劳动者解除劳动关系的事实依据、法律依据。又比如，在解除依据方面，还要证明有明确的规章制度，经过民主程序制定且劳动者已签收知悉等。

三、熟悉法规，找到依据

“以事实为依据，以法律为准绳”，法律法规用来支撑事实的论证，也是仲裁员、法官裁判说理的依据。因此，熟悉法律法规、司法解释以及各地的政策规定，无论对律师还是法官来说，都至关重要。劳动法体系内的法律依据比较庞杂,常见的法律法规主要有十三大类:(1)综合类。如《劳动法》、《劳动合同法》、《劳动合同法实施条例》及《关于贯彻执行〈中华人民共和国劳动法〉若干问题的意见》等。(2)劳动关系与劳动合同类。如《劳动和社会保障部关于确立劳动关系有关事项的通知》《劳动部关于实行劳动合同制度若干问题的通知》《人力资源社会保障部办公厅关于订立电子劳动合同有关问题的函》《违反〈劳动法〉有关劳动合同规定的赔偿办法》等。(3)就业类。如《就业促进法》《残疾人就业条例》《对外劳务合作管理条例》《劳动就业服务企业管理规定》。(4)劳务派遣类。如《劳务派遣行政许可实施办法》《劳务派遣暂行规定》。(5)劳动报酬类。如《劳动和社会保障部关于职工全年月平均工作时间和工资折算问题的通知(2008)》《工资支付暂行规定》《保障农民工工资支付条例》等。(6)工时与休假类。如《国务院关于职工工作时间的规定》。(7)劳动安全类。如《安全生产法》《职业病防治法》。(8)女职工与未成年人保护类。如《女职工劳动保护特别规定》《劳动部关于〈女职工劳动保护规定〉问题解答》《禁止使用童工规定》《未成年人保护法》等。(9)工会类。如《工会法》《企业工会主席产生办法》。(10)五险一金类。如《社会保险法》《工伤保险条例》《工伤认定办法》《住房公积金管理条例》等。(11)劳动监察类。如《劳动保障监察条例》《人力资源社会保障部关于实施〈劳动保障监察条例〉若干规定》。(12)劳动争议类。如《劳动争议调解仲裁法》《劳动人事争议仲裁办案规则》。(13)民主管理类。如《企业民主管理规定》《全民所有制工业企业职工代表大会条例》《上海市职工代表大会条例》《甘肃省职工代表大会条例》等。(以上法律法规的具体内容参见另一本著作《民法典背景下劳动人事法律操作指引》,法律出版社 2021 年 11 月出版)

四、案例检索,同案比对

同类案例检索可以说是律师处理案件的常规流程之一。2020 年出台了《最高人民法院关于统一法律适用加强类案检索的指导意见》,明确规定法院要以案例作为裁判参考,足以说明案例的重要性。通过同类案例检索,我们可以：(1)明晰法律问题及争议焦点，查漏补缺。实务中对于同一法律问题可能会因处于不同地区的法院而有不同的解释，通过同类案例检索可以快速了解此类劳动纠纷涉及的法律问题在当地法院所持观点以及纠纷所涉常见的争议焦点，从而结合案件情况进行查漏补缺。(2)快速定位法律依据，为我所用。通过关键词或高级检索方式，可快速定位到与此类劳动纠纷相似的案例，并根据相关裁判文书中援引的法律依据，查找到遗漏的法律条文，更全面的支撑己方诉求。(3)通过同类案例检索，明确当地法院的裁判口径，以此作出全面分析，判断案件可能胜诉或败诉。

做好案例检索，必须要能够熟练运用案例检索的技术方法。目前主要有两类比较成熟的案例数据库平台：第一类是官方性质的数据库平台，如裁判文书网，覆盖了全国四级法院可以依法公开的裁判文书。此外，最高人民法院直属单位开发的中国法律应用数字网络服务平台，即“法信”平台，该平台含法律法规、类案检索、法律观点以及期刊论文等多个板块，内容全面详细。第二类是社会平台的案例数据库。如全国首家司法案例检索数据库“北大法宝”以及威科先行、无讼案例等。

本书中所有引用的案例，都是从裁判文书网上检索的真实发生的案例。

最后，感谢读者朋友们阅读本书，感谢主编和副主编们，感谢上海团队在体例编排、案例检索整理方面的辛勤付出。疫情马上过去，我们一起迎接美好的未来！

陈元

2022 年 12 月于上海